中铁设计集团隧道及地下工程技术丛书

超大跨隧道设计理论与方法

吕 刚 赵 勇 刘建友 岳 岭 王迎超 刘 方 著

中国建筑工业出版社

图书在版编目（CIP）数据

超大跨隧道设计理论与方法/吕刚等著. —北京：
中国建筑工业出版社，2021.10
（中铁设计集团隧道及地下工程技术丛书）
ISBN 978-7-112-26541-1

Ⅰ. ①超… Ⅱ. ①吕… Ⅲ. ①隧道工程-设计 Ⅳ.
①U452.2

中国版本图书馆CIP数据核字（2021）第 186679 号

为总结超大跨隧道的设计理论与施工方法，本书从国内外超大跨隧道案例出发，分析了超大跨隧道设计方法与开挖工法的基本特征，结合京张高铁新八达岭隧道等具体工程实例，系统阐述了建造超大跨隧道的理论基础、设计方法与关键施工技术。主要内容包括：概述，国内外超大跨隧道工程，超大跨隧道围岩变形及稳定性特征、围岩自承载力理论、支护结构设计方法、施工工法研究、变形控制标准研究及变形监测分析，结论与建议。

本书通俗易懂、实用性强，可供隧道及地下工程和相关专业的科研人员、工程技术人员以及高等院校相关学科师生学习和参考。

责任编辑：李笑然　刘瑞霞
责任校对：姜小莲

中铁设计集团隧道及地下工程技术丛书
超大跨隧道设计理论与方法
吕　刚　赵　勇　刘建友　岳　岭　王迎超　刘　方　著
*
中国建筑工业出版社出版、发行（北京海淀三里河路9号）
各地新华书店、建筑书店经销
霸州市顺浩图文科技发展有限公司制版
临西县阅读时光印刷有限公司印刷
*
开本：787毫米×1092毫米　1/16　印张：12¾　字数：304千字
2021年12月第一版　　2021年12月第一次印刷
定价：**128.00**元
ISBN 978-7-112-26541-1
（38022）

编写委员会

主　　任：吕　刚　赵　勇

副 主 任：刘建友　岳　岭　王迎超　刘　方

参编人员：张顶立　张民庆　李汶京　田四明　房　倩

李鹏飞　孙　毅　石少帅　巩江峰　王　伟

王明年　于晨昀　张宇宁　凌云鹏　张　斌

李　力　张矿三　张　延　王　婷　罗都颢

谭富圣　陈学峰　马福东　马伟斌　项彦勇

郭　磊　彭　斌　胡　晶　郑顺华　陈　帆

刘　旸　郭　崟　郝　英　雷雅婷　姜　雯

周　鑫

前　　言

随着我国各行各业地下空间大规模的开发利用，特大跨、超大跨隧道工程越来越多，已成为铁路、地铁、公路、水电等行业的控制性工程。如京张高铁重点控制性工程之一的八达岭长城站，最大开挖跨度达 32.7m，开挖断面面积达 494.4m²，埋深达 102.55m，车站内有大小洞室 78 个，断面形式多达 88 种，洞室间交叉节点密集且存在大量小间距隧道，是目前世界上跨度最大、建筑结构最复杂的超大跨地下车站。此外，由于其地理位置特殊、社会影响广泛、建筑人文环境定位高、周边环境敏感性强、客流及交通组织复杂、洞群设计施工难度大，对设计理论和施工方法提出了更严格的要求。而目前对超大跨隧道的研究尚处于起步阶段，可供参考的文献资料和工程经验有限，因此，研究超大跨隧道设计的理论基础，探索适合超大跨隧道的施工方法，是超大跨隧道工程建造亟待解决的科学难题。

本书在大量超大跨隧道工程总结分析的基础上，依托京张高铁八达岭长城站、赣龙铁路新考塘隧道等超大跨隧道工程，研究提出了超大跨隧道围岩自承载力理论、超大跨隧道围岩变形规律及稳定性判据、由预应力锚杆、预应力锚索、喷射混凝土组成的"一喷双锚"超大跨隧道自承载支护结构体系、超大跨隧道开挖工法工艺、超大跨隧道变形控制标准及监测分析，形成了"理论、方法、措施、工艺、监测、反馈"六位一体的超大跨隧道成套修建技术。

本书共分为 9 章内容，第 1 章为概述，介绍超大跨隧道工程研究背景与意义，主要对国内外相关研究进行综述，讨论存在的不足并引出本书的研究内容。第 2 章为国内外超大跨隧道工程，通过文献调研统计国内外超大跨隧道工程，分析其开挖与支护特征。第 3 章为超大跨隧道围岩变形及稳定性特征，首先分析了超大跨隧道围岩变形的主要影响因素，通过超大跨隧道围岩变形实例分析获得围岩变形规律，再以京张铁路八达岭长城站为例，介绍了信息化系统在围岩稳定性分析中的应用，基于有限元强度折减法和隧道断面面积法建立了两种超大跨隧道围岩失稳判据。第 4 章为超大跨隧道围岩自承载力理论，较为系统地阐述了自承载力的理论基础，假定隧道围岩承载拱断面为三铰拱，提出了一种计算承载拱的方法，并在京张高铁八达岭长城站得到应用。第 5 章为超大跨隧道支护结构设计方法，基于围岩"承载拱"理论，建立了以"一喷双锚"为主要支护结构体系的超大跨隧道设计方法，并通过有限元分析进行支护参数优化。第 6 章为超大跨隧道施工工法研究，在归纳总结常用隧道施工工法的基础上，重点对京张高铁八达岭长城站的开挖方法进行优选。第 7 章为超大跨隧道变形控制标准研究，提出了基于隧道围岩极限变形及稳定性要求的超大跨隧道围岩总变形和分步变形的控制标准，建立了变形控制标准分级管理机制。第 8 章为超大跨隧道变形监测分析，阐述监测的目的与主要内容，对京张高铁小净距段、大跨过渡段、三连拱段围岩及支护结构的变形监测结果进行分析。第 9 章为结论与建议。

本书编著过程中，主要依托京张高铁八达岭长城站、赣龙铁路新考塘隧道、贵安七星数据中心项目隧道等工程的设计与施工资料，同时参考借鉴了部分国内外已有的重要著作、文献、规范等资料，以及类似工程的设计、施工、治理、管理经验等，在此一并表示衷心的感谢。

本书的撰写，一方面展示了超大跨隧道的特征以及建造难度，另一方面也期望本书能为类似工程的隧道设计和施工提供借鉴和参考，拓宽行业应用范围，促进超大跨隧道设计和施工水平的提升。此外，随着水文地质条件和隧道工程的复杂性趋势的提升，研究成果的适用性以及更多新方法的探索，还需大量的实践验证和完善。

限于作者水平和能力，书中难免存在不足及疏漏之处，恳请各位专家同行、读者批评指正。

目　　录

第1章 ▶▶

概述

1.1 研究背景与意义

21世纪是地下空间开发利用的时代,特别是近年来随着"十三五"规划、"一带一路"倡议、西部大开发和交通强国等战略的实施,以及今年提出的"碳达峰"和"碳中和"目标,隧道及地下工程由于其绿色低碳、节能环保的特殊优势,在公路、铁路、城市交通网及市政设施、水利水电工程、矿产资源、国防建设等多个领域广泛应用并发展迅猛,目前我国已成为世界上隧道规模最大、数量最多、建设速度最快以及建设难度最大的国家。我国2021年发布的"十四五"规划中在交通方面提出加强出疆入藏、中西部地区、沿江沿海沿边战略骨干通道建设,基本贯通"八纵八横"高速铁路,提升高速公路网络质量,建设现代化综合交通运输体系,将涉及一大批交通强国工程的建设,例如川藏铁路雅安至林芝段和尹宁至阿克苏段,京沪、京港澳、长深、沪昆、连霍等国家高速公路主线拥挤段扩容改造工程,京津冀、长三角、粤港澳大湾区轨道交通网。因此,未来的隧道及地下工程将不仅朝着长度、埋深、海拔和断面、跨度等方面增长,更体现在设计理论、建设方法、技术创新、装备设施等瓶颈的突破[1-2]。此外,随着我国隧道及地下工程不断在山岭深埋、离岸深水、城市地下的延伸,一大批新材料、新工艺、新方法、新技术得到了持续快速且高质量的研发和应用,为未来几十年隧道及地下工程建设的持续发展提供了重要的借鉴和技术支撑[3]。

据统计,截至2020年,我国铁路隧道投入运营共有16798座,总长度约19630km;在建2746座,总长度约6080km;规划6354座,总长度约16255km,其中铁路运营隧道总长度接近80%为近15年所建。我国已投入运营的高速铁路隧道共3631座,总长度约6003km,最长的是青藏铁路新关角隧道,达32.69km;在建共1811座,总长度约2750km;规划中3525座,总长度约7966km。在城市轨道交通方面,我国大陆地区已累计有45个城市开通城市轨道交通运营线路,共7978.19km,地铁占比高达79%,在建及批复线路总长度接近1万km。在公路方面,截至2019年,我国已建公路隧道19067座,总长度约18966.6km,最长的运营公路隧道为秦岭终南山隧道(18.02km),在建最长的为新疆天山胜利隧道(22.035km),近10年来,中国公路隧道每年新增里程1100km以上[4]。而在水工隧洞方面,据不完全统计(截至2016年),我国已建成各类水工隧洞总长度超1万km,在建及拟建总长度超过3000km,目前我国已建的输水隧洞中最长单洞长度超20km,洞室最大埋深超2500km。同时,以与隧道配套的地下车站及其他基础设施为主的地下空间开发和利用也是隧道与地下工程的一项重要内容,其体量和建设难度同样不容忽

$50m^2$）、大断面隧道（$50 \sim 100m^2$）、超大断面隧道（大于 $100m^2$）。

（9）按隧道断面跨度尺寸，我国《公路隧道设计细则》JTG/T D70—2010、《铁路隧道设计规范》TB 10003—2016 将其划分为：小跨度隧道、中跨度隧道、大跨度隧道、特大跨度隧道，具体分类见表 1-1、表 1-2。

我国公路隧道开挖跨度分类　　　　　　　　　　　　　　　　　　　表 1-1

分类	开挖跨度(m)	适用范围
小跨度隧道	<9	①单车道公路隧道；②服务隧道；③人行横洞及车行横洞
中跨度隧道	9~14	①双车道公路隧道；②单车道公路隧道错车带
大跨度隧道	14~18	①三车道公路隧道；②双车道公路隧道紧急停车带
特大跨度隧道	≥18	①四车道公路隧道（单洞）；②连拱隧道

注：隧道开挖跨度是指隧道开挖横断面的水平最大宽度。

我国铁路隧道跨度分级说明　　　　　　　　　　　　　　　　　　　表 1-2

跨度分级	小跨度	中跨度	大跨度	特大跨度
开挖跨度	5~8.5m	8.5~12m	12~14m	>14m
对应断面面积	30~70m²	70~110m²	110~140m²	>140m²
适用范围	①无轨运输辅助坑道；②单线隧道（120~160km/h）	①120km/h 双线隧道；②单线隧道（200~350km/h）	双线隧道（160~200km/h）	①双线隧道（250~300km/h）；②三线及以上隧道

注：隧道开挖跨度是指隧道开挖横断面的水平最大宽度。

如表 1-1 所示，《公路隧道设计细则》JTG/T D70—2010 将公路隧道按开挖跨度分为四类，其中开挖跨度 18m 以上的隧道定义为特大跨公路隧道，但对于超大跨公路隧道的定义并未说明。根据《公路隧道设计规范 第一册 土建工程》JTG 3370.1—2018 中对公路隧道建筑限界的规定，单洞四车道高速公路隧道的最小开挖跨度将达到将近 20m，单洞六车道高速公路隧道的最小开挖跨度可达到 26m。因此，工程上一般将四车道及以上高速公路隧道定义为超大跨或超大断面公路隧道。

高速公路隧道建筑限界如图 1-2 所示，超大跨公路隧道建筑限界置于隧道轮廓内的尺寸如图 1-3 所示（以单洞四车道高速公路隧道，时速 120km/h 为例）。

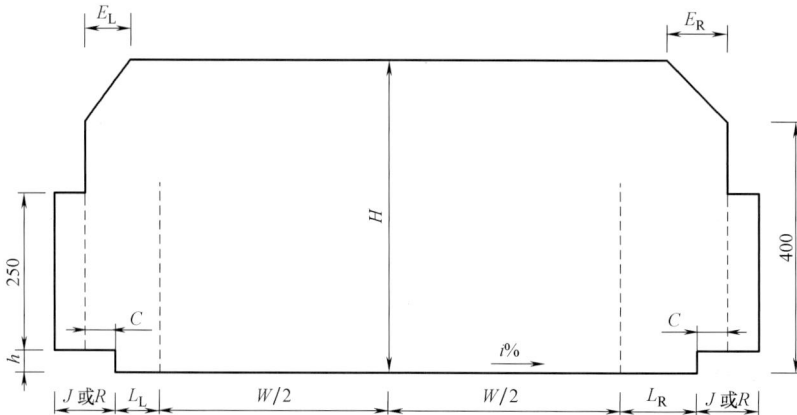

图 1-2　高速公路隧道建筑限界（单位：cm）

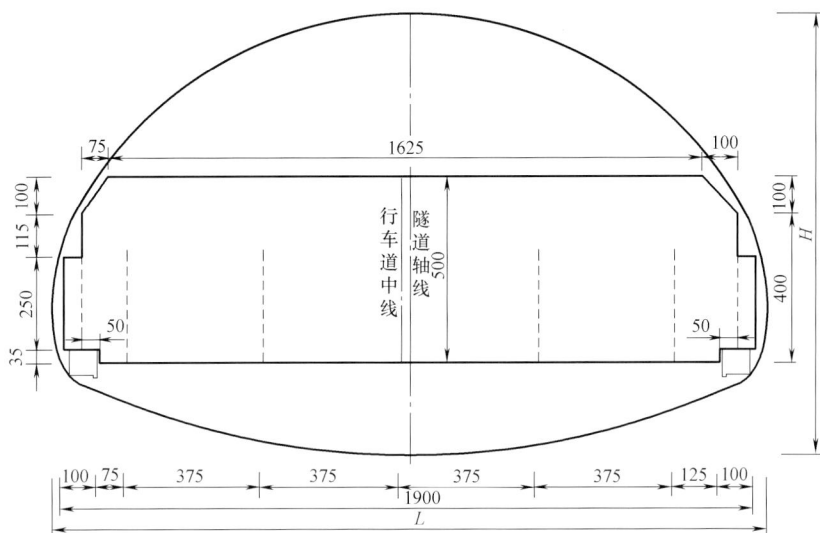

图 1-3　超大跨公路隧道建筑限界置于隧道轮廓内的尺寸（单位：cm）

根据《铁路隧道设计规范》TB 10003—2016，铁路隧道按开挖跨度可分为四类（表1-2）。规范中将开挖跨度14m以上的隧道定义为特大跨铁路隧道，但对超大跨铁路隧道的定义并未说明。根据《铁路隧道设计规范》TB 10003—2016中对铁路隧道建筑限界的规定，单洞三线铁路车站隧道最小开挖跨度达到18m，设置单侧6m站台后将达到24m；单洞四线铁路车站隧道跨度达到24m，设置10m岛式或双侧6m侧式站台后最小开挖跨度将达到34m。因此，工程上一般将单洞三线及以上铁路车站隧道（不含站台）定义为超大跨或超大断面铁路隧道。

高速铁路隧道建筑限界如图1-4所示，超大跨铁路隧道建筑限界置于隧道轮廓内的情况如图1-5所示（以单洞四线铁路车站隧道，双侧设置6m侧式站台为例）。

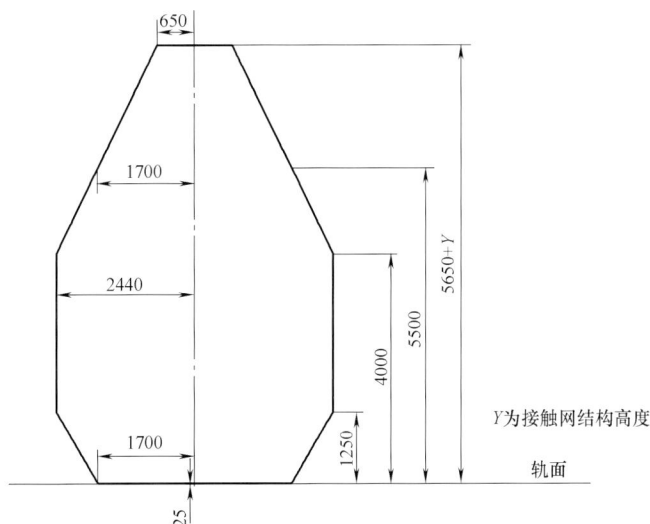

图 1-4　高速铁路隧道建筑限界（单位：mm）

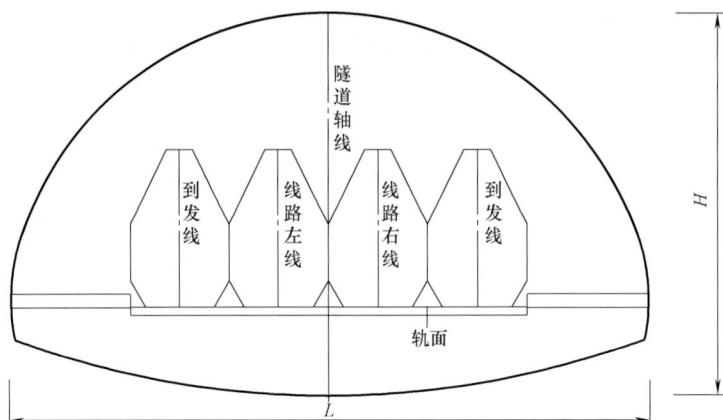

图 1-5　超大跨铁路隧道建筑限界置于隧道轮廓内示意图

此外，水电行业的地下厂房洞室跨度一般较大，我国《水电站地下厂房设计规范》NB/T 35090—2016 中将跨度大于 20m 的地下洞室划分为大跨度地下洞室。可见，各行业分级标准中均未对超大跨隧道做明确的定义，只有常规跨度隧道的定义。超大跨隧道及地下工程属于特殊情况下的隧道工程，工程上一般将单洞三线及以上铁路车站隧道（不含站台）和单洞四车道及以上高速公路隧道（即开挖跨度大于 18m）定义为超大跨或超大断面隧道。

大跨度隧道在减少工程开挖量及空间占用的基础上能提高断面的空间利用率，满足较大的交通量，符合绿色低碳、节能环保的理念。但由于大跨度隧道断面面积和跨度均较大，尤其是超大跨隧道结构具有扁平、大跨、大断面、薄拱等特点以及施工中存在尺寸、围岩缺陷、影响圈的放大效应和施工步骤敏感效应等，开挖跨度使隧道围岩荷载分布和支护结构力学特性变得复杂，结构稳定性及安全可靠性降低。围岩条件越差、隧道跨度越大，围岩松动区范围就越大，隧道稳定性越差。同时大跨度隧道的开挖不可能全断面一次性成洞，施工方法必须是开挖和支护交错循环进行的分部开挖法或台阶法，而围岩在施工期间必然会多次受到诸多工序的影响和扰动，导致支护结构受力状态多变，极易发生围岩变形失稳和隧道衬砌结构开裂破坏等问题。

1.2.2　隧道围岩变形及稳定性研究

隧道围岩的工程响应通常表现为围岩的变形及稳定性状况，因此围岩变形及稳定性是隧道结构设计及施工的基础和重要内容，也是最关键的问题。隧道在开挖期间，施工扰动破坏围岩的初始平衡状态，导致围岩应力重分布以达到新的平衡。开挖卸荷使围岩受力特征发生变化，同时在这个过程中将伴随着围岩的逐渐变形、劣化甚至失稳破坏。其中，变形是最方便且易于观察和监测的参数，包括掌子面前方的先行变形、掌子面变形和掌子面后方变形，而这些变形具有时间和空间变化历程的渐进性特征，也称为围岩变形的时空效应。围岩变形的时空效应主要包括两个方面：一是由于隧道开挖面不断向前延伸，初始地应力重新分配导致隧道某一监测断面所测量的围岩变形值变化，称为空间效应；二是由于围岩流变特性使围岩变形随时间变化的时间效应。综上，围岩变形的时空效应可理解为随着隧道向前掘进，围岩所受的初始地应力随时间逐步释放的时间效应，实质上是掌子面围岩的空间变形和围岩材料介质的流变特性综合作用的结果[6]。针对上述围岩压力理论、稳定性分析以及3种变形、2类效应，国内外专家学者们对隧道开挖过程中围岩变形规律开展了大量的研究。

（1）隧道围岩变形规律研究

隧道开挖后，围岩的变形大致经历以下三个阶段：①弹性变形阶段；②弹性变形和塑性变形共存阶段；③主要以流变为主，流变与塑性变形相互共存，并且围岩产生不同程度的损伤、断裂、挤出以及膨胀耦合作用的阶段[7]。由于隧道围岩变形具有显著的时空效应特征，目前采用的研究方法主要包括理论解析、数值模拟、现场监测、模型试验等。其中理论解析常常结合数值计算进行，孙钧院士采用黏弹塑性有限单元法对围岩变形的时空效应系统开展了有限元模型、有限元解析理论、数值解法等方面的研究，还进一步提出广义虚拟支撑法，通过在隧道洞周施加径向的"虚拟支撑力"，将隧道施工过程的复杂三维问题等效为二维平面应变问题，简化了分析过程[8]。随着计算机技术的发展，以及以有限单元法、边界单元法、离散单元法、有限差分法、光滑粒子法等为理论的商业计算软件的大量研发，针对不同工况下隧道开挖过程中围岩的时空变形分析的数值模拟研究得到迅速发展[9-12]。吕新建等采用FLAC 3D软件对超大断面隧道在不同围岩及地质条件、不同埋深、不同开挖方式等工况下分步开挖的过程进行了模拟，得到了围岩的空间变形及其随掌子面推进的演化规律，并分析了影响范围和围岩塑性区变化[13]。

理论分析和数值计算对地质及工程条件进行了一定的简化，有时得到的结果与工程实践的差异性较大，因此采用工程监测的变形资料进行研究也是一个可靠的方法。北京交通大学张顶立团队通过收集整理108座隧道拱顶沉降、水平收敛数据，以及40座隧道施工过程中的围岩变形监测数据，系统分析了隧道围岩变形量、变形稳定时间与围岩级别、隧道开挖面积等地质因素和工程因素之间的关系，以及围岩变形全过程及其关键节点、围岩变形速率与变形加速度分布规律及其影响因素，为隧道围岩变形规律的研究和隧道及地下工程施工提供了宝贵的资料参考[14-17]。刘泉声对龙潭隧道进行了大量现场监控量测，研究了围岩位移、锚杆轴力、二衬接触压力的分布特性及其变化规律[18]。王康基于龙岩头隧道的现场监测数据，采用线性拟合方法深入分析了隧道内拱顶沉降和周边水平收敛的时间和空间因素的变化特征，提出了对围岩变形的主控因素进行分区分段拟合的新方法，获得了具有良好相关性的回归拟合方程，认为早期围岩变形主要受空间影响，且主要变形区域为2倍隧道开挖洞径，其次才是时间因素的影响[19]。

（2）隧道围岩压力理论及稳定性研究

隧道支护结构受到的荷载主要来源于围岩压力，20世纪20年代之前，围岩压力理论主要为古典压力理论，认为作用在支护结构上的压力主要是其上覆岩土体的重量，具有代表性的有海姆（Haim）理论、朗肯（Rankine）理论和金尼克理论，区别是其侧压力系数取值不同。但随着隧道埋深的增加，古典理论与实际工程出现不符合的情况，后发展了散体压力理论，认为作用在支护结构上的压力不是上覆岩土体的重量，而是围岩塌落拱内松动岩土体的重量，代表性理论有太沙基（Terzaghi）理论和普氏理论，但这种理论没有认识到塌落不是形成围岩压力的唯一因素，更没有认识到可以通过稳定围岩以充分发挥围岩的自承载能力。20世纪50年代以后，流变理论被引入到围岩的稳定性分析中，同时意识到围岩压力不是瞬间释放的，除特殊情况的深埋隧道岩爆外，大部分围岩压力的释放是在开挖后初期支护前产生弹性变形，随后由于岩体的流变特性和掌子面开挖的扰动而引起的动态围岩压力调整进而产生地应力，影响隧道围岩的稳定性[20]。目前在围岩稳定性分析方面的主要研究方法有工程地质法、解析与半解析法、模型试验法、数值分析法等，并且在隧道荷载释放率方面进行了初步的探索。

工程地质法主要是通过地质调查获取岩土体的地质参数，参考相关的规范进行围岩分级。近年来，学者们运用灰色系统理论、功效系数法、特尔菲-理想点法、神经网络、模糊数学等理论和方法从定性到定量、单一到复合，更加合理、准确、科学地对围岩进行分级和评价。解析和半解析法大多是基于圆孔或球孔扩张理论，但假设条件的限制较大且多适用于深埋地下工程。模型试验和数值模拟可以在考虑较多影响因素的基础上很好地再现工程地质条件及工程特征，较为方便地获取围岩受力和变形的变化规律。此外，专家学者们通过模型试验和数值模拟对隧道在不同水文地质条件及其开挖过程中的围岩压力变化规律开展了大量研究工作，取得了许多有益的成果。李利平以兰渝铁路两水隧道为工程背景，开展软弱破碎地层中超大断面铁路双线隧道开挖的大比例尺三维模型试验，真实再现台阶法支护开挖、台阶法和全断面毛洞施工的全过程。试验中监测了3倍洞径范围内围岩的应力、位移以及近区荷载的变化信息，分析了不同施工过程中隧道围岩受力和变形的三维空间演化规律。研究发现软弱破碎低强度和流变特性使围岩变形具有更强的时空效应，同时存在掌子面挤出变形、先行位移和后方位移3个时空演化过程，相应地隧道断面围岩整体荷载释放过程存在3个典型变化阶段，即掌子面附近荷载集聚区、前方荷载弱集聚区和掌子面后方荷载释放区[21]。丁春林等针对广州地铁2号线越秀公园-三元里区间隧道，采用弹塑性有限元法分析了地应力释放对盾构隧道围岩强度、变形及地表沉降变形的影响，并在此基础上分析了围岩塑性区和稳定性变化[22]。

围岩的分级和评价也是隧道稳定性分析的一项重要内容，虽然我国铁路隧道、公路隧道相关的规范对围岩分类有着详细的介绍，但在特殊工程或围岩条件的情况下往往涉及的因素更多，也需要更为客观、合理、贴合实际的分级方法。何欣等以金沙江下游一水电站大跨度地下洞室工程为背景，采用工程地质分析与三维数值模拟3DEC等相结合的方法深入探讨了圆筒形尾调室围岩应力集中范围、程度和高应力破坏风险，分析并评价了软弱层间错动带对洞室围岩变形稳定的影响及其安全性[23]。王迎超等基于正态云模型、功效系数法、熵权-理想点法、特尔菲-理想点法等方法建立了多指标复合的隧道围岩分级、稳定性分析及预测预警模型，应用于工程并与实际取得了良好的一致性[24-27]。围岩压力的释放大多是逐步发生的，孙钧等定义了位移释放系数，该系数为隧道某一时刻的位移值与达到稳定状态时位移值的比值，主要研究隧道开挖过程中该监测点随时间的位移变化过程[8]。通过研究某监测点位移释放系数的变化过程，可以实时掌握该监测点位移随工程开挖变化的过程，并获取位移增加最大值和增加率最大值及其所处的阶段等相关信息，进而评价隧道开挖过程中的围岩空间变形规律及其稳定性。但目前通过荷载释放率定量化研究隧道荷载释放规律基本属于起步阶段，可供参考的研究较少，技术也尚不成熟。

超大跨隧道由于其开挖跨度大、扁平率小、受力复杂，对工程地质和施工方法等条件敏感且受其限制较大，特别是在围岩条件差、里程长等工况下，使得超大跨隧道施工过程中围岩随时间和空间的变形演化规律十分复杂，而围岩变形的时空效应和稳定性对隧道的安全快速施工具有重要的指导意义。因此，有必要进一步对超大跨隧道施工中的围岩时空效应和稳定性开展深入的研究。

1.2.3 隧道围岩自承载理论

围岩压力理论自认识到围岩的自承载能力以来，现阶段广泛应用的新奥法、挪威法、新意法等施工工法都提出了利用围岩自承载力的思想，在设计和施工支护结构的过程中考虑充分发挥围岩自身的承载能力，与锚网喷以及衬砌结构等支护手段，共同作为隧道及地下工程的支护结构，承担围岩压力。影响围岩自稳能力的因素有很多，包括隧道埋深、隧道断面形状及尺寸、施工方法等工程特征以及地形地貌、围岩条件、水文地质条件等岩体环境特征。但其内在机理都是围岩中的拱效应，这是隧道及地下工程区别于其他工程结构的主要特点。围岩中拱效应的产生不同于拱结构，拱结构是拱形结构在荷载作用下即发挥其承受压力，而围岩的承载拱是由地下开挖产生并随开挖的过程动态变化的，是围岩自我调节的结果。隧道开挖后，洞壁岩体失去了原有岩体的支撑，破坏了原有的受力平衡状态和荷载传递路径。在重力和初始应力场的作用下，围岩发生新的变形，应力、应变和能量进行自发调整，并最终达到一个新的平衡状态；此时，由于围岩中各处变形的不均匀性，隧道周边一定范围内的围岩中将产生类似于拱结构切向压紧的作用，这就是承载拱效应。

针对围岩的拱效应，主要采用模型试验和数值计算等方法研究围岩的成拱机理和动态变化规律。扈世民以兰渝铁路大断面黄土隧道工程为背景，采用数值计算和模型试验对黄土围岩压力拱效应进行分析，获得了围岩压力拱范围及其力学特性[28]。朱合华等以3车道公路隧道软弱破碎围岩为研究对象，研制相似模型材料和配套试验设备，再现开挖后围岩的渐进性破坏全过程，分析不同埋深下围岩的应力场特征，并引入弹塑性损伤本构模型对试验工况进行有限元数值模拟，表明围岩内的周向应力在隧道开挖后先升高而后逐渐降低，其最大值所在位置即对应压力拱位置，且该位置随着破坏区域的扩大而不断向围岩内部移动，形成动态压力拱现象[29]。叶飞等以隧道开挖后的最终状态为依据将动态压力拱分为稳定无塌落拱、稳定有塌落拱和不稳定无塌落拱3类，并将围岩压力拱的动态发展分为原始应力状态、雏形压力拱状态、初始压力拱状态、塌落压力拱状态4个典型的时间段，完善了动态压力拱理论[30-31]。

目前，在国内外的隧道及地下工程设计与施工过程中采用考虑一定围岩自稳能力的方法得到普遍的应用，但对围岩自承载理论的研究远远滞后于其工程实践。在工程的具体支护参数设计中，如何利用围岩的自承载力，都没有成套的理论方法，主要还是依靠工程经验法或者对围岩变形的监测，尤其是新奥法，将围岩监控量测作为支护结构动态设计的主要依据。

为了加强加快围岩自稳能力的理论研究应用于工程实践并扩宽其适用性，一些专家学者提出对围岩自承载能力的评价，以指导隧道及地下工程结构的设计和施工。赵均海等借鉴抗力系数的概念提出了评价围岩承载能力的自承载系数，给出了其物理意义，并以深埋圆形隧道弹-脆-塑性围岩位移新解为基础，建立的围岩自承载系数计算式能合理表达众多因素的综合影响，特别是围岩特性的影响，指出自承载系数曲线被临界支护力分成弹性和塑性两个阶段[32-33]。苏永华等将强度折减法应用到隧道围岩自稳能力研究中，并结合突变理论、极限平衡方法等初步发展了隧道围岩自稳能力的量化评价方法[34-35]。但这种方法发展至今尚不完善，未能得到广泛的应用。

超大跨隧道具有跨度大、扁平率小等特征，围岩自承载力受到的影响因素更多且更为敏感，此外围岩的变形还存在一定的突变性。根据围岩变形监控量测动态调整支护参数的设计方法具有很强的灵活性和经济性，在煤矿巷道和水电地下厂房中得到了应用，但交通隧道及地下工程对安全性和可靠性的要求很高，一旦出现变形增大，再增加支护措施的难度和成本将十分巨大，因此需要研究新的围岩自承载力设计理念和设计方法。

1.2.4　隧道支护结构设计方法

在隧道建设的早期阶段，工程的建设几乎完全依据经验，直到 19 世纪初才逐步形成了自己的计算理论，并开始用来指导隧道的设计和施工。隧道设计理论和方法的形成经历了一个长期的发展过程，大致可以分为以下八个阶段：刚性结构阶段、弹性结构阶段、假定抗力阶段、弹性地基梁阶段、连续介质阶段、数值方法阶段、极限和优化设计阶段、现代复合支护设计阶段[36]。在地下结构计算理论形成的初期，类比地面结构的计算方法，将结构上覆岩土层的重力作为所受的主动荷载施加于刚性块组成的结构体上，按静力原理计算其内力。这些方法可归类为荷载-结构法，由于没有考虑围岩的自承载能力且缺乏理论依据，一般设计偏保守，所设计的结构厚度较大。经过较长时间的实践，认识到地下结构和地面结构受力变形特点的不同，发展了松动压力理论，并形成以考虑地层对结构受力变形产生的弹性反力约束作用为特点的弹性结构设计阶段，但这种方法也依然没有认识到可以通过及时稳定围岩以发挥其自身承载能力。

20 世纪中期以来，随着新型支护结构、岩土力学、测试技术、计算机技术及数值分析方法的发展，推动了地下结构设计向连续介质设计阶段、现代复合支护设计阶段完善，逐渐形成系统的地下结构设计理论体系。连续介质力学理论和新奥法设计理论都充分考虑了围岩的自承载能力，其中连续介质设计方法为较理想的力学模型，能够反映支护和围岩的共同作用，但原岩应力、岩土体参数和施工因素等计算参数难以准确获取，对岩土体材料的本构关系和破坏失稳准则的认识尚不清，因此计算的结果不能直接应用。目前隧道结构设计方法以工程类比法为主，同时结合多种其他方法综合设计，在施工过程中还可以利用现场监测信息的数据对支护结构的设计作动态调整和优化。

一般认为，隧道的支护体系主要由岩体和支护结构两部分组成，其中岩体是主要承载单元，而支护结构起辅助性功能，但作为交通功能的隧道通常也是不可缺少的。支护结构包括初期支护和二次衬砌，起着承重和围护两方面的作用，初期支护和衬砌结构的合理设计对结构的承载能力和经济效益都有着很大的影响。初期支护常采用钢筋网、钢拱架、格栅拱架、锚杆、锚索以及喷射混凝土等，而二次衬砌通常为模筑混凝土[20]。在进行具体设计时应考虑使用要求、工程地质及围岩稳定性条件、施工条件、建筑材料、工程造价等多方面因素，而其中围岩条件及其稳定性对结构形式的确定起着决定性的作用。新奥法的创始人之一米勒教授认为衬砌在初期支护稳定的条件下，衬砌并不承担除自重之外的其他荷载，而是作为支护结构的安全储备和装饰等功能。日本岩石力学专家认为，一般围岩中由于围岩具有自承能力及初期支护能作永久建筑物，衬砌只起到提高安全度的作用。目前国内隧道及地下工程的支护结构设计也基本采用新奥法的思想，把握支护时机，控制围岩变形以充分利用围岩的自承载能力。

此外，专家学者们通过开挖过程中的现场监测数据或者试验室模拟开挖和支护的动态响应过程，研究支护结构的变形和受力状态以及支护时机。赵子荣等采用南岭隧道的现场监测数据，分析作用在初期支护和二次衬砌上围岩压力的大小和分布规律，表明衬砌是受力的，并且通过初支和二衬的刚度来分配围岩压力，得出二次衬砌是承担围岩压力的主要部分[37]。杜守继等研究了软弱岩体隧道围岩的受力变形特点和围岩变形收敛曲线，在此基础上分析了二次衬砌和初期支护的作用效果[38]。莫勋涛等结合铁路隧道中围岩压力与站立时间的概率分布的相互独立性，提出了一种计算初期支护和二次衬砌承担压力分配的新方法[39]。肖明清等基于荷载结构法建立具有明确安全系数要求的初期支护模型，对不同工况下的支护结构参数进行设计[40]。新奥法施工注重开挖后允许部分变形，但对及时支护，控制围岩的稳定性有严格的要求。关于支护结构施作的时机，周建等设计支护形式为"初衬＋锚杆＋钢拱架＋二衬"的复合式衬砌结构，建立隧洞力学模型，基于 Mohr-Coulomb 准则，考虑开挖空间效应、衬砌时效特性以及支护结构分步施加的时机，推导了隧洞开挖与支护过程中塑性区应力、洞壁位移以及支护压力解析解[41]。罗彦斌等依托渭武高速公路木寨岭隧道 2 号斜井工程，采用现场监测和数值模拟相结合的方法对隧道内层初期支护合理施作时机进行研究，获得了合理的支护时机[42]。目前对支护时机的设计尚无法直接确定，一般需要借助现场监测、数值模拟和模型试验等多种方法综合确定。

在特殊的地质条件或工程结构的情况下，不同工况下的围岩压力特征导致对支护结构设计的要求相异。软弱围岩和浅埋隧道围岩经常呈现松散破碎的形态，陈子全等通过分析我国西南部山区隧道施工典型案例的现场实测数据和支护结构体系力学行为特征，总结出浅埋隧道和软弱围岩的支护结构特征：①当隧道穿越软弱围岩时，围岩强度低、自承载能力差，接触压力、钢拱架应力均显著高于普通围岩隧道，二次衬砌分摊荷载比例显著上升；②当隧道穿越断层破碎带时，支护结构受力需要较长时间才能稳定下来，其力学行为呈现出 3 阶段演化规律，其中前期快速降低、中期缓慢降低、后期基本稳定；③当隧道洞口穿越松散堆积体时，坡体稳定性易受到扰动，其支护结构力学行为具有显著的偏压特性，围岩压力主要集中在深埋侧[43]。张永杰等针对山岭隧道进出口浅埋段提出盖拱承载受力简化分析模型的盖挖支护设计方法，探讨隧道埋深、盖拱矢高、圆心角、半径与拱脚宽度等因素对支护结构承载特性的影响规律，提出了优化设计原则[44]。深埋隧道则具有显著的高地应力特点，陈子全认为高地应力与围岩强度联合控制着围岩稳定性与支护结构体系的力学行为，同时高地应力硬岩隧道也具有一定的流变时间效应，但由于硬质围岩的强度较大、稳定性较好，支护结构受力相对较小，安全储备较高[43]。而在高地应力的软岩隧道围岩压力与结构受力显著升高，其支护结构力学行为在施工期便呈现出明显的流变特性，且施工后期仍然保持着缓慢增长。

大断面和大跨度隧道则是由于其隧道断面特征导致对支护结构的要求不同于常规隧道结构设计。叶万军等依托甘肃省境内早胜 3 号隧道施工开展深埋大断面黄土隧道初期支护受力规律的现场试验研究，同时建立模拟隧道施工的有限元模型，结果表明支护结构应力空间分布上部大下部小，偏压特性明显，拱顶及边墙区域为初期支护薄弱部位，荷载值比理论计算值偏大[45]。西南交通大学童建军等针对机械化施工的大断面隧道，基于极限平衡法推导了考虑超前支护措施的三维掌子面稳定系数计算公式，同时依据现场实测数据获得了整体变形和局部变形压力计算公式，建立了隧道支护结构设计方法[46]。陈建勋等以陕西省宝（鸡）汉（中）高速公路连城山隧道工程为工程背景，通过对围岩变形和支护结构受力的现场监测，对比分析不同形式初期支护的控制变形效果，提出了"大预留、多层、分次支护＋大管径长锁脚锚管＋深仰拱"的大跨度公路隧道软岩大变形控制方法和支护体系[47]。但是目前对于特殊地质条件及特殊工程的支护结构设计和分析只是针对个案进行的并未形成通用的理论和方法，而随着大规模隧道建设的继续推进，越来越多的大断面、大跨隧道及地下工程需要建设在更为复杂的地质环境中。

隧道支护体系是由支护结构和围岩共同组成的，因此系统认识支护结构和围岩相互作用的过程和机制是定量化设计的基础，也提供了支护结构优化的空间。北京交通大学张顶立团队在隧道支护结构体系及其协同作用、支护结构优化设计等方面做了大量的工作。经过长期的实践证明围岩的自承载力是存在的，即围岩可作为支护主体结构的一部分，而人为施加的支护结构从功能角度上一方面是稳定围岩，另一方面是调动围岩的承载和协助围岩承载，进而维持隧道的长期稳定性，其中支护体系稳定性的关键在于结构-围岩的相互作用关系[48-49]。张顶立等在隧道围岩变形和演化规律研究的基础上，重点分析了支护结构体系协同作用的原理，指出隧道支护和围岩作用体系中各支护元件中存在叠加增益的效果，建立了一系列的隧道支护结构体系协同优化设计方法[50]。孙振宇等针对支护-围岩的动态相互作用机制，推导了深埋圆形隧道的弹塑性解，建立了初期支护-围岩耦合模型，分析了隧道开挖过程中支护与围岩的动态相互作用关系，同时通过对比初期支护的施作时机，给出了合理支护时机的确定方法[51]。针对超大跨隧道具有断面尺寸、围岩缺陷、承载圈范围等的围岩作用放大效应，罗基伟等通过京张高铁八达岭长城站的现场监测，研究预应力锚杆-锚索协同支护作用，表明预应力锚杆作用于浅层围岩内部，与被锚固岩体组成组合拱结构承担围岩荷载；预应力锚索作用于深层围岩区域，调动深层围岩的承载力承担围岩荷载，并提高锚杆组合拱的稳定性，预应力锚杆-锚索协同作用可以实现超大跨隧道围岩的有效支护[52]。

新奥法施工中，隧道二次衬砌主要承担部分由初期支护传来的压力，其主要作为隧道支护的安全储备，学者们也对二次衬砌的优化设计作了相关的研究。郭海洋以鹤大高速回头沟隧道为工程背景，通过现场监测数据分析二次衬砌承担围岩压力比例的基础上，采用荷载结构法建立有限元模型，并施加通过监测数据获得的二衬压力，分析了偏压隧道的衬砌结构安全性。同时采用相同的研究方法，讨论不同横坡角度对二次衬砌的内力和变形影响，并根据规范的要求，判断其安全性。在此基础上对二次衬砌厚度进行优化，探讨不同地形坡度、不同衬砌厚度与二次衬砌结构内力和位移关系，根据模拟结果分析二次衬砌的优化厚度。郭海洋通过有限元数值模拟的方法，研究了不同侧压力系数和衬砌厚度对隧道变形和内力的影响，并通过对衬砌安全性评价得出了二次衬砌的最小安全厚度[53]。陈建勋通过工程类比法对榆树沟隧道不同围岩等级的二次衬砌厚度进行了优化设计研究，结果表明二次衬砌内力都较小；现场监控量测的净空收敛数值均远小于允许收敛值，二次衬砌接触压力的量测值均远小于规范计算值[54]。可见，二次衬砌工作状态良好、安全储备较大，减薄二次衬砌厚度是可行的。

从现有研究来看，常规隧道的支护结构设计根据相关规范或工程类比法已趋于完善成熟。但随着隧道及地下工程建设的发展，越来越多的隧道及地下工程将朝着超大断面、超大跨的方向发展，而目前针对这类特殊隧道的支护结构设计尚缺乏系统的理论与方法，以往的工程经验、支护理论及设计方法能否适用于超大跨隧道工程，需要进一步深入研究。

在隧道建设中往往是一边实践一边探索地前进，理论与方法的建立和总结却滞后于工程实践。

1.2.5　隧道施工方法

超大断面、超大跨隧道的施工方法主要有矿山法、盾构（TBM）法、沉管（沉箱）法等，目前在岩土体中常用的隧道开挖方法主要是基于"新奥法原理"的矿山法根据所处的工程概况进行二次拓展。一般为全断面开挖或者通过台阶法、单（双）侧壁导坑法、环形开挖留核心土法、中隔壁法（CD法）或交叉中隔壁法（CRD法）等改变开挖方法来改良土体的力学性质，同时将较大的隧道断面分割为几个小断面隧道施工，尽可能快地使开挖断面形成闭合结构，改善承载体的承载能力。近年来工程上出现隧道的断面及跨度越来越大，施工方法上也在沿用常规隧道施工工法的基础上不断创新优化。

如英法段英法海峡分叉隧道，最大开挖断面 $256.7m^2$，宽度为 20.22m，高 15.8m，采用双侧壁导坑工法。浙江甬台温线西岔隧道，开挖断面达 $252m^2$，宽 21.2m，高 15.4m，围岩为细砂、中砂及凝灰质黏土，采用中隔壁法（CD法）施工。北京地铁复八线王府井车站埋深 7m，车站长 241.4m，宽 32.3m，高 14.22m，三拱两柱岛式站台，围岩为永定河冲洪积层，采用暗挖桩柱、导洞先行、洞中作桩、形成支护结构后开挖洞室进行施工。北京地铁 7 号线双井站为地下两层双柱三跨的形式，车站主体长度 237.6m，标准段宽度 23.1m，高度 16.15m，断面面积 $320m^2$，采用暗挖法施工，围岩为Ⅳ类砂土及黏土，采用 PBA 工法（洞桩法，由边桩、中桩、顶底梁、顶拱共同形成初期支护体系）施工。重庆轻轨 2 号线大坪车站采用暗挖法施工，主体开挖宽度 26.3m，高度 20.6m，面积 $430m^2$，最小埋深 4m，围岩为Ⅲ类泥岩、拱部结构扁平，洞跨比为 0.15～0.5，首次采用"上半断面侧壁导坑法，下半断面先中槽后侧墙开挖，先拱后墙衬砌"的隧道施工新工法。沈阳地铁 2 号线北站暗挖段为双层三拱两柱结构，岛式站台，埋深 6.4m，开挖宽度达 26.3m，高度 16.95m，断面面积 $340m^2$，采用洞桩法施工。重庆轻轨 3 号线红旗河沟车站最大开挖断面宽度 24.4m，高 32.8m，面积达 $730m^2$，采用预留十字岩梁岩柱的隧道施工新方法。可见在大断面或大跨度的隧道及地下工程施工中，由于隧道临空面积大，一次开挖不能及时封闭，围岩容易发生失稳，因此一般采用多种方法将开挖面分隔成多个部分，一边开挖一边施加临时支护，最终完成整个断面的开挖和支护结构的施作。

常规新建大跨度隧道开挖方法以双侧壁导坑法、单侧壁导坑法、CD法、CRD法、上下台阶法以及新的钢架岩墙组合支撑法为主，这些工法都旨在减少开挖分部，减小围岩扰动，从而达到快速施工的目的。为解决大断面、大跨度隧道施工工法方面的困难，国内外专家学者们开展了大量的研究工作，取得了许多有价值的研究成果和实践经验。张俊儒等在统计分析大量超大断面四车道公路修建技术案例的基础上，将常规新建四车道公路隧道施工方法分为两种：①先按传统分部开挖工法设计，在施工时依据围岩支护动态施工力学特性，以及它们之间围岩变形控制和支护承载性能的比选进行开挖工法的选择和设计，如蒋坤等以福州国际机场高速公路 2 期工程魁岐 2 号隧道为工程背景，建立离散元模型对比分析了双侧壁导坑法、CRD 法和 CD 法 3 种施工方案的隧道位移和围岩应力变化规律，并结合现场情况在隧道进口Ⅴ级围岩段，成功将双侧壁导坑法变更为 CRD 法施工；②提出有别于传统的施工工法，在此基础上做的一些改进优化的工法，如京沪高速济南连接线计理论和施工方法，从围岩的变形及稳定性特征出发，分析其自承载理论与围岩压力计算方法。在围岩稳定性和围岩压力计算等的相关理论研究基础上，结合工程实际开展支护结构设计和开挖工法研究，最后提出适用于超大跨隧道的变形控制标准和监测及分析方法，主要在以下几个方面开展研究：

(1) 国内外超大跨隧道工程及其特征分析；

(2) 超大跨隧道围岩变形及稳定性研究；

(3) 超大跨隧道围岩自承载力理论与计算方法；

(4) 超大跨隧道支护结构设计方法；

(5) 超大跨隧道施工工法设计及优化研究；

(6) 超大跨隧道变形控制标准与变形监测分析。

第 2 章 ▶▶
国内外超大跨隧道工程

随着我国经济高速发展，以及新兴产业的不断涌现和高新技术的持续研发应用，我国隧道及地下工程的发展进入到了新的阶段。一方面，在铁路行业，国家提出了扩大中西部铁路网覆盖以及全国高铁网络"八纵八横"的短期目标，随着铁路路网建设不断完善，山区铁路由于受地形的限制，已成为铁路施工的重难点。但 21 世纪以来我国铁路隧道的修建水平取得了迅猛的进步，在超大跨隧道施工技术方面也有颇多的进展。另一方面在公路及市政行业，随着城市规模的不断扩展，人均汽车保有量的提高，旅游业、物流运输行业等产业的发展，人们需要更加便利的交通条件，因此逐渐出现了一座座超大跨公路隧道，无论在隧道长度、开挖尺寸还是隧道设计和开挖工法上都有着新的突破。本章就国内外超大跨隧道工程的现状进行具体的介绍。

2.1 超大跨隧道开挖工法现状

在 20 世纪 80 年代，随着交通建设的快速发展，国外一些发达国家开始进行超大跨隧道建设。由于国土山地面积较多，瑞士、奥地利、挪威、德国、韩国、日本等国家修建了众多超大跨隧道，在修建隧道的过程中，根据新奥法原理派生出许多新的开挖工法，如台阶法、中隔壁法（CD 法）、交叉中隔壁法（CRD 法）、双侧壁导坑法、全断面法等。这些工法最早应用于国外超大跨隧道工程中，并得到发展与完善。1981 年，德国在慕尼黑地铁施工中首创 CD 法，并成功应用了双侧壁导坑法等先进施工方法。1990 年，英法两国合修的英法海底交叉隧道最大开挖断面达到 $252m^2$，采用双侧壁导坑法、上下短台阶法等顺利建成。在日本东名高速公路隧道的拓宽工程中，更是采用了双侧壁导坑法、上下短台阶法、全断面法、CD 法、CRD 法等多种施工方法。这些工法的成功应用，为以后超大跨隧道的发展提供了宝贵经验。

我国在超大跨隧道开挖工法方面的研究起步则较晚，但是由于我国幅员辽阔，为了改善山区交通落后条件，也修建了不少超大跨隧道工程，特别是进入 21 世纪以来，我国成功修建了大量超大跨隧道。1990 年修建的襄渝线狗磨湾隧道，开挖断面达到 $260m^2$，采用双侧壁导坑法、上下台阶分步开挖法施工；2006 年，温福铁路燕前 2 号隧道采用 CD 法分部开挖；2012 年修建的港珠澳大桥拱北隧道，开挖工法采用的是分部多台阶开挖法；在 2018 年福州市福马路马尾扩建隧道施工中，主要采用 CRD 法施工。随着近年来国内超大跨隧道工程数量越来越多，开挖技术研究与应用也日趋成熟。

综上所述，目前国内外超大跨隧道开挖工法的核心是在保证掌子面稳定的前提下将大跨度、大面积断面划分为若干个较小面积断面进行开挖和建设。工程上一般是依据这一核风险，利用预应力锚索来替换临时竖撑，在拆除竖撑后，预应力锚索仍然可以提供上部支撑作用。

2.1.4 郑西铁路客运专线张茅隧道

郑西铁路客运专线张茅隧道全长 8483m，隧道最大开挖跨度达 19m，高度 11.7m，开挖断面面积 $164m^2$。隧道洞身土体以黏质黄土为主，土体饱和，含水量高，具有弱～中膨胀性，属Ⅳ级围岩。

洞身开挖采用三台阶七步开挖法施工，如图 2-4 所示，分七个工作面开挖，首先开挖上部弧形导坑，其次开挖左右侧中台阶，然后开挖左右侧下台阶，最后开挖隧道仰拱。每个台阶相隔数米，边开挖边施作初期支护，逐步向前推进。

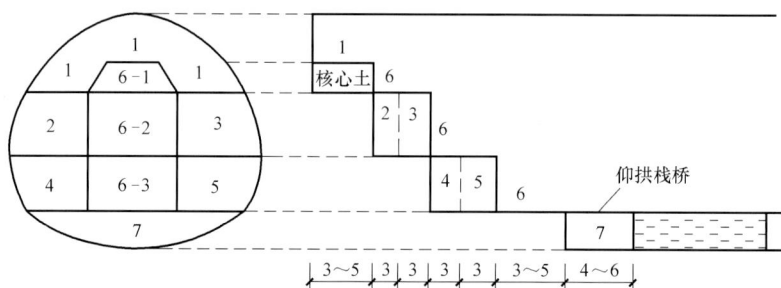

图 2-4 张茅隧道断面开挖示意图（单位：m）

三台阶七步开挖法主要有以下四个优势：

（1）施工空间大，方便机械化作业，效率较高。

（2）可用于不同地质条件的隧道开挖，适用性强。

（3）适用于不同跨度隧道，初期支护工序较简单。

（4）左右错开开挖，同时预留核心土体，保证掌子面稳定。

本工程的最大难点在于地质条件，黄土的物理力学性质极易受水的影响，干的黄土一旦被水浸湿，结构就会迅速破坏，承载力出现急剧降低，围岩的自稳能力显著降低。因此，上部弧形导坑开挖后需要立即初喷一层混凝土并及时进行喷、锚、网联合支护，同时预留核心土也有利于保持围岩自稳能力。

2.2 超大跨隧道支护技术现状

通过 2.1 节四个典型的国内超大跨隧道工程的经典实例，可以发现：隧道的开挖和支护措施直接影响隧道结构的稳定。目前，超大跨隧道工程的支护措施按照支护形式可分为临时支护和永久支护，按照施工顺序可分为超前支护、初期支护与二次支护。下面参考施工顺序对国内外超大跨隧道支护技术现状作进一步的介绍。

2.2.1 新意法

在超大跨隧道超前支护研究方面，欧洲一些国家走在世界前列。新意法，即超前预加固大断面隧道施工工法，也称为岩土控制变形分析（ADECO-RS）方法。该方法首先对岩体进行分类，然后确定超前支护措施和支护参数，其基本观点是核心土的强度和刚度是引起隧道变形的主因，通过超前预加固措施，对超前核心土进行防护和加固，从而控制岩体的变形。在工程应用中，隧道超前支护的方式主要有管棚、小导管、锚杆注浆、水平旋喷注浆等。

该工法在意大利等欧洲发达国家应用非常广泛，也因此得名"新意法"，并逐渐应用到其他超大跨隧道及地下工程的设计和施工中。1984 年，意大利 Vasto 隧道在开挖过程中发生严重塌方，Pietro Lunardi 教授提出采用水平旋喷注浆法与玻璃纤维锚杆注浆法对掌子面前方的超前核心土进行超前加固，以控制其变形。1996 年法国里昂—马赛高速铁路 Tartaiguille 隧道通过采用玻璃纤维锚杆注浆法对超前核心土进行加固，来改善软弱地层中隧道的变形特性。

目前，在我国已有部分超大跨隧道项目应用新意法施工。京广高铁浏阳河隧道最大开挖跨度超过 16m，隧道埋深处于 30～50m 之间。技术人员对隧道围岩进行了数值模拟分析，最终采用超前管棚和注浆锚杆结合的支护方法。兰州东站出站段桃树坪隧道所处地质条件复杂，为第三系富水粉细砂，遇水后呈流塑状态，稳定性极差。为了确保施工稳定，引入了新意法施工。在开挖前，采用水平旋喷桩和玻璃纤维锚杆联合进行超前支护，加强隧道开挖时的围岩稳定性。

2.2.2　初期支护与二次衬砌技术

超大跨隧道施工的关键是要保证初期支护与二次衬砌作业后隧道围岩与结构的稳定。分开来说，初期支护确保施工过程安全，二次衬砌保证工程长期使用安全。隧道支护参数不仅与隧道断面大小、地质条件有关，还与施工过程中的开挖工法、支护施作时机、辅助施工措施等因素有关。

从国内超大跨铁路隧道的工程实例来看，超大跨铁路隧道的支护形式几乎都是复合式衬砌。在 20 世纪 80 年代以前，从隧道修建技术上看，没有认真研究开挖工法与支护体系之间、结构的受力特点和隧道地质条件变化等关系，不重视初期支护的作用，仅将初期支护作为一种施工的安全防范，不愿在初期支护上投入过多费用，忽视了初期支护本身的支护和加固作用，因而初期支护较弱，二次衬砌过强，这是不合理的。20 世纪 80 年代以后，超大跨隧道施工技术快速发展，在选择隧道断面时会根据所处地质条件以及结构的受力特点而有所不同，而且不论何种情况都会设置仰拱，同时强调初期支护在整个支护体系中发挥的重要性，这也符合理论和计算的分析结果。

2005 年修建的深圳雅宝隧道，Ⅱ级围岩、Ⅲ级围岩、Ⅳ级围岩分别占隧道总长度的38.7％、15.9％和45.4％，开挖跨度 20.9m，采用双侧壁导坑法施工。隧道洞身按新奥法原理设计，采用复合式衬砌，初期支护以钢纤维喷混凝土、锚杆和钢筋网为主要手段，局部辅以型钢钢架加强。二次衬砌采用 C30 整体式现浇钢筋混凝土，隧道底部设置仰拱。2017 年修建的滨莱高速姚家峪隧道，开挖跨度达 21m，采用锚喷混凝土和模筑防水混凝土分别作为初期支护和二次衬砌，两层衬砌之间设置防水层，隧道底部设置仰拱。2020 年修建的厦门翔安机场高速公路巷东隧道，开挖跨度 18.5m，围岩等级主要为Ⅲ、Ⅳ、Ⅴ级，初期支护以系统锚杆、钢筋网、钢拱架以及喷射混凝土为主，按设计要求，隧道洞身处于Ⅴ级围岩区域的需施加第二次初期支护，以钢筋网、钢格栅、喷射混凝土为主，二次衬砌依照围岩等级喷射不同厚度的防水钢筋混凝土。由此可见，地质条件差的施工区域，需要增强初期支护手段。

2.3 国内外超大跨隧道案例统计与分析

2.3.1 国内外案例统计

前面部分介绍了超大跨隧道开挖及支护技术现状，下面我们将扩大统计案例。统计对象为国内外超大跨隧道工程，包括铁路隧道、公路隧道、暗挖地铁车站以及其他用途隧道。案例的数据来源主要包括公开发表的文献资料以及新闻媒体报道等。由于受数据来源以及专业性和时效性等的限制，部分隧道施工信息未能搜集完整，因此本统计为不完全统计。

根据公开资料，共统计 28 个国外案例和 49 个国内案例，分别列于表 2-1、表 2-2 中。国外统计案例中统计因素主要包括隧道名称、地质条件、开挖尺寸、开挖工法以及隧道长度。国内统计案例中统计因素主要包括隧道名称、开工年份、隧道长度、地质条件、开挖尺寸、开挖工法以及支护形式。限于篇幅，隧道开挖工法与支护形式未能详尽描述，仅提取关键步骤进行简要介绍。虽然案例搜集并不全面，但通过对这些具有代表性的超大跨隧道的统计分析，仍然可以得到国内外超大跨隧道工程应用现状信息。

部分国外超大跨隧道统计见表 2-1。

部分国内超大跨隧道统计见表 2-2。

国外超大跨隧道案例统计[9,66-67] 表 2-1

序号	工程名称	地质条件	开挖尺寸(m)	开挖工法	隧道长度(km)
1	日本东京湾横断公路隧道	地质主要为软弱的冲积、洪积黏性土层以及洪积砂层	跨度:14.14	盾构法	9.10
2	韩国世界杯隧道	—	跨度:28.0 高度:9.2	—	—
3	日本第二布引隧道	—	跨度:24	—	—
4	法国 Toulon 隧道	穿越岩层主要为千枚岩	跨度:12.7 高度:11.2	新意法	1.82
5	伊朗 Niayesh 隧道	穿越围岩主要为砂卵石	跨度:18 高度:10.9	CD 法、双侧壁导坑法开挖	—
6	巴西圣保罗 Pinheiros 地下车站隧道	地下车站区段主要位于中等风化～弱风化的花岗片麻岩地层	跨度:18.6 高度:14.5	新意法	—
7	意大利 Cassia 隧道	隧道周围围岩大部分为黏土，只在仰拱及拱顶处出现零星砂土	跨度:22.5 高度:14.5	新意法	—
8	意大利 Appia Antica 隧道	隧道围岩为玄武岩	跨度:21.0 高度:14.0	新意法	—
9	意大利 Caltanissetta 公路隧道	地质包括黏土和泥灰岩矿床	盾构 15.08	盾构法	4.00
10	西班牙塞维利亚 SE-40 公路隧道	隧道主要通过砂、砾石和泥灰岩等地质	内径:12.6	盾构法	2.18
11	德国汉堡易北河第四隧道	黏土、松散至细密的砂、砾石和冰山泥灰岩	盾构 14.2	盾构法	2.60

续表

序号	工程名称	开工年份	地质条件	开挖工法	开挖尺寸(m)(跨度×高度)	主要支护形式	隧道长度(m)
24	厦深铁路梅林隧道	2009	隧道周岩地质主要是燕山三期花岗岩,强～弱风化层(W3～W2),粗粒花岗岩结构,块状构造,由长石、石英、云母组成,岩体完整。地下水类型主要为少量的基岩裂隙水	三台阶七步开挖法	23.12×18.92	初期支护:混凝土+锚杆+钢筋网+型钢支撑 二次村砌:钢筋混凝土	8607.18
25	福建下沙溪隧道(双洞六车道)	2010	隧道下穿段围岩级别为Ⅴ级,围岩主要为碎石土、坡积土、残积土,砾砂块状强风化花岗岩,碎块状强风化花岗岩及弱风化花岗岩	双侧壁导坑法	13.5×5	初期支护:混凝土+锚杆+钢筋网+型钢支撑 二次村砌:钢筋混凝土	左线455 右线505
26	重庆地铁6号线红土地车站	2012	地层岩性主要为中风化砂质泥岩夹薄层砂岩,围岩等级主要为Ⅳ级	双侧壁导坑法,中部TBM通过,先拱后墙分部村砌法	25.9×18.34	—	—
27	福建平潭牛寨山隧道(双洞八车道)	2012	隧址区围岩主要由粉质黏性土、全风化、残积状砂质黏性土,砂及中风化岩组成,洞口段为Ⅴ级围岩	双侧壁导坑法,单侧壁导坑法,CD法	21.13×14.8	初期支护:混凝土+锚杆+钢筋网+型钢支撑 二次村砌:钢筋混凝土	北线868 南线829
28	港珠澳大桥拱北隧道(双洞六车道)	2012	拱北隧道暗挖段主要穿越软弱淤泥质地层,土体含水率高,压缩性高,灵敏度高,易蚀变、强度低,开挖后易变形。拱顶围岩主要为淤泥质土和砂、边墙围岩主要为砂、粉质黏土,底板围岩主要为砂、砾质黏土	管幕冻结作用下分5台阶14步开挖	18.7×20.8	初期支护:混凝土+锚杆+钢筋网+格栅钢架 二次村砌:钢筋混凝土	2740
29	新考塘铁路隧道	2013	隧道洞身围岩主要为细粒花岗岩,灰红色一灰黄色,全风化、破碎,部分为强风化,岩化,为Ⅴ级围岩。工程地质条件差,划分为Ⅴ级围岩。地下水类型主要为孔隙潜水,基岩裂隙水	靴形大边墙+先墙后拱法	30.26×16.97	初期支护:混凝土+锚杆+钢筋网+型钢支撑 二次村砌:钢筋混凝土	2503
30	广深沿江高速牛头山隧道(双洞八车道)	2013	隧道属珠江三角洲剥蚀低丘陵区,地形切割较强,相对高差100m左右,植被发育,隧道进洞口山坡为20°～30°,出口自然山坡度为15°～25°,隧道围岩主要为下古生代混合片麻岩	双侧壁导坑法	20(跨度)	初期支护:混凝土+锚杆+钢筋网+型钢支撑 二次村砌:钢筋混凝土	左线269 右线373

续表

序号	工程名称	开工年份	地质条件	开挖工法	开挖尺寸(m)(跨度×高度)	主要支护形式	隧道长度(m)
31	福州金鸡山隧道（双洞八车道）	2013	隧道洞身围岩有弱风化花岗岩、花岗斑岩及闪长岩脉体分布，强度较高，但岩体完整性较差，围岩级别以Ⅳ级为主。洞口段为残积层及强风化岩分布，呈现松散碎裂状，围岩级别为Ⅴ级	CRD法	18.8×13	初期支护:混凝土+锚杆+钢筋网+型钢支撑/格栅钢架 二次衬砌:钢筋混凝土	577
32	深圳谷对岭分岔隧道（双洞八车道）	2014	场地内基岩主要有石炭系变质砂岩，石炭系绢云母片岩，基岩按其风化程度可划分为全、强、中、微四个风化带。Ⅳ~Ⅵ级围岩隧道总长度占工程段长度约80%，围岩级别整体较差	双侧壁导坑法	24.3×15.2	—	—
33	深圳马峦山隧道（六车道）	2014	马峦山地质构造复杂，山体植被发育，沿线方向地形起伏较大。隧道最大埋深达337m左右。隧址区域附近存在连花山断裂带，围岩呈现节理裂隙发育，岩体较破碎，强风化带厚度大等特点	双侧壁导坑法	18.94×12.06	初期支护:混凝土+锚杆+钢筋网+型钢支撑 二次衬砌:钢筋混凝土	7890
34	重庆渝州护建隧道	2014	该隧道位于川东丘陵地区，地貌为构造剥蚀丘陵、中丘地形。地面标高435~488m。上部覆盖层一般厚度为0~2m，下伏基岩主要为砂岩、泥岩，岩层岩层厚度大。岩层倾角20°~25°	右洞采用正台阶法，左洞采用全断面法	17×8.5(净距，无仰拱)	初期支护:混凝土+锚杆+钢筋网+型钢支撑 二次衬砌:钢筋混凝土	643
35	深圳连塘隧道分岔段	2014	区段主要为微风化砂岩、节理裂隙较发育，地下水贫乏，渗透性小，超大跨岩区域固岩综合判定为Ⅲ级	双侧壁导坑法	30×18.4	初期支护:混凝土+锚杆+钢筋网+格栅钢架 二次衬砌:钢筋混凝土	51
36	京沪高速济南连接线港沟隧道（双洞八车道）	2015	隧址区出露地层为白云质灰岩及生物碎屑灰岩，局部沟谷地段上覆粉质黏土。隧道穿越地层主要为白云质灰岩，地下水主要为孔隙水和石灰岩溶岩溶裂隙水，地下水位普遍低于隧道底板	双侧壁导坑法	20×13.56	初期支护:混凝土+锚杆+钢筋网+格栅钢架 二次衬砌:钢筋混凝土	左线1105 右线1091

续表

序号	工程名称	开工年份	地质条件	开挖工法	开挖尺寸(m)(跨度×高度)	主要支护形式	隧道长度(m)
37	云南香丽高速彭水岩隧道	2016	隧道区属构造侵蚀、剥蚀高中山峡谷地貌区，地形相对较陡，地质疏密、植被茂盛，风化作用以构造剥蚀、风化作用为主，地质构造十分复杂，断裂极发育为基岩无地表水	—	27.5(跨度)	初期支护:混凝土+锚杆+钢筋网+格栅钢架;二次衬砌:钢筋混凝土	左线1050 右线981
38	京张高速铁路新八达岭隧道(单拱四线大跨段)	2016	场区岩性主要为斑状二长花岗岩、花岗岩，岩体经过多次构造运动，节理、裂隙较发育，岩体完整性较差，地下水类型为基岩裂隙水，主要受大气降水补给	三台阶预留核心土法	32.73×19.5	初期支护:混凝土+锚杆+钢筋网+格栅钢架;二次衬砌:钢筋混凝土	326
39	京沪高速济南连接线龙鼎隧道(双洞八车道)	2016	龙鼎隧道上覆薄层状灰岩、中风化灰褐色，局部岩溶化，岩质较软弱且软化性较强;两侧洞体围岩为中风化灰岩、貂皮灰岩，中厚层状、青灰色，产状平缓，岩质较坚硬目软化性弱，岩体节理裂隙较发育，产状陡立，结合面结合差，岩体较破碎、碎裂块状结构	—	20.8×13.6	初期支护:混凝土+锚杆+钢筋网+格栅钢架;二次衬砌:钢筋混凝土	2183
40	京沪高速济南连接线老虎山隧道(双洞八车道)	2016	老虎山隧道地处剥蚀低山丘陵地貌区，隧道相对高差约90m。隧道顶最大埋深约127.8m，受侵入岩体和千佛山断裂影响，隧址区岩体较破碎、老虎山隧道围岩主要为碎石土、灰岩以及闪长岩	双侧壁导坑法	20.08×13.4	初期支护:混凝土+锚杆+钢筋网+格栅钢架;二次衬砌:钢筋混凝土	左线1740 右线1888
41	京沪高速济南连接线浆水泉隧道(双洞八车道)	2016	围岩以中风化灰岩、灰白色为主，岩状、产状较缓、岩拱较硬，软化性弱，结构面结合较差，节理裂隙发育，局部节理密集带或构造断裂裂隙发育，浅埋段冲沟中有少量积水，沿线地下水主要为浆水泉水库	CD法、台阶法	19.51×13.06	初期支护:混凝土+锚杆+钢筋网+格栅钢架;二次衬砌:钢筋混凝土	左线3101 右线3085
42	深圳麒麟山隧道(双洞八车道)	2017	拟建工程线路内分布的土(岩)为第四系杂填土、植物层，坡积粉质黏土、残积粉质黏土，侏罗系砂岩、粉砂岩，地表水系相对不发育，地下水类型为基岩裂隙水	双侧壁导坑法	21.6×13.96	初期支护:混凝土+锚杆+钢筋网+型钢支撑;二次衬砌:钢筋混凝土	3700

续表

序号	工程名称	开工年份	地质条件	开挖工法	开挖尺寸(m)(跨度×高度)	主要支护形式	隧道长度(m)
43	滨莱高速姚家峪隧道	2017	隧址区为剥蚀低山丘陵地貌区，地表植被较发育，相对高度大于100m，大部分区域基岩埋深较浅，隧址区顶部基岩直接出露，风化现象严重，局部表层覆盖基浅坡积物，地表水及地下水对隧址区影响不大	新奥法为原理的半步CD法	21×14	初期支护：混凝土＋锚杆＋钢筋网＋格栅钢架 二次衬砌：钢筋混凝土	左线375 右线385
44	腾讯贵安七星数据中心工程	2017	隧道区岩层挠曲发育，无断层出现，岩体受构造影响理发育节理，岩层连续稳定，岩体节理发育节理发育，结合差。一般为泥质，碎屑充填，结合差，隧道围岩级别为V级，为浅埋隧道群。隧道围岩级别为V级	地质条件较好处采用CD法施工，地质条件较差处调整为CRD法施工	16.466(跨度)	初期支护：混凝土＋锚杆＋钢筋网＋型钢支撑 二次衬砌：钢筋混凝土	—
45	福州市福马路马尾扩建隧道	2018	中风化、微风化凝灰熔岩，围岩等级综合判定如下：隧道北洞Ⅳ级围岩305m，Ⅲ级围岩465m，Ⅱ级围岩200m；隧道南洞Ⅴ级围岩176m，Ⅳ级围岩144m，Ⅲ级围岩450m，Ⅱ级围岩200m	CRD法	19.3×13.3	初期支护：混凝土＋锚杆＋钢筋网＋型钢支撑 二次衬砌：钢筋混凝土	970
46	厦门芦澳路分岔隧道（双洞六车道）	2018	隧道区属构造—剥蚀低山丘陵地貌，地形起伏较大，构造形迹以断裂构造为主	双侧壁导坑法、台阶法	27.05×16.88	初期支护：混凝土＋锚杆＋钢筋网＋格栅钢架 二次衬砌：钢筋混凝土	左线1304 右线1305
47	厦门翔安机场高速公路隧道（双洞八车道）	2020	位于构造侵蚀地貌区，主要穿越丘陵山地，地层结构总体较简单，主要以强风化岩为主	CD法	18.5×5	初期支护：混凝土＋锚杆＋钢筋网＋型钢支撑 二次衬砌：钢筋混凝土	左线890 右线900
48	广东江鹤高速莲花山隧道	—	莲花山隧道横穿莲花山，属低山丘陵地貌，地表起伏状较大，进出口地面坡度30°~50°，植被较发育	全断面开挖左右主洞，中墙岩柱跳槽开挖	—	初期支护：混凝土＋锚杆＋钢筋网＋型钢支撑 二次衬砌：钢筋混凝土	—
49	福建福泉高速公路蝶山隧道	—	隧道场区属剥蚀丘陵地貌，场区山坳处局部表层为淤泥质黏土，残坡积层，地下水主要为风化带孔隙水、网状风化裂隙水和基岩构造裂隙水		—	初期支护：混凝土＋锚杆＋钢筋网＋型钢支撑 二次衬砌：钢筋混凝土	1030

2.3.2　国内外案例分析

本节根据统计的 28 个国外和 49 个国内超大跨隧道工程案例进行分析，从开挖工法与初期支护形式两个角度对不同工程的情况进行分析整理，具体分析结果如下。

（1）国外案例开挖工法统计分析

在国外 28 个统计案例中，开挖工法有具体记录的共有 24 例，主要可分为两大类：分部开挖法与盾构法。对这些案例按开挖工法的频次统计，结果如图 2-5 所示。

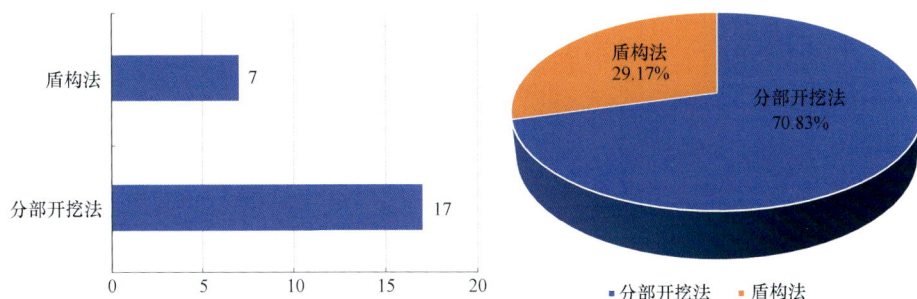

图 2-5　国外隧道案例开挖工法统计

通过图 2-5 可知，共有 17 例采用分部开挖法开挖，占比 70.83%；共有 7 例采用盾构法开挖，占比 29.17%。在采用分部开挖法的 17 个案例中，开挖跨度介于 12.7～32.4m；7 例盾构法施工的盾构机直径介于 12.6～15.08m，可见在较大跨度隧道施工中，一般采用分部开挖法。

分部开挖法应用最为广泛，主要包括侧壁导坑法、CD 法、CRD 法、台阶分部开挖法等。在 17 例分部开挖法的工程实例中，按采用工法出现的频次可详细统计为：7 次采用侧壁导坑法，4 次采用 CD 法或 CRD 法，6 次采用台阶分部开挖法，4 次采用新意法原理开挖，另有 2 例分部开挖的具体方法未知。

一般来说，盾构法在长距离隧道中应用较多，7 例盾构隧道长度介于 0.78～9.10km。盾构法主要适用于均质土层，目前最大盾构直径为 15～16m。盾构法的优势是机械化作业程度高、施工速度快、施工质量较好。盾构法施工的难处是超大跨隧道定制盾构机生产困难、制作周期长、工程费用高等。随着我国隧道与地下工程施工技术的发展，超大直径盾构技术将逐渐应用于更大跨度的隧道工程。

（2）国内案例开挖工法统计分析

在国内 49 个统计案例中，46 例工程具有明确的开挖工法记录，由于一个工程可能采用多种工法，对这些案例按开挖工法的采用频次统计，共计 57 次，并计算对应使用频率，结果如图 2-6 所示。

通过图 2-6 可知，目前已有的国内超大跨隧道建设的统计案例中，以双侧壁导坑法的应用最为广泛，在 57 次开挖工法使用记录中，有 26 次为双侧壁导坑法，占比高达 45.61%，其次是台阶法，有 14 次，占比为 24.56%，这两种方法总占比达到了 70.17%。其中的原因，一方面是目前最成熟的超大跨隧道施工技术就是这两种工法；另一方面，双侧壁导坑法可适用于围岩较差的隧道，而台阶法可根据地质条件合理选择阶数，其选择性较强。CD 法与 CRD 法共出现 9 次，占比 15.79%，另外可以看到在超大跨隧道的开挖

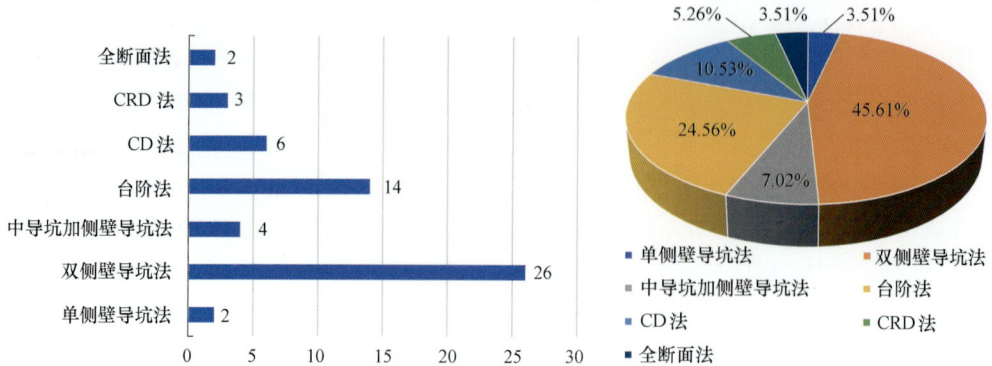

图 2-6　国内隧道案例开挖工法统计

中，全断面法施工较为少见，统计的案例中仅出现两次，为重庆渝州扩建隧道，开挖尺寸为 17m×8.5m，这在超大跨隧道中算是偏小的。中导坑加侧壁导坑法共出现 4 次，且都用于小净距双洞隧道连拱段。

　　本章统计的台阶法，依照台阶的阶数与开挖步序，可分为二台阶法与复杂台阶法。二台阶法指的是台阶数量为二阶，适用于开挖跨度较小的隧道，对于超大跨隧道，采用此法一般达不到开挖宽度，因此还要进行侧壁单独开挖。复杂台阶法指的是台阶数量为三或超过三，适用于超大跨隧道，统计案例中出现三台阶七步开挖法、三台阶预留核心土法、五台阶十四步开挖法等。

　　在 46 例隧道开挖工法中，有 10 例是两种或两种以上开挖工法结合使用的，占比 21.74%，其原因是同一隧道的围岩等级一般有多种，以福建平潭牛寨山隧道为例，隧道 V 级围岩段采用双侧壁导坑法施工，隧道 IV 级围岩段采用中隔壁法施工，隧道 III 级围岩段采用单侧壁导坑法施工。

　　（3）国内案例初期支护形式统计分析

　　国内 49 个统计案例中，初期支护形式有明确记录的 44 个，对这些案例按初期支护形式的频次统计，结果如图 2-7 所示。

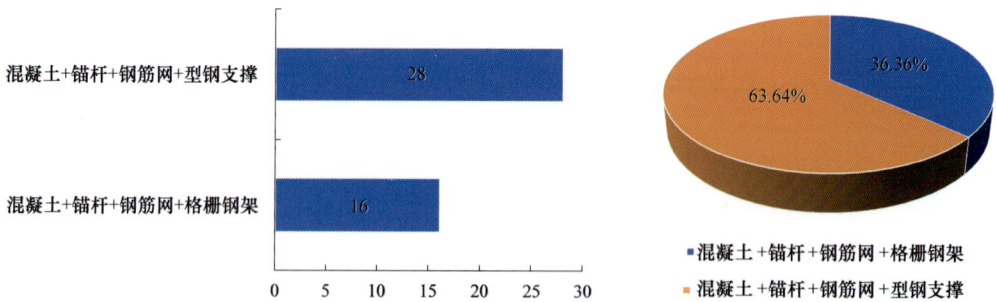

图 2-7　隧道初期支护方式统计

　　通过图 2-7 可知，目前已有的国内超大跨隧道建设的统计案例中，初期支护以"混凝土＋锚杆＋钢筋网＋型钢支撑"的支护形式应用最为广泛，在 44 例案例中，有 28 例为这种支护方式，占比 63.64%；另外，共有 16 例初期支护以"混凝土＋锚杆＋钢筋网＋格栅钢架"作为支护方式，占比 36.36%。由此可见，在超大跨隧道施工过程中，型钢钢架比格栅钢架应用更为广泛。从材料刚度方面来看，型钢钢架刚度大，承载能力强，一般应用于围岩变形控制要求较高的隧道区域，规格主要以各种型号的工字钢为主。格栅钢架由钢筋焊接而成，刚度相对较低，对于隧道内初始地应力较大且允许围岩有适当变形的岩质围岩段，往往采用格栅钢架。但是从材料成本方面来看，格栅钢架在经济方面远远优于型钢钢架。

在对型钢拱架和格栅钢架的选择上，主要遵循以下两个原则：

1）合理安全度。安全度指的是支护结构承受的最大压力与该段围岩压力的比值。既满足地质条件需求又要确保施工安全，采用最节约投资的支护措施。

2）联合支护作用。不论是型钢拱架还是格栅钢架，它们仅是起着骨架作用，只有通过喷射混凝土，才能形成整体结构，使得喷锚网和拱架体系形成柔性支护和刚性支护共同作用，起到防止失稳的良好作用。

2.3.3 常用开挖工法简介

已统计的国内外超大跨隧道开挖工法主要有：全断面法、台阶法、单侧壁导坑法、双侧壁导坑法、CD工法、CRD工法、中导坑加侧壁导坑法等，下面对这些常见开挖工法进行简单的介绍。

（1）全断面法

全断面法是指隧道断面一次开挖成型，然后再支护衬砌。全断面法施工操作比较简单，主要工序：根据新奥法原理，首先全断面一次钻孔，装药一次爆破成型，之后施作初期支护和铺设防水隔离层（或不铺设），最后进行二次筑模衬砌。全断面法的适用条件为：①隧道断面尺寸小或较小；②隧道断面尺寸大或较大，但岩层完整、岩石较坚硬，具备钻爆施工所需的大型设备能够进行高位钻孔和装药等作业的条件。

（2）台阶法

台阶法指将开挖断面分成两步或者多步开挖，形成两个或者多个开挖工作面，主要分为正台阶法和反台阶法。目前常用的超大跨隧道台阶开挖工法为三台阶七步开挖法，该工法是以弧形导坑开挖留核心土为基本模式，分上、中、下三个台阶七个开挖面。台阶法适用于Ⅲ、Ⅳ级围岩，Ⅴ级围岩应在必要的超前支护措施稳定开挖面后采用台阶法开挖，单线隧道及围岩地质条件较好的双线隧道可采用二台阶法；隧道断面较高、单层台阶断面尺寸较大时可采用三台阶法。

（3）单侧壁导坑法

单侧壁导坑法以新奥法为原理，将断面分成一侧壁导坑，另一侧分成上台阶、下台阶；侧壁导坑宽度不宜超过洞宽的一半，高度以到起拱线为宜。施工时先开挖导坑及支护，再开挖另一侧及支护，最后施作仰拱。单侧壁导坑法适用于隧道跨度大、扁平率低、围岩较差、一般Ⅳ～Ⅴ类围岩、地表下沉需控制的隧道。

（4）双侧壁导坑法

双侧壁导坑法是指先开挖隧道两侧导坑，并进行初期支护，再分部开挖中间部分的开挖工法。其原理是：就是利用两个中隔壁把整个隧道大断面分成左中右3个小断面施工，左、右导洞先行，中间断面紧跟其后；初期支护仰拱成环后，拆除两侧导洞临时支撑，形成全断面。双侧壁导坑法适用于围岩较差的Ⅴ级围岩条件下的行车隧道开挖，在浅埋大跨度隧道施工时，采用双侧壁导坑法能够控制地表下沉，保持掌子面的稳定、安全和可靠。

（5）CD 法

中隔墙开挖法（CD 法）是指先分部开挖隧道一侧，并施作临时中隔墙，当先开挖一侧超前一段距离后，再分部开挖隧道另一侧的开挖工法。CD 法以台阶法为基础，将隧道断面从中间分成 4～6 个部分，使上下台阶左右各分成 2～3 个部分，每一部分开挖并支护后形成独立的闭合单元。CD 法主要适用于地层较差和不稳定岩体，且地面沉降要求严格的地下工程施工。

（6）CRD 法

交叉中隔壁法（CRD 法）是在 CD 工法基础上加设临时仰拱，当 CD 工法不能满足要求时，可采用该方法。CRD 法适用于对地表沉降有控制要求的地层、埋深≤1.5 倍隧道开挖宽度的软弱围岩地层以及偏压较显著地层。

（7）中导坑加侧壁导坑法

中导坑加侧壁导坑法首先开挖中导洞，然后施作中隔墙，再分别开挖左右导洞，其适用于小净距连拱隧道。

2.4　本章小结

本章主要介绍了超大跨隧道施工技术现状，包括隧道开挖与支护技术，根据工程案例，从多个因素展开分析总结。

（1）介绍国内外超大跨隧道施工工法，主要有全断面法、台阶法、侧壁导坑法、CRD 法、CD 法、三台阶预留核心土法，并以 4 例超大跨隧道工程为例，通过工程地质条件选择开挖工法。

（2）重点介绍新意法超前支护技术及其在国内外隧道工程中的应用，并以深圳雅宝隧道等为例，详细描述了隧道初期支护与二次衬砌的施工流程。

（3）统计了国外 28 个与国内 49 个超大跨隧道施工案例，从开挖工法和初期支护形式两方面对案例进行分析，得出了开挖工法应用现状、如何进行隧道初期支护方案的比选，最后总结了各种开挖工法的适用性。

第 3 章 ▸▸

超大跨隧道围岩变形及稳定性特征

3.1 超大跨隧道围岩变形

3.1.1 超大跨隧道围岩变形的主要影响因素

1. 地质因素

围岩的自身条件是决定围岩变形程度的重要影响因素。在小、中、大跨度隧道施工过程中，围岩的自身条件决定着隧道施工工法的选择，而超大跨隧道由于在跨度上的增大，其施工难度和风险系数也随之增高，因此，围岩条件对于超大跨隧道的开挖施工有着更为显著的影响，在一定程度上已成为影响围岩变形的重要因素。

以浆水泉隧道为例，表 3-1 汇总了隧道典型区段的变形监测结果。分析数据可得围岩变形除了受围岩级别影响外，还受埋深影响。从 ZK1＋750～ZK1＋880（Ⅳ级）和 ZK4＋570～ZK4＋750（Ⅲ级）两组数据来看，尽管Ⅳ级围岩段埋深比Ⅲ级围岩段小，但平均收敛值大致是Ⅲ级围岩段的两倍，可见围岩条件对浆水泉隧道围岩变形的影响明显大于埋深的影响。

浆水泉隧道典型区段变形监测结果汇总[6]   表 3-1

测点位置	埋深（m）	围岩级别	隧道收敛（mm）				拱顶下沉（mm）			
			平均收敛	最大收敛	最小收敛	稳定收敛	平均下沉	最大下沉	最小下沉	稳定下沉
ZK4＋800～830	5～30	Ⅴ	2.38	7.3	0.1	—	6.4	15.8	2.5	—
ZK1＋750～880	10～40	Ⅳ	4.1	15.4	0.5	—	5.4	14.8	2.1	—
ZK4＋250～520	60～120	Ⅲ	3.37	6.5	0.1	—	5.2	10	2	—
ZK4＋570～750	45～50	Ⅲ	2.18	7.7	0.4	—	7.9	14.9	3.3	—

以京张铁路八达岭长城站超大跨隧道为例。大跨过渡段的围岩等级主要为Ⅲ、Ⅳ级，局部为Ⅴ级，而其最大开挖跨度可达 32.7m，围岩稳定性较差。其围岩级别与变形监测结果见表 3-2。通过表中数据可以看到，隧道稳定收敛值和拱顶稳定下沉值整体与围岩级别成正相关关系，但该变形并未呈现出较大的突变，原因是整个大跨度段长为 160m，长度较小，从而围岩级别的差异较上一实例体现得并不明显。因此，在分析围岩条件对超大跨隧道围岩变形的影响时，还需考虑到段长对围岩级别的表现水平的影响。

京张铁路八达岭长城站变形监测结果汇总   表 3-2

测点位置	围岩级别	跨度(m)	隧道收敛(mm)				拱顶下沉(mm)			
			平均收敛	最大收敛	最小收敛	稳定收敛	平均下沉	最大下沉	最小下沉	稳定下沉
DK68+300	V	32.7	3.3	8.7	−4.2	3	1.9	6.1	−3.5	4
DK68+310	IV	31.1	2.9	39.3	−4.4	40	4.4	22.5	−2.7	17.5
DK68+345	IV	27.7	1.7	9.3	−5.8	7.5	3.0	17.0	−3.2	12.5
DK68+365	III	24.3	2.6	5.4	−2.3	5	4	13.9	−4.6	11
DK68+425	III	19.3	2.2	8.0	−2.6	2	4.8	9.7	−1.6	7.5

2. 工程因素

（1）隧道尺寸

隧道尺寸的影响主要体现在跨度、高度以及断面面积上。在不同的围岩条件下，不同断面的结构各不相同，围岩的结构类型随着断面尺寸的变化而变化，其变形也各有所异。在相同的围岩条件下，隧道断面尺寸越大，围岩结构越破碎，围岩变形也随之越大[75]。而对于超大跨隧道而言，其超乎常值的跨度使其断面可包含的围岩结构类型增多至碎裂状甚至散体状。

以京张铁路八达岭长城站超大跨隧道为例。对比 DK68+310 和 DK68+345 两个测点数据可以明显地发现因为跨度增大而引起的变形增大。此外，DK68+285～DK68+300段跨度达 32.7m，穿越了断层破碎带及其影响带，围岩稳定性差，但此段在进行中洞的开挖之后一直未进行下一步的开挖，从而数据上的变形值较小，如若继续开挖，必然对开挖技术以及施工监测方面有更高的要求。

（2）隧道埋深

围岩的变形可分为两个阶段[75]：弹性阶段和塑性阶段。以弹性阶段为例，当处于弹性变形阶段时，洞壁的径向位移和切向位移为：

$$u = R_0 \frac{1-\mu_m}{E_{me}} [\sigma_h + \sigma_v + 2(\sigma_h - \sigma_v)\cos2\theta] \tag{3-1}$$

$$v = 2R_0 \frac{1-\mu_m^2}{E_{me}} [(\sigma_h - \sigma_v)\sin2\theta] \tag{3-2}$$

而 $\sigma_h = K\sigma_v$，其中 K 为侧压力系数，σ_h 与隧道的埋深呈正相关关系，即在同一围岩条件下，隧道埋深越大，其围岩变形随之越大。

目前绝大多数的隧道设计思路是深埋，但随着城市地下空间的开发以及需求的增加，浅埋甚至超浅埋隧道随之兴起。以厦门某超浅埋软岩大断面隧道为例，隧道开挖断面尺寸为 15m×12.8m，隧道埋深为 8～9m，在开挖过程中尤其需要解决对其他原有地面构筑物的影响及路基沉降问题[75]。

（3）初期支护的施作

支护的施作能够有效控制围岩的变形，而对于开挖后的超大跨隧道而言，初期支护的及时施作显得尤为重要。

以京张铁路八达岭长城站超大跨隧道为例。DK68+300 测点部分数据如图 3-1 所示。在锚杆锚索张拉的过程中，沉降值波动较大，拱顶的下沉量减小，最后趋于稳定数

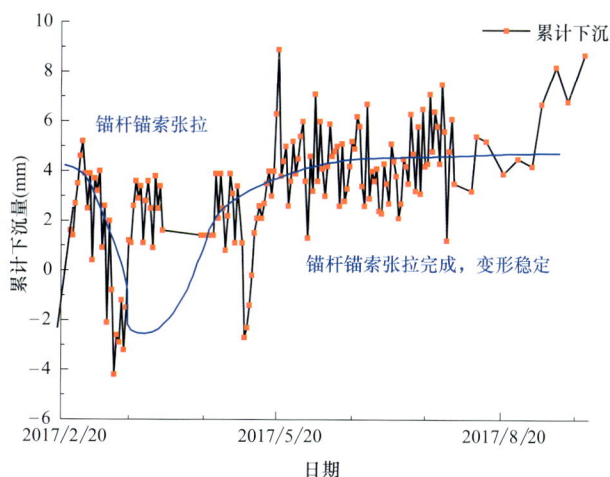

图 3-1　DK68＋300 拱顶累计下沉曲线

值 4mm。

（4）开挖工法与开挖顺序

以京张铁路八达岭长城站超大跨隧道为例。三种开挖工法随施工进行的模拟变形量如图 3-2 所示。仅从围岩变形的角度看，施工工法的不同会导致围岩变形的不同。从图中可以看到，三台阶七步开挖法的变形量居于高值，但变形在开挖期间并没有出现较大的突变，图中展示的其他两种方法在相应的施工阶段分别有不同程度的突变。因此，对于超大跨隧道的施工而言，在选择开挖工法时，应考虑跨度增加带来的变形突变问题，该案例隧道提出的"品"字法施工工法就有效地解决了变形突变的问题[75]。

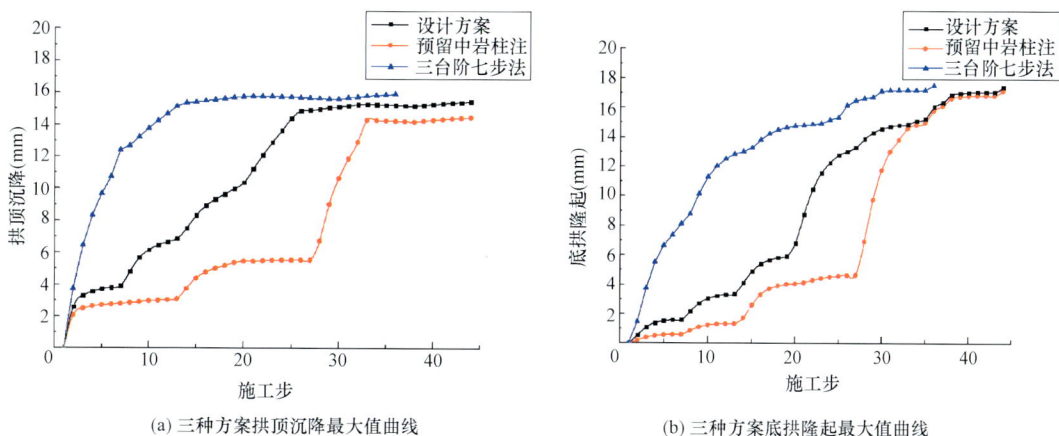

(a) 三种方案拱顶沉降最大值曲线

(b) 三种方案底拱隆起最大值曲线

图 3-2　三种方案拱顶沉降最大值曲线

由于地下空间的高度开发，洞室的交叉在所难免，洞室交叉的越多，对施工的要求就越高。多个洞室交叉时，洞室的开挖顺序也会影响围岩的变形。

以京张铁路八达岭地下车站最为典型的楼扶梯通道交汇处的设计为例。该交汇处汇集了 6 条通道，涉及线路为 4 条，共设计了 5 种开挖顺序，通过 Midas-GTS 建模模拟了不同开挖顺序对围岩变形的影响。结果表明，先开挖对围岩扰动大的洞室比先开挖对围岩扰动小的洞室对地层的总体扰动更小。此外，开挖顺序对围岩的扰动还因围岩条件的不同而不同。当围岩条件较好时，洞室数量是先决原因；当围岩条件较差时，洞室的尺寸则是先决原因。

所以在超大跨隧道的开挖过程中，开挖顺序的选择也至关重要。在交叉口施工过程中，要结合围岩条件以及洞室尺寸，在结合实际工程背景的情况下做好多工况的方案优选，才能更有效地实现对围岩变形的控制。

3.1.2 超大跨隧道围岩变形实例分析

1. 京张铁路八达岭长城站超大跨隧道

超大跨隧道由于其超大断面的特点，致使其开挖分步多，工期相对更长，做好每一个开挖分步的变形量控制是超大跨隧道在开挖时亟需解决的问题。八达岭地下车站大跨段隧道首次提出的"品"字形十一步开挖工法，经过实践证明能够有效地解决跨度增大带来的变形突变问题，保证施工能够高效地、机械化地进行。其变形监测点的布置以及开挖示意图如图3-3所示。该实例采用了数值模拟的方法计算了每一个开挖分步的变形量，并统计了各分步围岩变形的占比，如图3-4所示。

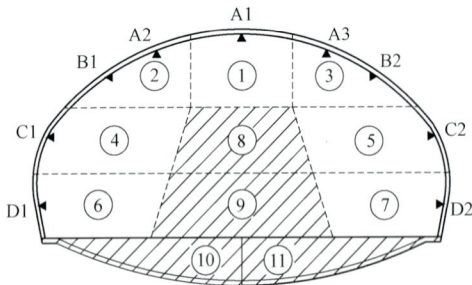

图3-3 隧道变形监测点布置示意图

在超大跨隧道的成跨阶段，隧道的跨度不断增大，致使其拱顶下沉量呈现出逐步上升的趋势。从柱状图可以看到，开挖至第五分步时，Ⅲ级围岩变形占比达到了总变形量的97%，Ⅳ级围岩达到了95%，Ⅴ级围岩达到了79%。

在超大跨隧道的成墙阶段，第六分步和第七分步的开挖使隧道高度增大，但并没有使跨度增大。图3-4（a）反映出来的即是两个分步变形量的骤减，图3-4（b）反映出来的是累计拱顶下沉量占比的低速上升。

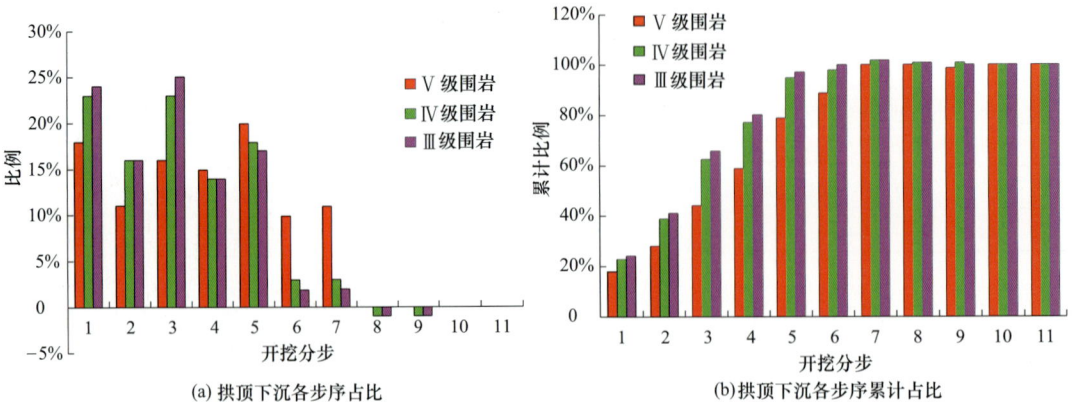

(a)拱顶下沉各步序占比

(b)拱顶下沉各步序累计占比

图3-4 隧道变形监测拱顶下沉占比图

在超大跨隧道的落底阶段，此阶段各个分步的开挖并未使隧道的高度和跨度有明显改变，所以该阶段拱顶下沉量几乎为零。可以注意到，在开挖第八、九分步时，隧道拱顶下沉量因为卸荷作用的发生而有一定的负值出现，即向上的隆起变形。

基于此，该实例隧道根据数值模拟结果，在考虑支护手段的加固作用的前提下，制定了拱顶下沉各分步占比的控制标准，并建立了相应的分级管理机制。当实际开挖分步变形量达到基于控制标准的一定值时，相应的分级预警将会产生并提供对应的解决措施，以在最大程度上保证开挖的安全、高效进行。

实际监控量测显示，各监测点的数据均未超过控制的基准值，且大部分监测数据都远低于控制基准值，这得益于监测大跨段支护措施的有效实施。基于此，在开挖过程中对部分围岩段的支护措施做了进一步优化，如取消预应力锚索的施加以及增大预应力锚索的纵向间距。

在进行城市地下超大跨隧道的开挖时，洞室交叉口的围岩变形亦不可忽视。图 3-5 为京张铁路八达岭长城站超大跨隧道典型交叉口的示意图，该交叉口实例的开挖起初共设计了五种工况，见表 3-3。以中心部分的围岩变形量为稳定性控制的依据，运用数值分析软件对五种工况作了分析。分析结果，中心洞室的竖向位移受围岩级别的影响较大，在同一围岩条件下，几种工况的围岩变形值差别不大，但当围岩级别由Ⅲ级变为Ⅳ级时，对应变形值上升接近2~3倍。根据结果表明，先开挖对围岩

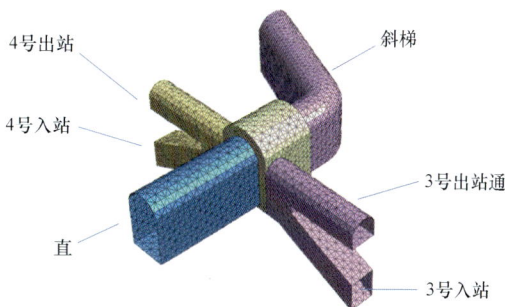

图 3-5　楼扶梯通道交汇处结构模型

扰动大的洞室比先开挖对围岩扰动小的洞室对地层的总体扰动更小。此外，当围岩条件较好时，洞室数量是先决原因；当围岩条件较差时，洞室的尺寸则是先决原因。因此在交叉口处施工时应该格外注意开挖顺序对围岩变形造成的影响，且开挖顺序的选择要在考虑围岩级别的前提下进行。

不同工况施工方案　　　　　　　　　　　　　　　　　　　　　　　表 3-3

工况	方案
工况 1	斜梯通道—中心—直通道—3 号通道—4 号通道
工况 2	斜梯通道—中心—直通道—4 号通道—3 号通道
工况 3	斜梯通道—中心—直通道—3、4 号通道
工况 4	斜梯通道—中心—3、4 号通道—直通道
工况 5	直通道—中心—斜梯通道—3、4 号通道

2. 岩头山隧道

岩头山隧道设计内轮廓断面净宽 15.44m、净高 9.94m，隧道围岩级别为Ⅴ级，断面面积均大于 140m^2，属于超大跨隧道。该隧道在开挖过程中经历了一次开挖工法的变更，原因是起初用中隔壁法开挖时，掌子面产生了大的掉块，超前地质预报反馈结果称前方20m 范围围岩风化程度高，岩质极软且岩体破碎，后改为双侧壁导坑法，结合高强度的

监控量测继续进行开挖。最终位移监测结果见表 3-4，其中，B 点设置在拱顶，A 点设置在 B 点左侧，C 点设置在 B 点右侧[75-76]。

岩头山隧道进口左洞拱顶沉降监测值[76]　　　　表 3-4

序号	桩号	位置及收敛值(mm)		
		A(拱左)	B(拱顶)	C(拱右)
1	ZK229+252	−91.4	−24.1	−75.4
2	ZK229+257	−65.5	−21.2	−61.7
3	ZK229+262	−63.9	−25.1	−56.6
4	ZK229+267	−55.6	−37.2	−54.8
5	ZK229+272	−37.4	−35.3	−54.8

可以看出，ZK229+252 监测点的数据明显要高于其他监测点，分析有以下两方面的原因。第一，中隔壁法相较于双侧壁导坑法而言，单导坑跨度大，在成拱阶段所受的集中荷载大；第二，工法变更对于围岩扰动也有一定的影响。此外，随着开挖里程的增大，拱顶沉降值也在逐渐减小。这是因为随着开挖的进行，隧道的埋深也在加大，导致前文提到的浅埋的影响也逐渐减小。

该实例比较特殊的一点是，按照理论来说，双侧壁导坑法能比中隔壁法更好地控制围岩变形，但通过表中数据来看，采用双侧壁导坑法后的监测数据反而更大。分析其原因：由于工法的差异造成了工作面面积的不足，导致工人在进行锁脚锚杆施工时并未严格按照设计的角度进行，从而进一步导致了即使理论上更可控，但在实际中并未取得相应效果的结果。

3.1.3　超大跨隧道围岩变形规律及建议

超大跨隧道围岩变形与常规隧道的围岩变形有相通之处，但又有独有特征所在。根据上述内容，并结合文献的分析结果，总结为以下几点规律，同时提出相应的工程建议。

1. 以围岩条件为基础的围岩变形

在前述小节提到的实例中，围岩条件对隧道围岩的变形起着至关重要的作用。在浆水泉隧道的开挖中，单从围岩级别的角度出发，围岩级别的差异致使变形收敛值增加了近一倍。

浆水泉隧道长度足够长，施工过程中引起的围岩变形也较大，但在京张铁路八达岭长城站超大跨隧道的开挖中，分析监测段的总长度仅为 160m，所以围岩级别的差异在该段中并未表现得十分明显。但交叉洞口处的方案比选是在不同围岩级别下进行的，不同的围岩级别要对应不同的开挖工况。由此我们可以得出，开挖工况的选择要建立在围岩级别之上，对于超大跨隧道而言，其超大跨的特性对施工安全以及施工技术的要求更高，方案的选择也需尤为慎重。

在岩头山隧道的开挖中，在开挖期间进行了一次开挖工法的更换，主要原因就是受极差的围岩条件影响。监测段围岩级别为 V 级，而且在未更换开挖工法前，施工段受浅埋的影响较大，致使开挖过程中遇到了掉块的现象而不得不改变工法进行后续的开挖。

此外，对于超大跨隧道而言，其超大跨、超大断面的特点使其包含的围岩结构类型更多，使得开挖面情况复杂，从而提升了施工的难度，延长了施工的工期。所以超大跨隧道的施工技术还需要进一步优化，如何在保证安全的前提下更高效、高机械化地施工，是超大跨隧道施工技术发展的关键课题。

2. 以埋深为基础的围岩变形

现行隧道设计中，深埋是常规思路，但随着城市地下空间的开发，浅埋以及对于超大跨隧道而言的超浅埋也不在少数，围岩变形受浅埋的负面影响同样值得重视。浅埋意味着对既有建筑物有潜在风险，如地表沉降问题、围岩裂隙发育、受地表水影响大等。浅埋或超浅埋隧道在雨季施工时，地表水的下渗对围岩变形也有影响，表现为地表水对超大跨隧道围岩变形的影响随着埋深的增大而减小。

以岩头山隧道监测数据为例，在一定埋深的前提下，围岩变形随着埋深的增加而逐渐减小，隧道逐渐摆脱了浅埋的负面影响。因此在超大跨隧道的开挖过程中，埋深的不同会导致围岩变形规律的不同，尤其是对于浅埋和超浅埋隧道而言，期间应该注意与地表环境的和谐共处，对地表沉降的监测数据也应加以分析。此外，考虑到施工工期的优化以及施工安全，雨季的浅埋或超浅埋超大跨隧道的施工更为值得注意。

3. 以开挖顺序为基础的围岩变形

超大跨隧道在进行交叉口的施工时，不同的开挖顺序有着不同的围岩变形规律。以京张铁路八达岭长城站超大跨隧道为例，图 3-6 为对Ⅲ级围岩条件下不同工况的竖向位移云

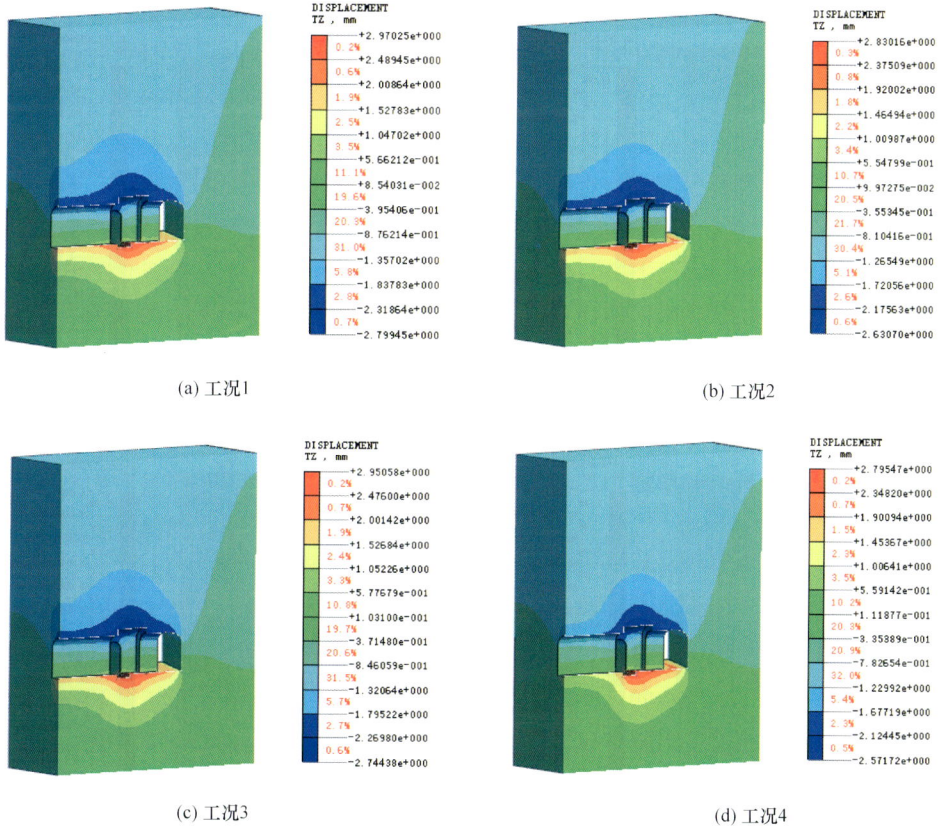

(a) 工况1　　　　　　　　　　　　　　(b) 工况2

(c) 工况3　　　　　　　　　　　　　　(d) 工况4

图 3-6　Ⅲ级围岩条件下各工况竖向位移云图（一）

成后趋于稳定值 20mm。累计收敛曲线如图 3-9（b）所示，收敛值在开挖的初始阶段也有较大的波动，其整体变化趋势与拱顶下沉量变化趋势相似，累计收敛值最终稳定于 8mm。

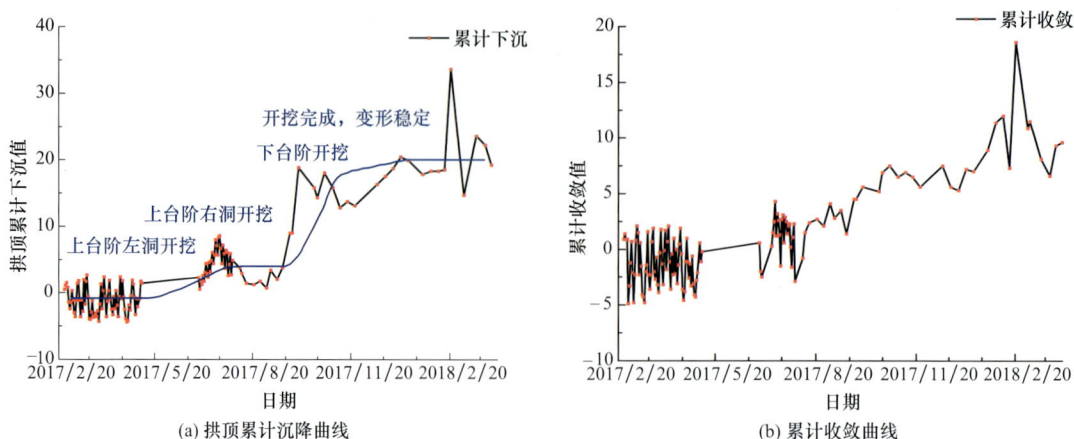

(a) 拱顶累计沉降曲线　　　　　　　　(b) 累计收敛曲线

图 3-9　DK68＋325 监测点变形曲线

通过分析可见，采用"品"字法施工时，曲线变化点有以下几点：上台阶左、右洞开挖衔接阶段、下台阶开挖的初始阶段以及开挖收尾阶段。从 DK68＋325 监测点的数据，上下台阶相继开挖引发的围岩变形有明显的上升阶段，而其他测点未反映出此规律。此外，该测点最终变形趋于稳定，而也有测点数据显示，在开挖完成后仍有上升趋势，此时应及时做好支护工作，控制好围岩的进一步变形。

图 3-9 所示的监测点由于围岩条件恶劣，只进行了中洞的开挖，但变形值仍有较大的波动，在及时采取支护措施的情况下历时六个月趋于稳定。因此在采用台阶法开挖超大跨隧道时，如果开挖段所处围岩条件较差，要额外加强监测以及优化支护措施的设计，确保施工安全。

综上所述，在超大跨隧道的施工中，合适的开挖工法会有效地提高施工速度和施工安全度，有利于施工的顺利进行。但开挖工法的选择需要同时兼顾多个需求，在围岩变形的分析范围内，绝对的低值不一定是最优的选择。除了能够有效控制围岩变形外，围岩应力的分布和初支效果等也需纳入考虑的因素。

3.2　超大跨隧道围岩稳定性特征

3.2.1　超大跨隧道围岩稳定性分析：以京张铁路八达岭长城站超大跨隧道为例

1. 原始数据的采集

超大跨隧道就其施工难度而言，稳定性评价的精确与否将直接决定着施工的顺利及安全程度。依托先进的技术而得到的基础数据为京张铁路八达岭长城站超大跨隧道的围岩稳定性分析提供了极大的便利。本小节主要介绍该实例在基础数据采集上的经验以及其具有进步意义的技术成果。

（1）基础地质条件

该实例广泛地收集了所处区域的地质资料，并结合前期的勘探以及现场的开挖情况对地质条件进行了比较全面的总结。

（2）开挖区岩样的物理力学特征

利用单轴抗压强度试验（32组）以及三轴抗压强度试验（3组）对岩样的岩石力学指标进行了采集。

（3）结构面的调查以及统计分析

该部分工作是该实例的创新之处。利用计算机技术取代了传统的人工素描，该技术以其100%的围岩识别准确率指导了隧道的开挖工作，为技术人员提供了极大的便利。

TK-FGIS系统是集成像、结构面参数、围岩分级为一体的信息化系统。该系统的图像识别算法既克服了传统人工素描绘图频繁、耗时久等缺点，又克服了因隧道恶劣的环境条件不利于成像或成像质量差的缺点，采用了多图立体重建技术或三维激光扫描技术提高了成像的准确率，确保了掌子面信息的有效采集。其识别效果如图3-10所示。

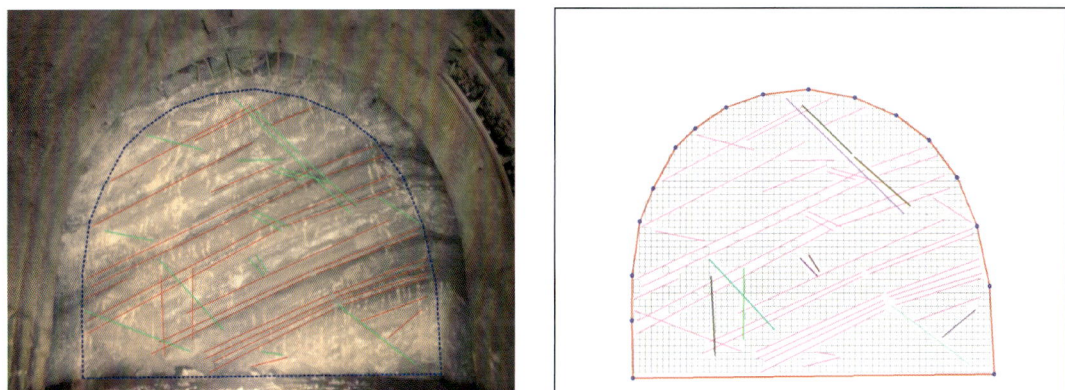

图3-10　掌子面识别效果

岩石的完整程度在该系统里也能通过自动判别实现。在本实例中，岩石的完整程度是以岩石质量指标RQD为基础，采用概率统计的方法使其得以自动判别。围岩级别的判别在TK-FGIS系统里分为两步：定性判别和定量判别。围岩的定性判别是在进行了基本的围岩分级之后，佐以地下水和地应力的修正而确定的；围岩的定量判别是依据修正的BQ值确定的。两个步骤流程化后，即可得到相应的围岩级别。

最终结果在TK-FGIS系统里以报表的形式呈现。技术人员仅需输入正确的参数，对报表进行复核即可。高度信息化不仅为超大跨隧道施工带来了便捷，更以其100%的围岩判识准确率指导了隧道施工。

该实例的基础信息搜集工作为超大跨隧道的开挖施工提供了一定的参考，尤其是信息化系统的开发。计算机技术在工程当中的应用越来越广泛，其未来的发展应用不该局限于简单的数据统计，实现信息的自动化处理、更有效地指导工程是其发展的高层次目的。虽然TK-FGIS系统具有诸多优势，但也有其局限性，如现有设计变更流程部分不兼容等。因此，在完成系统的开发之后，还需根据用户的体验感以及工程的个性之处及时调整，增加系统的灵活性，从而实现更广泛的应用。

2. 围岩稳定性分析结果

基于原始数据的采集，该实例的围岩稳定性分析结果以风险表的形式呈现，部分数据见表3-5。该分析在开挖前对各级围岩条件下的各个情况（含无不利情况）以及对应的风险进行了列举，不失为一种直观的方法。

表 3-5

新八达岭隧道长城站部分级别围岩状态及施工风险

围岩级别	围岩描述	不利情况	隧道施工风险
Ⅲ	硬质岩,存在软弱结构面,但结构面倾角>75°;掌子面大部分被结构面分割成0.2m×0.2m及以上块体,结构面大部分无充填(不含软弱结构面);点状滴水(呈小雨状)或潮湿状态	无	小坍塌、爆破振动过大坍塌
		风化严重块体存在于拱部及边墙	塌方、片帮
		软弱结构面倾角≤75°,存在不稳定块体	掉块、塌方(位于拱顶时危险程度高)
		岩体更加破碎	掉块、小塌方
		地下水增大	掉块
Ⅳ	硬质岩呈碎石状压碎结构;点状滴水(呈小雨状)或潮湿状态	无	较大坍塌,侧壁失稳
		风化严重块体存在于拱部及边墙	大塌方
		地下水增大	大塌方
Ⅴ	岩体破碎呈角砾碎石状松散结构;点状滴水(呈小雨状)或潮湿状态	无	大坍塌、侧壁小坍塌
		全风化且水量增大	初支变形

此外，开挖过程中的围岩变形情况也纳入了围岩稳定性分析的依据中，根据分析结果，开挖过程中的围岩变形值符合规范要求。

由上，围岩的稳定性分析不仅要靠技术人员的丰富经验，还要配合先进工具的合理使用。施工前的分析要为开挖提供技术指导，施工中的分析依靠监测数据以及超前地质预报等印证，进一步完善分析结果。如在该实例中，隧道开挖后，部分区段的围岩等级有所调整，原有的Ⅱ级围岩在开挖后全部上调为Ⅲ级围岩，对应于原有的Ⅱ级围岩的相关数据将不再适用，实现"岩变我变"。

3.2.2 超大跨隧道围岩稳定性判据

目前，对于隧道围岩稳定性的判定方式有很多，许多学者也给出了各种隧道围岩稳定性的判据[77-80]，其中绝大多数都提到了单凭位移判断稳定性存在一定的局限。然而对于超大跨隧道而言，针对性的分析方法仍是空白。本节将介绍几种隧道围岩稳定性的判定方式，以供参考。

1. 有限元强度折减法

有限元强度折减法在边坡稳定性分析中的应用已较为广泛。唐晓松[80]等人将该方法引入了围岩稳定性的判别中，为隧道的施工管理提供了新的思路。

（1）基本原理

有限元强度折减法通过控制围岩的抗剪强度参数来模拟开挖过程中各种因素对围岩强度的弱化作用。强度的折减通过控制折减系数ζ实现。该系数ζ的定义为当围岩破坏时，始末强度之比，即：

$$\zeta = \frac{\sigma_0}{\sigma_1} \qquad\qquad (3\text{-}3)$$

式中：ζ 为折减系数（安全系数），无量纲或量纲为 1；σ_0 为围岩初始强度，单位为 MPa；σ_1 为围岩破坏时的强度，单位为 MPa。

弹塑性数值计算与抗剪强度参数的降低同步进行，直至破坏，此时即可得到折减系数 ζ。由于涉及的围岩抗剪强度参数（黏聚力 c、内摩擦角 φ）为两个，折减系数的选择有两种，即双折减法和单一折减系数法。本文采用后者。

（2）判据

运用有限元强度折减法进行围岩稳定性分析时，采用的判据为：以洞周有突变位移为主，以塑性区的贯通和有限元数据收敛为辅[81]。这种综合的判断方式克服了位移值在选择上的主观性与不精确性。

（3）方法应用

有限元强度折减法的运用流程如图 3-11 所示。

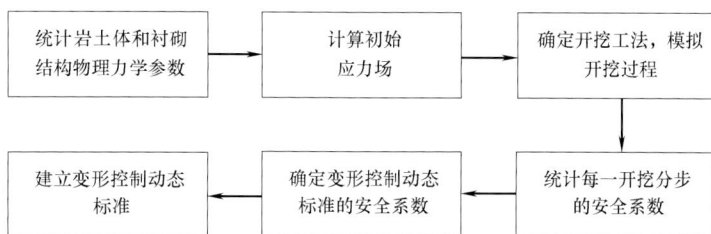

图 3-11 有限元强度折减法在围岩稳定性分析中的应用过程图

（4）判据特点

1）围岩稳定性的分析是全过程的，动态的。以三台阶七步开挖法为例，七个开挖分步的安全系数都在动态的变化曲线中得到了统计，如表 3-6 所示。

各开挖分步对应的稳定系数[80]　　　　　　　　　　　　　　表 3-6

开挖分步	1	2	3	4	5	6	7
安全系数	1.50	1.40	1.34	1.28	1.24	1.24	1.22

2）安全系数的选择是灵活的。一般情况下以拱顶中部沉降曲线的突变点数据为主，当不易判别时，可综合拱顶中部以及左右侧曲墙上部水平变形曲线综合判定。

3）不同开挖分步的安全系数与对应等效塑性应变云图是相对应的，如图 3-12 所示。结合表 3-6 的数据，可以看到安全系数随着开挖的进行而降低，对应于塑性应变云图中，塑性区从拱脚向拱顶的演变。

4）围岩变形标准的确定是根据初支结束后的安全系数确定的。建议值为 1.20。

5）揭示了以位移作为隧道围岩稳定性判据的局限性。建立的动态标准显示，无论是变形量还是变形速率，在隧道开挖的过程中是变化的。

由上，有限元强度系数折减法在隧道围岩稳定性判断上的引进为隧道施工提供了新的途径。对于超大跨隧道而言，由于其尺寸的特殊性从而更需要全过程的、动态的稳定性分

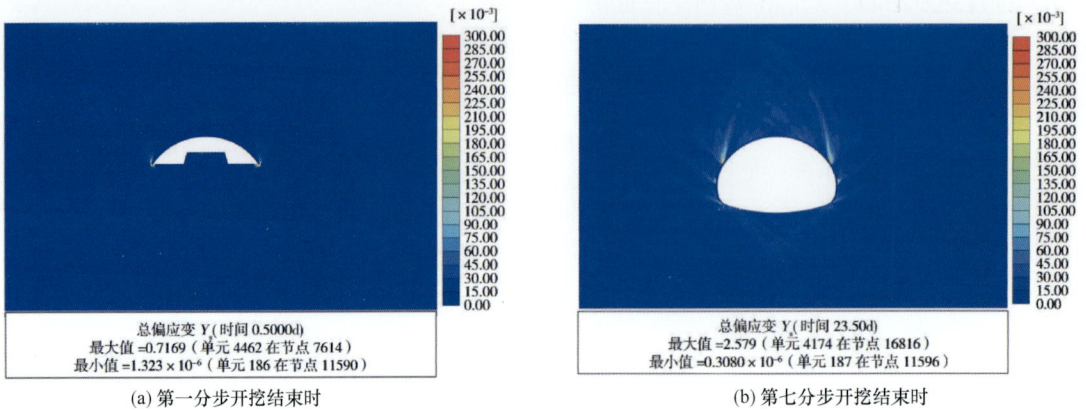

(a) 第一分步开挖结束时 　　　　　　　　　(b) 第七分步开挖结束时

图 3-12　等效塑性应变云图[80]

析，保证其施工安全。

2. 隧道断面面积判别法

以位移作为隧道围岩稳定性的判据有其局限性，考虑到超大跨隧道的超大断面的特点，本小节介绍的方法将围绕着隧道断面展开。

围岩在变形至破坏的过程中会经历三个阶段：弹性变形阶段、塑性变形阶段和塑性流动阶段。与有限元强度折减法思路一致，该方法对于隧道围岩稳定性的判别也是寻找突变值，不同点在于该方法寻找的突变值是基于隧道轮廓面积的，当围岩变形进入塑性流动阶段时，该突变值会有明显体现[82]。

（1）基本原理

突变值是根据突变理论确定的，该方法采用的突变模型为尖点突变模型，刘小俊等基于此理论进行了模型的构建[82-84]。

（2）判据

隧道断面面积在塑性流动阶段发生失稳时的突变值是该方法的判据[85]，其突变判别式为：

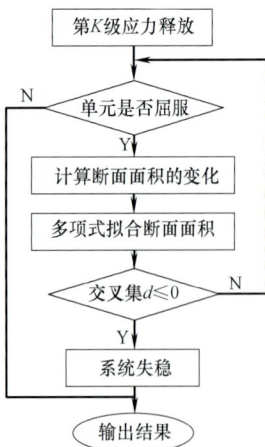

图 3-13　隧道断面面积突变计算流程[82]

$$d = 8u^3 + 27v^2 \tag{3-4}$$

式中：d 为突变特征值，$d \leqslant 0$ 即为判断是否发生突变的标准；u 和 v 为控制变量，其中：

$$u = \frac{b_2}{\sqrt{|b_4|}}, \ v = \frac{b_1}{\sqrt[4]{|b_4|}} \tag{3-5}$$

$$b_1 = -4a_4 q^3 + 3a_3 q^2 - 2a_2 q + a_1 \tag{3-6}$$

$$b_2 = 6a_4 q^2 - 3a_3 q + a_2 \tag{3-7}$$

$$b_4 = a_4 \tag{3-8}$$

式中：a_1、a_2、a_3、a_4 为待定拟合系数，可由连续函数 $V = f(t)$ 确定，t 为对应的应力释放率；$q = \dfrac{a_3}{4a_4}$。

其计算流程如图 3-13 所示。

（3）方法应用

隧道断面面积判别法的运用流程如图 3-14 所示。

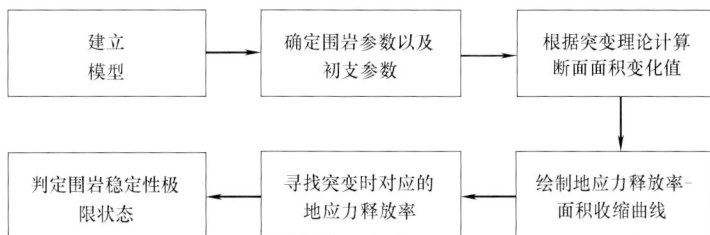

图 3-14　隧道面积判别法在围岩稳定性分析中的应用过程图

（4）判据特点

1）基础数学理论成熟。突变理论为隧道围岩稳定性的分析提供了强有力的理论支撑，避免了冗杂的微分计算，简化了计算步骤，其数据分析结果具有较高的可靠度。

2）断面面积随地应力释放的变化曲线可以反映围岩变形所处的阶段。文献［82］中展示的算例的计算结果如图 3-15 所示。曲线的斜率是反映围岩变形情况的重要依据。当地应力释放率接近 60% 时，曲线的斜率开始上升，说明围岩变形进入了塑性变形阶段；当地应力释放率达到 75% 时，曲线发生突变，此时围岩变形进入了塑性流动阶段，该点对应的断面面积变化值即为判断隧道围岩稳定性的判据。基于此方法，隧道围岩断面面积变化值要严格控制在该面积之内。

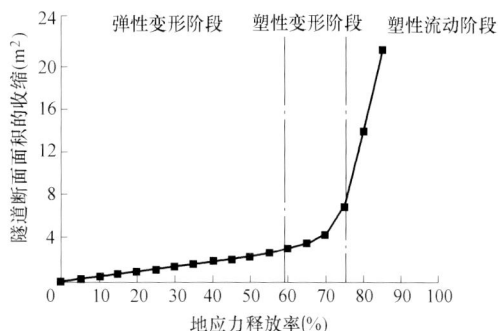

图 3-15　断面面积随地应力释放的变化曲线[82]

由上，隧道断面面积法为超大跨隧道的围岩稳定性分析提供了一种思路：通过对断面面积的控制实现隧道的安全施工。然而，该方法采用的开挖工法为两台阶法，开挖分步较少，跨度为 10.9m，因此，该方法在超大跨隧道超乎常值的特大断面上的应用准确率有待进一步验证。

3.3　本章小结

本章主要研究了超大跨隧道围岩变形及其稳定性特征，并结合京张铁路八达岭长城站超大跨隧道以及其他典型隧道进行了围岩变形分析，得到的主要结论如下：

（1）结合京张铁路八达岭长城站超大跨隧道以及其他典型隧道的围岩变形监测资料，总结了超大跨隧道围岩变形的主要影响因素，从客观因素（地质）和主观因素（工程）两个方面分析了各因素对超大跨隧道围岩变形的影响。总结了以主控因素为基础的围岩变形规律，包括围岩条件、埋深、开挖顺序和开挖工法四类，在此基础上给出了控制围岩变形的相关建议。

（2）综合监测数据和工程的围岩变形控制工作，对超大跨隧道围岩变形实例进行了分析，结果表明：①开挖工法的选择对超大跨隧道而言至关重要；②开挖工法的应用结果受

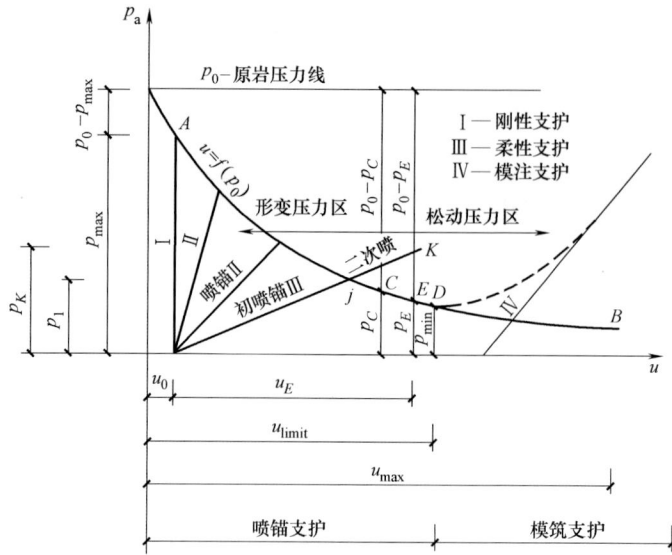

图 4-1　支护特性曲线与围岩特性曲线关系

无论是出于经济层面的考虑,还是出于结构受力合理性的考虑,围岩自身的承载力在隧道的设计与施工中都有着不可忽视的地位。

对于超大跨隧道,由于其结构尺寸较大,故围岩的作用效应也将更加明显。因此在超大跨隧道的设计与施工中,围岩的自身承载力所起到的作用将更加重要。

4.2　承载拱效应

在隧道施工过程中,围岩原位应力由于洞室开挖而产生偏移和传递,即成拱效应,这种效应致使洞壁周边区域应力增大。拱效应的产生与拱结构不同,拱结构是一种承力的结构,而拱效应是随着围岩的开挖过程而不断变化的,是一种围岩进行自我调节的结果。随着隧道的开挖,围岩力学形态将经历"平衡—变形、破坏坍塌—应力重新分布—新的平衡"的过程。此时,由于隧道围岩中各处变形的不均匀性,隧道周围一定范围内的岩体将会产生一种类似于拱结构切向压紧的作用,这便是围岩的承载拱效应。

4.2.1　承载拱的研究现状

围岩承载拱对于隧道工程来说是十分重要的,因此国内外的许多专家都对这一效应有一定程度的研究。瑞典科学家 Ritter 早在 1879 年就观察到在一些深埋隧道中,有些围岩自身可以承受其上部岩土体的重量,这是围岩的自承载能力首次被发现;然后直到 1882年英国科学家 Engesse 才提出了拱效应;之后到 1884 年,英国科学家 Roberts 提出了"粮仓效应",至此历史上首次较为明确地提出了"压力拱效应"这一概念;1907 年,普氏理论被提出;随后,英国科学家 Wiesmann 在 1912 年提到了围岩自承能力[86-90]。

卿伟宸等提出了承载拱形成的临界埋深,然后基于承载拱理论,提出了拟合公式,对大跨度隧道的深浅埋进行划分[91];郑康成等采用大型二维模型试验探究特大断面隧道开挖过程中压力拱的动态发展[92]；台启民等以双线高铁隧道为实例，对软弱破碎围岩中隧道的开挖过程中的承载拱的演化过程进行了记录分析[93]；罗伟提出承载拱的高度是通过隧道开挖后的应力路径和应力曲线来决定的，然后通过分析研究得出了影响围岩承载拱高度的相关因素[94]。

国内外的学者们早在一个多世纪之前就认识到了围岩的自身承载力，并一步步地深入研究，最终提出了承载拱的理论。近年来，各专家学者致力于应用围岩承载拱这一理论，更多地倾向于研究和分析。关于承载拱常用的理论有自然平衡拱理论和普氏理论，但是在关于如何计算承载拱形状与厚度这一点上，现有的研究中略有欠缺。

4.2.2 承载拱的影响因素

目前，《铁路隧道设计规范》TB 10003—2016 中关于隧道荷载的经验公式确定法采用塌落拱理论，围岩压力按松散压力考虑，如式（4-1）、式（4-2）所示：

$$h = 0.45 \times 2^{s-1} \times \omega \tag{4-1}$$

$$\omega = 1 + i(B - 5) \tag{4-2}$$

式中：h 为塌落拱高度（m）；s 为围岩级别；ω 为隧道宽度影响系数；B 为隧道宽度（m）；i 为隧道宽度每增减 1m 时围岩压力增减率，当 $B < 5m$ 时取 0.2，当 $B > 5m$ 时取 0.1。

根据规范公式与已有的研究表明，影响承载拱的因素可分为两方面：一方面是由于围岩的影响，包括围岩等级和围岩的物理力学性能；另一方面则是由隧道自身引起的，包括隧道的埋深、跨度以及施工方法[94]。其中最主要的影响因素是围岩等级和隧道的跨度。

式（4-2）可由图 4-2 表示，式（4-1）可由图 4-3 表示。

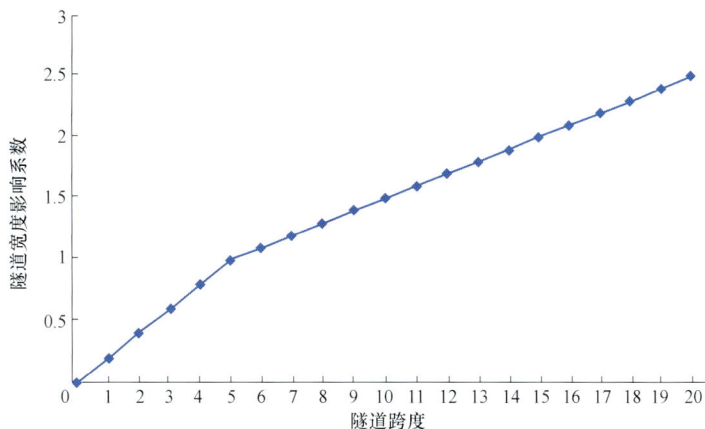

图 4-2 隧道跨度与宽度影响系数的关系

1. 围岩的影响

（1）围岩等级

拱效应的形成是由于在隧道施工过程中，围岩发生位移，围岩原位应力发生偏移和传递。由于隧道围岩中各处变形的不均匀性，隧道周围一定范围内的岩体产生一种类似于拱结构切向压紧的作用，这便是围岩的承载拱效应。

隧道施工后的围岩压力可分为松散压力和形变压力两种。这两种压力的形成主要取决

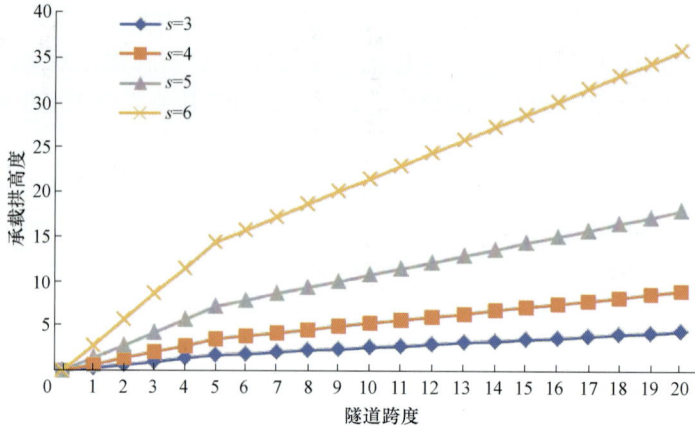

图 4-3　不同围岩等级下隧道跨度与承载拱高度的关系

于围岩等级，研究表明承载拱主要在松散体中形成，也就是当围岩等级为Ⅲ～Ⅵ级、围岩压力为松散压力时，由图 4-3 可知，在其他参数不变的情况下，承载拱高度 h 随围岩级别 s 的增大而增大。

（2）围岩物理力学性能

当围岩的等级一定时，其物理力学性能是一定的，此时其对承载拱的影响也就是围岩等级对承载拱的影响。但是不同等级围岩间会存在分层界面，分层界面处围岩的力学性能存在差异，所以当隧道接近分层界面时，承载拱将受到较大的影响。由于存在分界面，使得承载拱的外边界的计算值小于单一围岩中的值，但离拱顶分界面的距离相对较远时，其承载拱规律变化和单一围岩条件下较为接近。

2. 隧道自身的影响

（1）隧道的埋深

地下岩土工程具有一定的临界成拱深度。因此若要使地下岩土工程开挖可以形成承载拱，那么该工程的埋深必须大于临界成拱高度，否则，将不会形成承载拱。

（2）隧道的跨度

由图 4-2 可知，隧道宽度影响系数 ω 与隧道宽度 B 成正比，即 ω 随 B 的增大而增大。

由图 4-3 可知，当围岩级别 s 一定时，承载拱高度 h 与隧道宽度影响系数 ω 成正比，即 h 随 ω 的增大而增大。

综上，在其他参数不变的情况下，承载拱高度 h 会随隧道宽度 B 的增大而增大。

（3）隧道的施工方法

目前，使用较多的隧道施工方法包括：矿山法（上下导坑先拱后墙法、下导坑先拱后墙法）、新奥法（全断面法、台阶法、分部开挖法）等。据已有研究[94] 表明隧道的不同施工方法会对围岩承载拱造成不同的影响。

根据收集到的数据整理可得Ⅳ～Ⅵ级围岩等级时不同施工方法下形成的承载拱高度，如图 4-4 所示。

由图 4-4 可知，当围岩等级和隧道跨度一定时，全断面施工法形成的承载拱高度最小，CD 法最大，其他方法开挖形成的承载拱高度在两者之间。

比较图 4-4（a）、（b）、（c）可知：各施工方法下的承载拱高度差值随着围岩等级的降

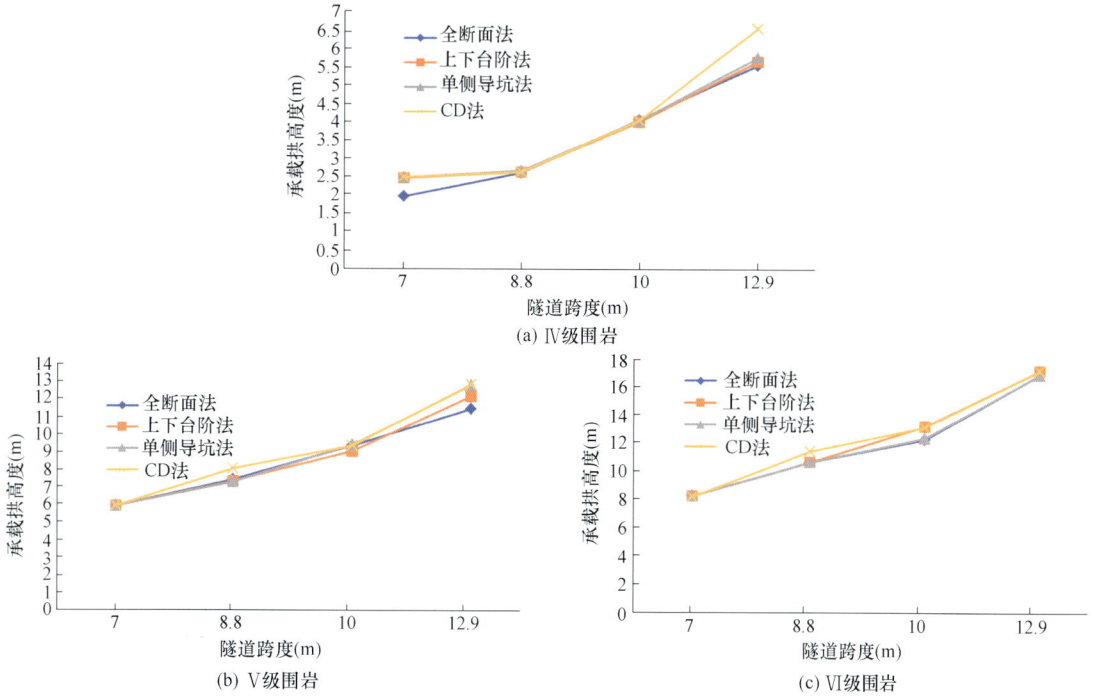

图 4-4　Ⅳ～Ⅵ级围岩时不同施工方法下隧道跨度与承载拱高度的关系

低、隧道跨度的增大而增大，即围岩条件越好，隧道跨度越小，承载拱高度的差异值越小。

4.3　承载拱的计算

在本章的计算中，假设隧道围岩承载拱断面为三铰拱。受到竖向荷载 σ_v 和水平荷载 $\sigma_{h,av}$ 的作用，侧压力系数 $k = \sigma_{h,av}/\sigma_v$。

4.3.1　承载拱形状的确定

取拱顶 O 为原点，拱高为 H，拱跨为 L，如图 4-5 所示。

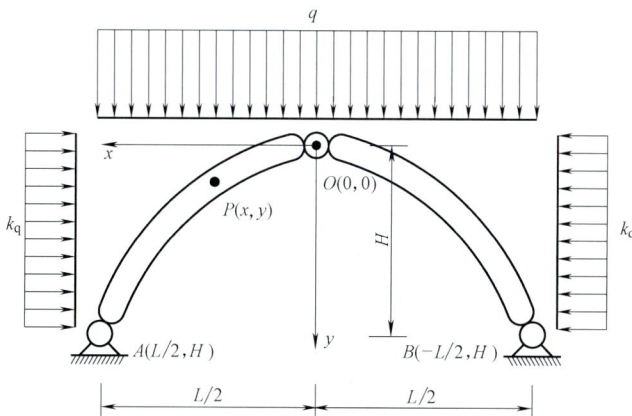

图 4-5　三铰拱受力模型

$P(x, y)$ 为左半拱上任意一点，取 OP 为隔离体 1，如图 4-6 所示，

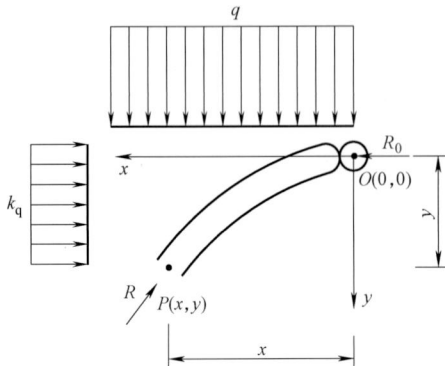

假定承载拱为合理拱轴线，则 OP 上各力对点 P 的力矩和应为 0，即如下式所示：

$$\sigma_{\mathrm{v}}\frac{x^2}{2}+\sigma_{\mathrm{h,av}}\frac{y^2}{2}+R\cdot 0+R_{\mathrm{O}}y=0 \quad (4\text{-}3)$$

式中：R 为任意一点 P 点的拱轴力；R_{O} 为拱顶 O 点的拱轴力。

令

$$\sigma_{\mathrm{v}}=q \quad (4\text{-}4)$$

则

$$\sigma_{\mathrm{h,av}}=k\sigma_{\mathrm{v}}=kq \quad (4\text{-}5)$$

将上两式带入式（4-1），则有下式：

$$q\frac{x^2}{2}+kq\frac{y^2}{2}+R\cdot 0+R_{\mathrm{O}}y=0 \quad (4\text{-}6)$$

化简得：

$$\frac{x^2}{\left(\dfrac{R_{\mathrm{O}}}{\sqrt{k}\cdot q}\right)^2}+\frac{\left(y-\dfrac{R_{\mathrm{O}}}{k\cdot q}\right)^2}{\left(\dfrac{R_{\mathrm{O}}}{k\cdot q}\right)^2}=1 \quad (4\text{-}7)$$

图 4-6 局部隔离体（隔离体 1）模型

由式（4-7）可得，在竖向荷载 σ_{v} 和水平荷载 $\sigma_{\mathrm{h,av}}$ 的作用下，承载拱的合理拱轴线为椭圆。

椭圆的水平轴半径为：

$$a=\frac{R_{\mathrm{O}}}{\sqrt{k}\,q}=\frac{L}{2} \quad (4\text{-}8)$$

竖直轴半径为：

$$b=\frac{R_{\mathrm{O}}}{kq}=\frac{a}{\sqrt{k}} \quad (4\text{-}9)$$

当 $\sigma_{\mathrm{v}}>\sigma_{\mathrm{h,av}}$ 时，则有 $a<b$，此时承载拱为一竖向椭圆，如图 4-7 所示。

当 $\sigma_{\mathrm{v}}<\sigma_{\mathrm{h,av}}$ 时，则有 $a>b$，此时承载拱为一横向椭圆，如图 4-8 所示。

4.3.2 围岩所受拱轴力的计算

取拱脚 A 与拱顶 O 间的左半拱为隔离体 2，则由力矩平衡可得，拱上各力相对于拱脚 A 的力矩和为 0，即如式（4-10）所示，隔离体 2 及受力如图 4-9 所示。

图 4-7 竖向应力大于横向应力时承载拱形状

$$R_{\mathrm{O}}H-kq\frac{H^2}{2}-q\frac{L}{2}\times\frac{L}{4}=0 \quad (4\text{-}10)$$

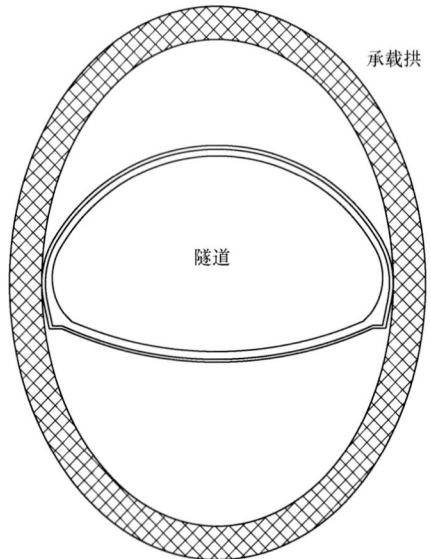

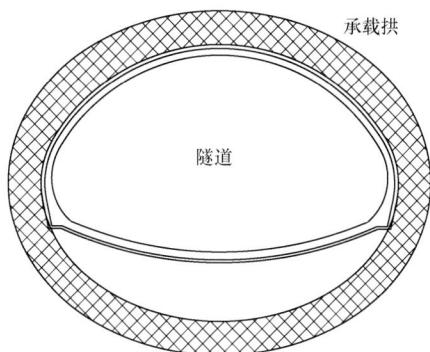

图 4-8　竖向应力小于横向应力时承载拱形状

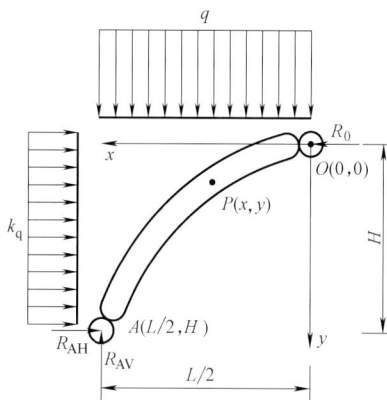

图 4-9　隔离体 2 及受力情况

化简得：

$$R_O = \dfrac{q\left(\dfrac{k}{2}H^2 + \dfrac{L^2}{8}\right)}{H} \tag{4-11}$$

对隔离体 2，由受力平衡得：

$$R_{AV} - q\,\dfrac{L}{2} = 0 \tag{4-12}$$

$$R_{AH} + kqH - R_O = 0 \tag{4-13}$$

由式（4-12）和式（4-13），并将式（4-11）代入式（4-13）中，可得：

$$R_{AV} = q\,\dfrac{L}{2} \tag{4-14}$$

$$R_{AH} = \dfrac{q\left(\dfrac{L^2}{8} - \dfrac{k}{2}H^2\right)}{H} \tag{4-15}$$

$$R_A = \sqrt{R_{AV}^2 + R_{AH}^2} = \sqrt{\left(\dfrac{qL^2}{8H} - \dfrac{kqH}{2}\right)^2 + \left(\dfrac{qL}{2}\right)^2} \tag{4-16}$$

验证 $R_{边墙} = R_A$ 和 $R_{拱顶} = R_O$。根据图 4-6 所示，取隔离体 1 进行受力分析，由受力平衡可得：

$$R_y - qx = 0 \tag{4-17}$$

$$R_x + kqy - R_O = 0 \tag{4-18}$$

$$R = \sqrt{R_x^2 + R_y^2} \tag{4-19}$$

计算式（4-17）、式（4-18）和式（4-19），并将式（4-11）代入式（4-18）中，可得：

$$R_y = qx \tag{4-20}$$

$$R_x = \dfrac{q\left(\dfrac{k}{2}H^2 + \dfrac{L^2}{8}\right)}{H} - kqy \tag{4-21}$$

$$R = \sqrt{\left(\dfrac{q\left(\dfrac{k}{2}H^2 + \dfrac{L^2}{8}\right)}{H} - k\lambda qy\right)^2 + (qx)^2} \tag{4-22}$$

对式（4-22）取 $x=\dfrac{L}{2}$、$y=H$，即可得边墙拱轴力为：

$$R_{边墙}=\sqrt{\left(\dfrac{qL^2}{8H}-\dfrac{kqH}{2}\right)^2+\left(\dfrac{qL}{2}\right)^2}=R_{A} \tag{4-23}$$

对式（4-22）取 $x=0$、$y=0$，即可得拱顶拱轴力为：

$$R_{拱顶}=\dfrac{qkH}{2}+\dfrac{qL^2}{8H}=R_{O} \tag{4-24}$$

4.3.3　承载拱厚度的确定

隧道两侧边墙的承载拱厚度为：

$$d_{边墙}=\dfrac{R_{边墙}}{\sigma_c}=\dfrac{\sqrt{\left(\dfrac{qL^2}{8H}-\dfrac{kqH}{2}\right)^2+\left(\dfrac{qL}{2}\right)^2}}{\sigma_c} \tag{4-25}$$

拱顶的承载拱厚度为：

$$d_{拱顶}=\dfrac{R_{拱顶}}{\sigma_c}=\dfrac{qkH}{2\sigma_c}+\dfrac{qL^2}{8H\sigma_c} \tag{4-26}$$

围岩承载拱厚度主要受岩体强度、隧道开挖跨度、支护措施提供的支护反力等因素影响。通过现场实测可得知地应力大小为 σ_v 和 $\sigma_{h,av}$；根据隧道的开挖横断面确定隧道的拱跨 L 和拱高 H；根据实际工况下收集的地质资料，结合规范内容确定围岩等级，然后估算对应的隧道围岩单轴抗压强度 σ_c。随后，将以上数据带入式（4-25）和式（4-26），便可得到承载拱的厚度。

对于大跨度隧道而言，由于跨度大，同一断面的不同位置围岩级别会存在差异，因此同一断面的不同部位的承载拱厚度会随着围岩级别的差异而进行调整，如图 4-10 所示。

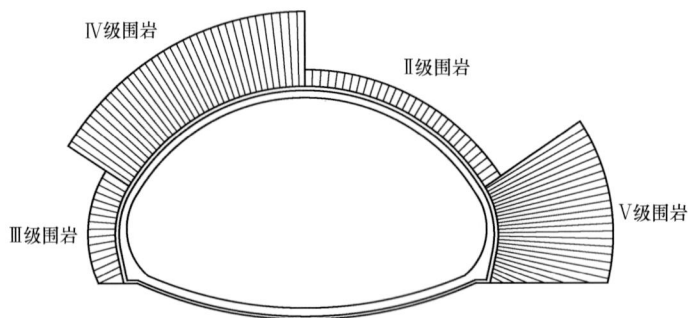

图 4-10　承载拱厚度随围岩级别调整示意图

4.4　工程实例——京张高铁八达岭地下车站

八达岭长城站两端为各 163m 的大跨过渡段，车站通过过渡段与正线隧道连通。过渡段采用单洞隧道暗挖设计，最大开挖跨度 32.7m，开挖面积 494.4m²，是目前世界上开挖跨度最大、开挖断面面积最大的交通隧道，施工难度大，安全风险高。

4.4.1　承载拱形状的确定

1. 地应力

对于八达岭长城站大跨段，根据现场地应力测试结果，隧道开挖前围岩的竖直向应力约为 $2.07\sim3.29$MPa，平均值为 2.57MPa；水平向应力约为 $3.82\sim4.988$MPa，平均值为 4.46MPa。即取 $\sigma_\mathrm{v}=2.57$MPa、$\sigma_\mathrm{h,av}=4.46$MPa。

2. 隧道建筑限界

八达岭长城站大跨段各段的截面尺寸见表 4-1。

大跨过渡段围岩分级

表 4-1

位置	里程	长度(m)	开挖跨度(m)	开挖高度(m)
小里程端	DK67+652～DK67+706	54	20.0	14.3
	DK67+706～DK67+760	54	26.2	16.8
	DK67+760～DK67+790	30	30.0	18.4
	DK67+790～DK67+815	25	32.7	19.3
大里程端	DK68+285～DK68+300	15	32.7	19.5
	DK68+300～DK68+330	30	31.1	18.8
	DK68+330～DK68+360	30	27.7	17.5
	DK68+360～DK68+404	44	24.4	16.1
	DK68+404～DK68+448	44	19.3	14.1

3. 承载拱形状的确定

由现场地应力测试结果可知 $\sigma_\mathrm{v}<\sigma_\mathrm{h,av}$，且侧压力系数 $k=\sigma_\mathrm{h,av}/\sigma_\mathrm{v}=1.7$，则根据第 4.4.1 节理论可知大跨度段隧道合理拱轴线应为如图 4-7 所示的椭圆（以开挖跨度 32.7m、开挖高度 19.5m 为例），椭圆的水平轴半径为：

$$a=\frac{R_\mathrm{O}}{\sqrt{k}q}=\frac{L}{2}=\frac{32.7}{2}=16.35\mathrm{m} \tag{4-27}$$

竖直轴半径为：

$$b=\frac{R_\mathrm{O}}{kq}=\frac{a}{\sqrt{k}}=\frac{16.35}{\sqrt{1.7}}=12.54\mathrm{m} \tag{4-28}$$

故椭圆方程为：

$$\frac{x^2}{(16.35)^2}+\frac{(y-12.54)^2}{(12.54)^2}=1 \tag{4-29}$$

通过上述计算可知，拟合出的包络椭圆与设计断面如图 4-11 所示，吻合度较好。

4.4.2　承载拱厚度的确定

1. 隧道围岩分级

（1）站台层、站厅层围岩分级

洞身主要穿越强～弱风化花岗岩、斑状二长花岗岩、岩脉以及岩性接触带，发育 3～

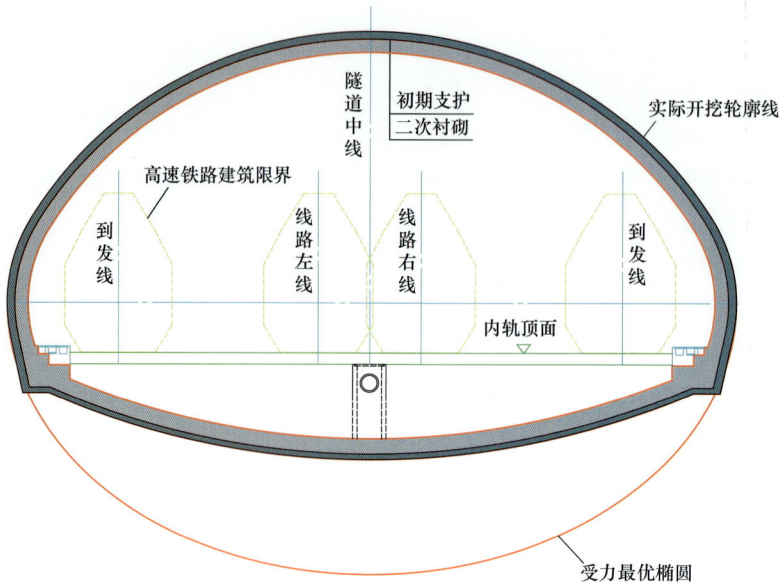

图 4-11 拟合包络椭圆与隧道开挖轮廓线

4 组节理，岩体总体较完整～较破碎。由于燕山期（γ5）酸性和偏碱性多次脉动交替侵入，八达岭侵入岩体岩脉极为发育，岩脉走向多为北西，多数东倾，倾角一般为 60°～70°，一般宽度为 2～5m。岩脉接触带、局部节理密集带、差异风化带、蚀变带，岩体破碎，围岩稳定性差，地下水较发育。各段围岩分级见表 4-2、表 4-3。

站台层围岩分级　　　　　　　　　　　　表 4-2

序号	里程	围岩级别	围岩长度（m）
1	DK67＋815～DK67＋900	Ⅲ	85
2	DK67＋900～DK68＋000	Ⅴ	100
3	DK68＋000～DK68＋200	Ⅲ	200
4	DK68＋200～DK68＋285	Ⅴ	85

站厅层围岩分级　　　　　　　　　　　　表 4-3

序号	里程	围岩级别	围岩长度（m）
1	DK67＋875～DK67＋900	Ⅲ	25
2	DK67＋900～DK68＋000	Ⅴ	100
3	DK68＋000～DK68＋200	Ⅲ	200
4	DK68＋200～DK68＋225	Ⅴ	25

（2）电梯井、小里程风井、大里程风井围岩分级

电梯井穿越强风化～弱风化斑状二长花岗岩，岩体节理裂隙发育，地下水较发育。

小里程风井穿越强风化～弱风化斑状二长花岗岩，岩体主要发育 3～4 组节理，岩体总体较完整～较破碎。洞口位于强风化层，围岩稳定性差，地下水较发育。

大里程风井穿越断层破碎带、强风化～弱风化斑状二长花岗岩，岩体主要发育 3～4

组节理，岩体总体较完整～较破碎，断层及其影响带岩体破碎，洞口围岩稳定性差，地下水较发育。各段围岩分级见表4-4。

（3）出站主通道、斜行电梯通道围岩分级

通道主要穿越全风化～弱风化斑状二长花岗岩、岩脉以及岩性接触带。斑状二长花岗岩岩质坚硬，块状构造，主要发育3～4组节理，岩脉主要发育3～4组节理，岩体总体上较完整～较破碎，但岩脉接触带、局部节理密集带、差异风化带、蚀变带的节理裂隙发育，岩体破碎，围岩稳定性差，地下水较发育。各段围岩分级见表4-5、表4-6。

电梯井、小里程风井、大里程风井围岩分级　表 4-4

序号	里程	围岩级别	围岩长度(m)	备注
1	DTJ0＋000～DTJ0＋052	V	52	电梯井
2	XLFJ0＋000～XLFJ0＋020	V	20	小里程风井
3	XLFJ0＋020～XLFJ0＋061	Ⅲ	41	小里程风井
4	DLFJ0＋000～DLFJ0＋076	V	76	大里程风井

出站主通道围岩分级　表 4-5

序号	里程	围岩级别	围岩长度(m)
1	ZTDDK0＋000～ZTDDK0＋080	Ⅲ	80
2	ZTDDK0＋080～ZTDDK0＋135	Ⅳ	55
3	ZTDDK0＋135～ZTDDK0＋210	V	75
4	ZTDDK0＋210～ZTDDK0＋275	Ⅳ	65
5	ZTDDK0＋275～ZTDDK0＋384.86	V	109.86

斜行电梯通道围岩分级　表 4-6

序号	里程	围岩级别	围岩长度(m)
1	ZTDDK0＋000～ZTDDK0＋080	Ⅲ	80
2	ZTDDK0＋080～ZTDDK0＋130	Ⅳ	50
3	ZTDDK0＋130～ZTDDK0＋195	V	65
4	ZTDDK0＋195～ZTDDK0＋235	Ⅳ	40
5	ZTDDK0＋235～ZTDDK0＋361.69	V	126.69

（4）小里程端、大里程端大跨过渡段围岩分级

车站大跨过渡段围岩分级见表4-7。

大跨过渡段围岩分级　表 4-7

位置	里程	长度(m)	围岩级别
小里程端	DK67＋652～DK67＋706	54	Ⅱ
	DK67＋706～DK67＋760	54	Ⅱ
	DK67＋760～DK67＋790	30	Ⅲ
	DK67＋790～DK67＋815	25	Ⅳ

第5章 ▶▶

超大跨隧道支护结构设计方法

　　随着我国各行各业地下空间大规模的开发利用，特大跨、超大跨隧道工程越来越多，如京张高铁八达岭长城站、赣龙铁路新考塘隧道、遂渝铁路桐子林隧道、沈大高速韩家岭隧道，成为铁路、地铁、公路、水电等行业的控制性工程。但超大跨隧道的支护结构设计仍然按照常规理论方法设计，即加强初期支护结构，如提高喷射混凝土强度、增加喷射混凝土厚度、加大钢架型号、采用双层支护等。这种方法不仅需要加大隧道开挖断面面积，进而增加工程风险，而且工程量急剧增加，工程质量难以控制，支护效果也难以保证。运用围岩承载拱理论进行超大跨隧道支护结构设计可以有效发挥围岩与支护结构的协同作用，降低工程风险。目前将围岩承载拱理论运用于小跨度和中跨度隧道的支护结构设计案例较多，而将其应用于超大跨隧道支护结构设计的隧道工程案例较少。

　　本章以京张高铁八达岭地下车站大跨过渡段隧道为例，按照隧道围岩"承载拱"理论和计算方法，建立适用于超大跨隧道的设计方法并采用以"一喷双锚"为主要支护结构体系。将隧道周边一定范围内的围岩圈作为一个拱形结构进行强度、刚度和稳定性计算，从而设计了锚杆、锚索、喷射混凝土和衬砌等支护结构。采用荷载结构法和有限元软件建立的计算模型，分析了支护结构的极限承载力及其破坏模式。通过安全系数分析了素混凝土和钢筋混凝土两种情况下的安全性，并给出支护参数优化建议。最后根据支护结构参数提出了超大跨隧道快速施工工法与支护技术，并针对超大跨变截面的特点，开展了超大跨变截面可调式衬砌台车的结构设计及优化、衬砌台车的拼装及断面变换技术研究。研究结果为超大跨隧道支护结构设计和施工提供指导与参考。

5.1　基于隧道围岩"承载拱"理论的支护结构设计

　　隧道围岩"承载拱"理论基本原理是将隧道周边一定范围内的围岩圈作为一个拱形结构进行强度、刚度和稳定性计算，从而对预应力锚杆、预应力锚索、喷射混凝土和二次衬砌等支护结构进行设计。

　　基于隧道围岩"承载拱"理论的支护结构设计流程，如图 5-1 所示。首先确定"承载拱"厚度、预应力锚杆参数，然后确定喷射混凝土、预应力锚索参数，最后确定二次衬砌等其他支护结构参数。

5.1.1　预应力锚杆设计

　　预应力锚杆的作用是通过锚杆的锚固力挤密围岩，形成隧道围岩"承载拱"，如图 5-2 所示，锚杆的设计思路如图 5-3 所示。

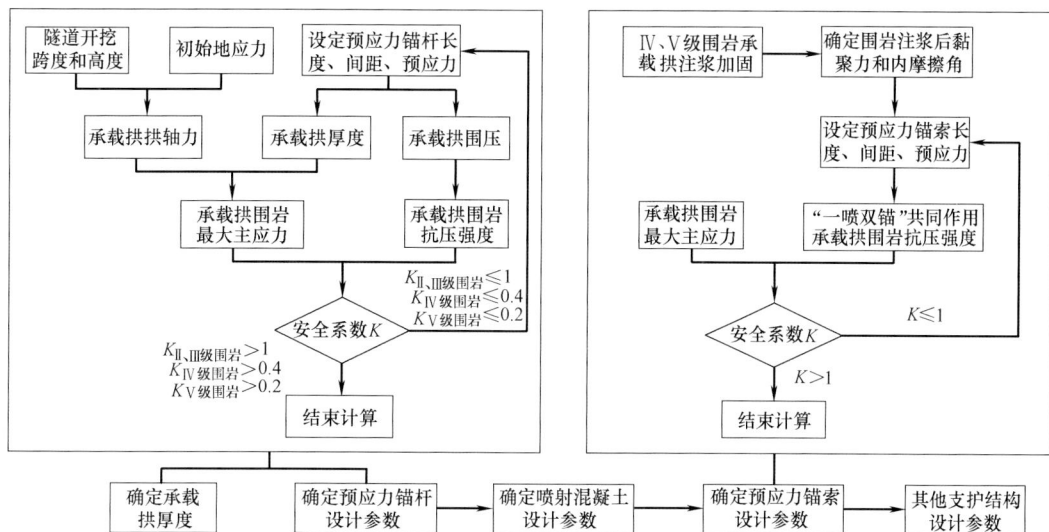

图 5-1 基于隧道围岩"承载拱"理论的支护结构设计流程

1. 设计原则

当仅考虑采用预应力锚杆支护时，Ⅱ
级、Ⅲ级围岩安全系数应≥1，Ⅳ级围岩安
全系数应≥0.4，Ⅴ级围岩安全系数应≥
0.2，并以此确定"承载拱"厚度。

2. 设计方法

假设锚杆长度为 L_b，其中自由端为
L_1，锚固段为 L_2。

$$L_b = L_1 + L_2 \quad (5\text{-}1)$$

则锚杆形成的加固圈厚度为：

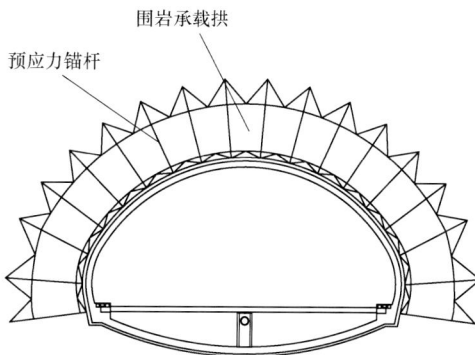

图 5-2 预应力锚杆"承载拱"加固范围

$$d_b = L_1 - 0.5\frac{r+L_1}{r}s_1 - 0.5s_1 \quad (5\text{-}2)$$

式中：r 为洞壁的曲率半径，s_1 为锚杆环向间距。

根据隧道开挖跨度和高度，以及初始地应力值，可以计算得到承载拱拱轴力。
则边墙拱轴力为：

$$R_{\text{边墙}} = \sqrt{\left(\frac{qL^2}{8H} - \frac{kqH}{2}\right)^2 + \left(\frac{qL^2}{2}\right)} \quad (5\text{-}3)$$

拱顶拱轴力为：

$$R_{\text{拱顶}} = \frac{kqH}{2} + \frac{qL^2}{8H} \quad (5\text{-}4)$$

则承载拱内岩体的主应力为：

$$\sigma_{\text{边墙}} = \frac{R_{\text{边墙}}}{d_b} = \frac{\sqrt{\left(\frac{qL^2}{8H} - \frac{kqH}{2}\right)^2 + \left(\frac{qL^2}{2}\right)}}{d_b} \quad (5\text{-}5)$$

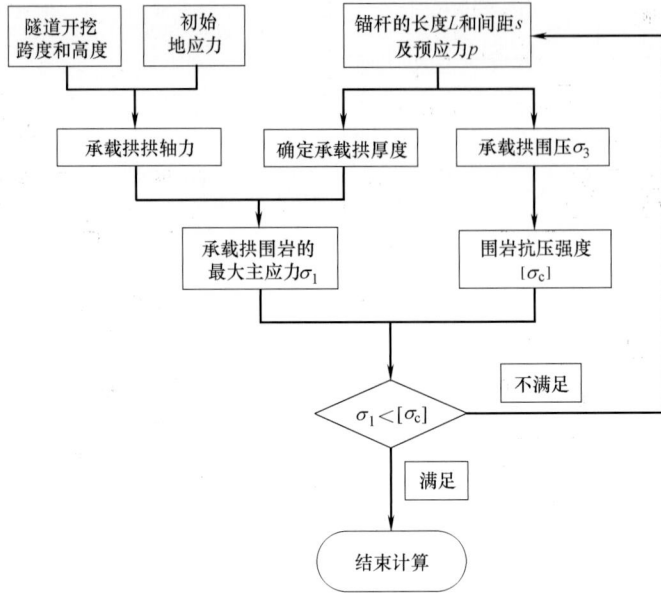

图 5-3 锚杆的设计思路

$$\sigma_{拱顶}=\frac{R_{拱顶}}{d_b}=\frac{4kqH^2+qL^2}{8d_bH} \tag{5-6}$$

承载拱内围岩的应力均应小于围岩的抗压强度 $[\sigma_c]$，即满足下列公式：

$$\sigma_{边墙}=\frac{\sqrt{\left(\dfrac{qL^2}{8H}-\dfrac{kqH}{2}\right)^2+\left(\dfrac{qL^2}{2}\right)}}{d_b}<[\sigma_c] \tag{5-7}$$

$$\sigma_{拱顶}=\frac{4kqH^2+qL^2}{8d_bH}<[\sigma_c] \tag{5-8}$$

则安全系数为：

$$K_{边墙}=\frac{d_b[\sigma_c]}{\sqrt{\left(\dfrac{qL^2}{8H}-\dfrac{kqH}{2}\right)^2+\left(\dfrac{qL^2}{2}\right)}} \tag{5-9}$$

$$K_{拱顶}=\frac{8d_bH[\sigma_c]}{4kqH^2+qL^2} \tag{5-10}$$

当不满足上述公式时，则应调整锚杆的长度和间距，或者采用预应力锚杆。当采用预应力锚杆时，锚杆预应力作用在洞壁上，相当于给围岩提供了围压 σ_3，使承载拱内的围岩从单向受压状态转化为三向受压状态，从而提高了承载拱内围岩的抗压强度 $[\sigma_c]$。

假设锚杆预应力为 P_b，锚杆的环纵向间距分别为 s_1 和 s_2，则锚杆提供的支护力为：

$$P_b=\frac{F_b}{s_1 \cdot s_2} \tag{5-11}$$

则承载拱内围岩的抗压强度为：

$$\left[\sigma_{\mathrm{c}}\right]=P_{\mathrm{b}}\cdot\tan^2\left(45°+\frac{\varphi}{2}\right)+2c\cdot\tan\left(45°+\frac{\varphi}{2}\right) \tag{5-12}$$

锚杆单独支护隧道围岩的安全系数见式（5-9）和（5-10）。

京张高铁八达岭地下车站大跨段隧道预应力锚杆杆体采用 Q420、37MnSi 钢管轧制而成，外径 32mm，壁厚 6mm。根据《钢结构设计标准》GB 50017—2017，锚杆杆体抗拉和抗压强度设计值为 355MPa，抗剪强度设计值为 205MPa。

采用以上公式计算八达岭地下车站大跨段隧道预应力锚杆设计参数，具体见表 5-1。

大跨段锚杆设计参数 表 5-1

	围岩级别	Ⅱ级围岩	Ⅲ级围岩	Ⅳ级围岩	Ⅴ级围岩
ϕ32 预应力锚杆（张拉设计值 100kN）	锚固段长度（m）	涨壳锚固头	涨壳锚固头	ϕ22 HRB400 钢筋 3m	ϕ22 HRB400 钢筋 3m
	自由段长度（m）	5	6	7	8
	外漏长度（m）	0.115	0.115	0.115	0.115
	ϕ32 预应力锚杆总长度（m）	5.115	6.115	10.115	11.115
	间距（环×纵）	2.4m×1.6m	2.4m×1.6m	2.4m×1.2m	1.2m×0.8m
	设置部位	拱部	拱墙	拱墙	拱墙
	承载拱厚度 d_{b}（m）	2.27	3.20	4.13	6.53
	拱顶应力 $\sigma_{拱顶}$（MPa）	7.50	5.32	4.12	2.61
	边墙应力 $\sigma_{边墙}$（MPa）	11.61	8.23	6.38	4.04
	锚杆提供的支护力（kPa）	26.04	26.04	34.72	104.17
	围岩的抗压强度 $[\sigma_{\mathrm{c}}]$（MPa）	16.04	8.44	3.09	0.93
	安全系数 K	1.38	1.02	0.48	0.23

上述计算结果表明，在Ⅱ级和Ⅲ级围岩中，只用锚杆即可满足围岩稳定性控制要求，但在Ⅳ级和Ⅴ级围岩中，必须增加其他支护措施。

5.1.2 预应力锚索设计

对于大跨度隧道，预应力锚杆的作用是在隧道周边形成"承载拱"，承担围岩荷载，但在隧道开挖过程中，"承载拱"封闭之前，"承载拱"并不能承担荷载，尤其是Ⅳ级、Ⅴ级围岩中，岩体破碎、岩质软、抗压强度低，新开挖的临空面周边围岩的抗压强度不足以提供"承载拱"的拱轴力，此时，围岩的稳定需要依靠预应力锚索提供拉力。

预应力锚索的作用主要体现在 3 个方面：

（1）吊装作用。隧道开挖过程中，"承载拱"封闭成环之前，为"承载拱"各个分块提供拉力，保持各个分块的稳定。类似于盾构隧道管片安装过程中，对管片进行吊装，如图 5-4 所示。

（2）减跨作用。锚索锚固力可以理解为一个支座反力，一系列的锚索可以看作一系列的支座，将大跨度隧道的受力体系转化为多支座连续梁，如图 5-5 所示。

（3）围压作用。锚索的预应力作用在洞壁上，增大了"承载拱"的围压，从而提高"承载拱"内围岩的抗压强度，提高了安全系数。

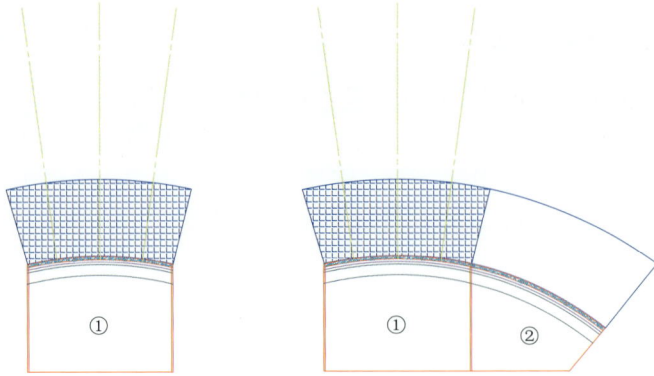

图 5-4 锚索的吊装作用

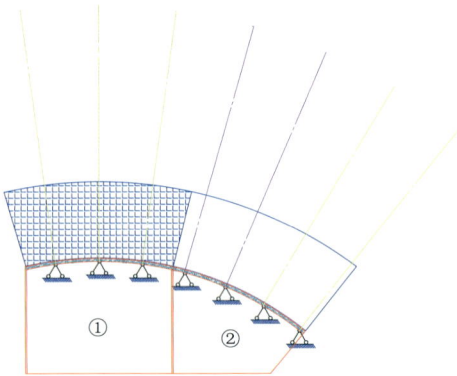

图 5-5 锚索的减跨作用

锚索的自由端长度需大于围岩塑性区范围，围岩塑性区范围可采用数值模拟计算得到。

锚索的锚固力可采用三铰拱受力模型计算得到，即：

$$[\sigma_c] = P_a \cdot \tan^2\left(45° + \frac{\varphi}{2}\right) + 2C \cdot \tan\left(45° + \frac{\varphi}{2}\right)$$

$$(5-13)$$

式中：P_a 为预应力锚索支护力（kPa）。

八达岭地下车站大跨段隧道预应力锚索设计参数见表 5-2，预应力锚索拉力设计参数见表 5-3。

八达岭地下车站大跨段隧道预应力锚索支护参数表　　表 5-2

围岩级别		II	III	IV	V
预应力锚索（1000kN 为 7～15.2mm，700kN 为 5～15.2mm）	锚固段长度(m)	—	5	5	5
	总长度(m)	—	15	20	25
	间距(环向×纵向)/(m×m)	—	局部	3.6×3.2	2.4×2.4
	设置部位	—	局部	拱墙	拱墙

八达岭地下车站大跨段隧道预应力锚索拉力设计参数　　表 5-3

锚索拉力设计	5 芯锚索	7 芯锚索	说　明
设计基准值(kN)	300	400	根据围岩稳定性控制的要求，锚索需要提供的最小拉力小于本值时，需要补打锚索或者采取其他替代措施。锚索监测允许的最小值
设计张拉值(kN)	490	700	锚索张拉施工时的锁定值
设计拉力值(kN)	700	1000	隧道全部开挖完成后，围岩变形稳定时锚索拉力的预计目标值，根据围岩变形量、锚索受力特点确定。锚索检测时，检测标准取本值的 1.2 倍
设计极限值(kN)	1040	1450	锚索设计采用的锚索极限拉力值，取值为锚索抗拔力的 80%。锚索监测允许的最大值
锚索抗拔强度(kN)	1302	1822	锚索能提供的最大拉力值，取钢绞线与注浆体之间的握裹力、注浆体与围岩之间的黏聚力、钢绞线抗拉强度三者的最小值

注：1. 锚索检测时，检测标准取锚索拉力设计目标值的 1.2 倍；
　　2. 锚索监测时，锚索拉力实测值应大于设计基准值，小于设计极限值。

5.1.3 喷射混凝土设计

喷射混凝土的作用主要包括：（1）保护表层围岩，尤其是锚杆拉力形成的"承载拱"内侧围岩的稳定；（2）提高围压，增大围岩的抗压强度，形成承载板，使锚索的预应力作用在洞壁喷射混凝土上，增大"承载拱"厚度。

假设锚杆的环向、纵向间距分别为 s_1 和 s_2，锚杆头部压力呈 45°向围岩内扩散，则"承载拱"内侧表层围岩的厚度约为锚杆间距的一半，即：

$$d_t = 0.5 \cdot \max(s_1, s_2) \tag{5-14}$$

喷射混凝土提供的支护力为：

$$P_s \geqslant \rho g d_t \tag{5-15}$$

式中：P_s 为喷射混凝土支护力（kPa）；ρ 为围岩密度（kg/m^3）。

喷射混凝土厚度为：

$$d_s = \frac{s_1 s_2 \rho g d_t}{2(s_1 + s_2)\sigma_t} \tag{5-16}$$

式中：d_s 为喷射混凝土厚度（m）；σ_t 为喷射混凝土抗剪强度（MPa）。

对于大跨段隧道，锚杆间距最大为 2.4m×1.6m，喷射混凝土 C30 的抗剪强度为 2.1MPa，计算得喷射混凝土最小厚度为 6.7mm。大跨段隧道喷射混凝土设计参数见表 5-4。

八达岭地下车站大跨段隧道喷射混凝土设计参数 表 5-4

围岩级别		Ⅱ	Ⅲ	Ⅳ	Ⅴ
喷射 C30 钢纤维混凝土	部位	拱墙			
	厚度(cm)	15	35	35	35
喷射 C30 混凝土	部位	仰拱			
	厚度(cm)	10	10	25	25

5.1.4 超前注浆设计

对于稳定性较差的 Ⅴ 级，如大跨段隧道 F2 断层，断层带内围岩呈泥质，抗压强度很小，仅采用预应力锚杆、喷射混凝土等支护形式提供的围压，仍不能满足"承载拱"要求，必须采用注浆等超前支护对"承载拱"内围岩进行改良，提高围岩的黏聚力和内摩擦角。假设注浆后围岩的黏聚力和内摩擦角分别为 c_g 和 φ_g，则"承载拱"内围岩的抗压强度为：

$$[\sigma_c] = \sigma_3 \cdot \tan^2\left(45° + \frac{\varphi_g}{2}\right) + 2c_g \cdot \tan\left(45° + \frac{\varphi_g}{2}\right) \tag{5-17}$$

式中：σ_3 为预应力锚杆、预应力锚索、喷射混凝土作用下的围压强度（kPa）。

采取注浆后的安全系数为：

$$K_{边墙} = \frac{d_b \cdot \sigma_3 \cdot \tan^2\left(45° + \frac{\varphi_g}{2}\right) + 2c_g \cdot \tan\left(45° + \frac{\varphi_g}{2}\right)}{\sqrt{\left(\frac{qL^2}{8H} - \frac{kqH}{2}\right)^2 + \left(\frac{qL}{2}\right)^2}} \tag{5-18}$$

$$K_{拱顶}=\frac{8d_b H \cdot \sigma_3 \cdot \tan^2\left(45°+\frac{\varphi_g}{2}\right)+2c_g \cdot \tan\left(45°+\frac{\varphi_g}{2}\right)}{4kqH^2+qL^2} \tag{5-19}$$

5.1.5 预应力锚杆、预应力锚索和喷射混凝土共同作用

在预应力锚杆、预应力锚索和喷射混凝土共同作用下，围压强度公式为：

$$\sigma_3=P_b+P_a+P_s \tag{5-20}$$

式中：P_b 为预应力锚杆支护力（kPa）；P_a 为预应力锚索支护力（kPa）；P_s 为喷射混凝土支护力（kPa）。

"承载拱"内岩体的抗压强度为：

$$[\sigma_c]=(P_b+P_a+P_s) \cdot \tan^2\left(45°+\frac{\varphi_g}{2}\right)+2c_g \cdot \tan\left(45°+\frac{\varphi_g}{2}\right) \tag{5-21}$$

预应力锚杆、预应力锚索和喷射混凝土共同作用下的安全系数为：

$$K_{边墙}=\frac{d_b \cdot (P_b+P_a+P_s) \cdot \tan^2\left(45°+\frac{\varphi_g}{2}\right)+2c_g \cdot \tan\left(45°+\frac{\varphi_g}{2}\right)}{\sqrt{\left(\frac{qL^2}{8H}-\frac{kqH}{2}\right)^2+\left(\frac{qL}{2}\right)^2}} \tag{5-22}$$

$$K_{拱顶}=\frac{8d_b H \cdot (P_b+P_a+P_s) \cdot \tan^2\left(45°+\frac{\varphi_g}{2}\right)+2c_g \cdot \tan\left(45°+\frac{\varphi_g}{2}\right)}{4kqH^2+qL^2} \tag{5-23}$$

式中：$K_{拱顶}$ 为拱顶安全系数；$K_{边墙}$ 为边墙安全系数；c_g 为中硬岩或软岩注浆改良后的黏聚力（kPa）；φ_g 为中硬岩或软岩注浆改良后的内摩擦角（°）；H 为隧道开挖高度（m）；L 为隧道开挖宽度（跨度）（m）；q 为竖向荷载（kPa）；k 为侧压力系数。

考虑到预应力锚索可能会发生锚固力衰减，分别按设计值的 100%、80%、60% 进行安全系数验算，计算结果见表 5-5～表 5-7。

预应力锚杆、预应力锚索和喷射混凝土共同作用下围岩"承载拱"安全系数

（锚索预应力为设计值的 100%）　　　　　　　　　　　　　　　　表 5-5

围岩级别	Ⅱ	Ⅲ	Ⅳ	Ⅴ
预应力锚杆支护力（kPa）	26.04	26.04	34.72	104.17
预应力锚索支护力（kPa）	0	0	115.74	173.61
喷射混凝土支护力（kPa）	137.61	321.1	321.1	321.1
围压合力（kPa）	163.65	347.14	471.56	598.88
围岩内摩擦角（°）	60	50	42	27
黏聚力（MPa）	2.2	1.6	0.9	0.9
围岩强度（MPa）	18.70	11.41	6.42	4.53
拱顶应力（MPa）	4.91	3.87	3.19	2.39
边墙应力（MPa）	7.59	5.99	4.94	3.7
安全系数	2.46	1.91	1.30	1.22

预应力锚杆、预应力锚索和喷射混凝土共同作用下围岩"承载拱"安全系数

（锚索预应力为设计值的80%）　　　　　表5-6

围岩级别	II	III	IV	V
预应力锚杆支护力（kPa）	26.04	26.04	34.72	104.17
预应力锚索支护力（kPa）	0	0	92.592	138.888
喷射混凝土支护力（kPa）	137.61	321.1	321.1	321.1
围压合力（kPa）	163.65	347.14	448.412	564.158
围岩内摩擦角（°）	60	50	42	27
黏聚力（MPa）	2.2	1.6	0.9	0.9
围岩强度（MPa）	18.70	11.41	6.30	4.44
拱顶应力（MPa）	4.91	3.87	3.19	2.39
边墙应力（MPa）	7.59	5.99	4.94	3.7
安全系数	2.46	1.91	1.28	1.20

预应力锚杆、预应力锚索和喷射混凝土共同作用下围岩"承载拱"安全系数

（锚索预应力为设计值的60%）　　　　　表5-7

围岩级别	II	III	IV	V
预应力锚杆支护力（kPa）	26.04	26.04	34.72	104.17
预应力锚索支护力（kPa）	0	0	69.44	104.17
喷射混凝土支护力（kPa）	137.61	321.1	321.1	321.1
围压合力（kPa）	163.65	347.14	425.26	529.44
围岩内摩擦角（°）	60	50	42	27
黏聚力（MPa）	2.2	1.6	0.9	0.9
围岩强度（MPa）	18.70	11.41	6.19	4.35
拱顶应力（MPa）	4.91	3.87	3.19	2.39
边墙应力（MPa）	7.59	5.99	4.94	3.7
安全系数	2.46	1.91	1.25	1.17

重点针对V级围岩，考虑后期预应力锚索长期使用后的应力衰减，对支护结构安全系数进行验算，计算结果见表5-8。

锚索预应力衰减时大跨隧道V级围岩段初期支护结构安全系数　　　表5-8

锚索预应力（kN）	安全系数	锚索预应力（kN）	安全系数
1000	1.22	400	1.15
900	1.21	300	1.14
800	1.20	200	1.12
700	1.19	100	1.11
600	1.17	0	1.10
500	1.16		

根据结算结果，取安全系数 1.15 作为临界值，即锚索预应力衰减至 400kN 时，初期支护结构的安全系数为 1.15，此时锚索预应力 400kN 为锚索检测的最小预应力。因此，在实际施工中，当锚索预应力小于 400kN 时，需要采取其他工程措施，弥补锚索预应力的损失。当锚索预应力大于 400kN 时，可认为锚索结构有效，不予考虑增加其他工程措施。锚索预应力设计参数见表 5-9。

锚索预应力设计参数 表 5-9

锚索预应力	预应力值（kN）	安全系数
最低值	400	1.15
张拉锁定值	700	1.19
设计值	1000	1.22

5.1.6 二次衬砌设计

1. 设计原则

（1）施工期间围岩荷载全部由预应力锚杆、预应力锚索、喷射混凝土及超前预支护及围岩共同组成的"承载拱"承担，二次衬砌仅作为安全储备。

（2）运营期间按设计使用年限 300 年考虑，此时不再考虑锚杆和锚索的预应力，也不考虑二次衬砌中钢筋的受力，二次衬砌按素混凝土结构计算受力。

2. 设计方法

根据二次衬砌设计原则，不考虑锚杆、锚索的预应力，围岩"承载拱"围压为：

$$\sigma_3 = P_s + P_c \tag{5-24}$$

式中：P_s 为喷射混凝土支护力（kPa）；P_c 为二次衬砌支护力（kPa）。

"承载拱"内岩体的抗压强度为：

$$[\sigma_c] = (P_s + P_c) \cdot \tan^2\left(45° + \frac{\varphi_g}{2}\right) + 2c_g \cdot \tan\left(45° + \frac{\varphi_g}{2}\right) \tag{5-25}$$

喷射混凝土和二次衬砌共同作用下的安全系数为：

$$K_{边墙} = \frac{d_b \cdot (P_s + P_c) \cdot \tan^2\left(45° + \frac{\varphi_g}{2}\right) + 2c_g \cdot \tan\left(45° + \frac{\varphi_g}{2}\right)}{\sqrt{\left(\frac{qL^2}{8H} - \frac{kqH}{2}\right)^2 + \left(\frac{qL}{2}\right)^2}} \tag{5-26}$$

$$K_{拱顶} = \frac{8d_b H \cdot (P_s + P_c) \cdot \tan^2\left(45° + \frac{\varphi_g}{2}\right) + 2c_g \cdot \tan\left(45° + \frac{\varphi_g}{2}\right)}{4kqH^2 + qL^2} \tag{5-27}$$

当二次衬砌拱墙采用厚度为 60cm 的 C35 混凝土时，根据荷载结构模型可计算出二次衬砌能提供的最大支护力为 612.84kPa。

根据以上公式，可计算得到二次衬砌施工前后支护结构的安全系数，见表 5-10、表 5-11。当考虑锚杆、锚索的耐久性，假设锚杆、锚索的预应力全部失效，支护结构的安全系数见表 5-12。

二次衬砌施工前围岩"承载拱"的安全系数　　　　　　　　表 5-10

围岩级别	II	III	IV	V
喷射混凝土支护力(kPa)	137.61	321.1	321.1	321.1
预应力锚杆支护力(kPa)	26.04	26.04	34.72	104.17
预应力锚索支护力(kPa)	0	0	115.74	173.61
二次衬砌支护力(kPa)	0	0	0	0
支护力合计(kPa)	163.65	347.14	471.56	598.88
围岩内摩擦角(°)	60	50	42	27
围岩黏聚力(MPa)	2.2	1.6	0.9	0.9
围岩抗压强度(MPa)	18.70	11.41	6.42	4.53
拱顶拱轴力(MPa)	4.91	3.87	3.19	2.39
边墙拱轴力(MPa)	7.59	5.99	4.94	3.7
安全系数	2.46	1.91	1.30	1.22

二次衬砌施工后围岩"承载拱"的安全系数　　　　　　　　表 5-11

围岩级别	II	III	IV	V
喷射混凝土支护力(kPa)	137.61	321.1	321.1	321.1
预应力锚杆支护力(kPa)	26.04	26.04	34.72	104.17
预应力锚索支护力(kPa)	0	0	115.74	173.61
二次衬砌支护力(kPa)	612.84	612.84	612.84	612.84
支护力合计(kPa)	776.49	959.98	1084.40	1211.72
围岩内摩擦角(°)	60	50	42	27
围岩黏聚力(MPa)	2.2	1.6	0.9	0.9
围岩抗压强度(MPa)	27.24	16.04	9.51	6.16
拱顶拱轴力(MPa)	4.91	3.87	3.19	2.39
边墙拱轴力(MPa)	7.59	5.99	4.94	3.7
安全系数	3.59	2.68	1.93	1.67

预应力锚杆和预应力锚索失效时围岩"承载拱"的安全系数　　　表 5-12

围岩级别	II	III	IV	V
喷射混凝土支护力(kPa)	137.61	321.1	321.1	321.1
预应力锚杆支护力(kPa)	0	0	0	0
预应力锚索支护力(kPa)	0	0	0	0
二次衬砌支护力(kPa)	612.84	612.84	612.84	612.84
支护力合计(kPa)	750.45	933.94	933.94	933.94
围岩内摩擦角(°)	60	50	42	27
围岩黏聚力(MPa)	2.2	1.6	0.9	0.9
围岩抗压强度(MPa)	26.87	15.84	8.75	5.42
拱顶拱轴力(MPa)	4.91	3.87	3.19	2.39
边墙拱轴力(MPa)	7.59	5.99	4.94	3.7
安全系数	3.54	2.64	1.77	1.47

5-6 所示的模型。模型尺寸及格栅钢架和型钢钢架参照设计图纸进行选取，尺寸为 120m×120m×0.25m，在顶部和左右边界施加均布荷载。初期支护模型厚 35cm，C30 钢纤维混凝土浇筑，弹性模量 E_s 取 31.5GPa，泊松比取 0.2，不考虑自重，采用 C3D8R 实体单元模拟。格栅钢架混凝土受力主筋的混凝土保护层厚度为 50mm，钢筋采用 T3D2 实体单元；型钢钢架混凝土受力型钢的混凝土保护层厚度同样为 50mm，钢架采用 S4R 壳单元。Ⅴ级围岩弹性模量 E_s 取 1.0GPa，泊松比取 0.35，采用线弹性模拟。初期支护与围岩的接触采用面-面接触形式。

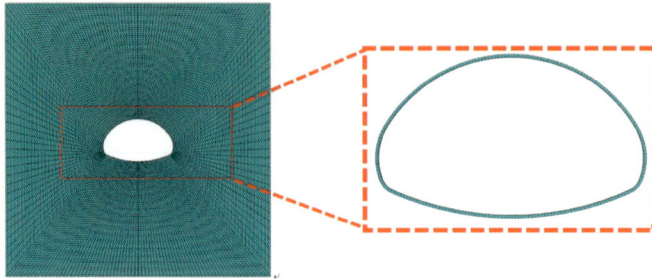

图 5-6　地层-结构模型图

采用有限元软件 ABAQUS 建立素混凝土、格栅钢架混凝土和型钢钢架混凝土结构分析模型，荷载分为 100 个子步进行计算。对模型上部和两侧施加均布压力，模拟围岩荷载，使初期支护结构达到极限受力状态。分析初期支护结构的承载能力极限状态，比较素混凝土、格栅钢架混凝土和型钢钢架混凝土初期支护数值模拟计算结果，以等效塑性应变（PEEQ）和损伤程度发展过程表征初期支护结构破坏过程，进而发现结构薄弱环节。图 5-7 是三种工况的支护特征曲线，表示拱顶围岩-初期支护相互作用产生的径向接触压力和拱顶位移（向下为正值）之间的关系，而表 5-16 则展示了三种工况的破坏过程，观察可知三种工况的破坏走势基本一致。

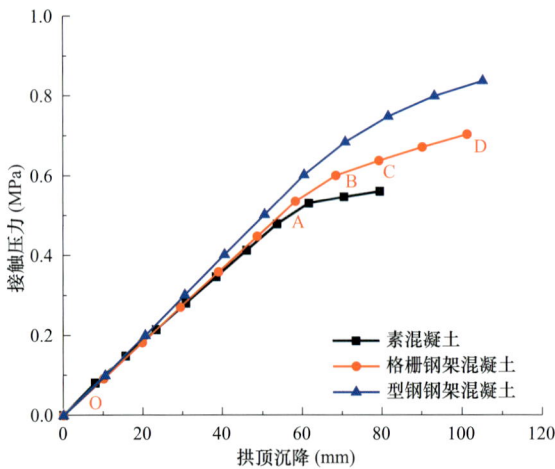

图 5-7　三种工况支护特征曲线

选取格栅钢架混凝土结构作为分析对象，由图 5-7 可知，加载至屈服以前，结构行为保持为弹性阶段，继续加载，加载到 A 点，混凝土结构在拱腰开始产生塑性应变，然后继续加载，塑性区先后向拱顶和拱脚进一步发展并且蔓延，塑性应变数值不断增大。钢筋在 B 点发生屈服，随着加载的继续，塑性区域继续发展，结构仍保持稳定的状态。当加载到最大荷载 D 点时，结构破坏，达到极限承载状态。

由表 5-16 可以得到如下结论：

三种工况破坏演化过程　　　　　　　　　　　　表 5-16

	素混凝土结构破坏 演化（PEEQ）	格栅钢架混凝土结构 破坏演化（PEEQ）	型钢钢架混凝土结构 破坏演化（PEEQ）
弹性阶段			
混凝土出 现塑性区			
塑性区向 拱顶发展			
塑性区拱 脚发展			
最终破坏			

（1）当荷载达到 1.03MPa 时，混凝土结构开始发生屈服，继续加载，塑性区继续发展，直到结构发生破坏，素混凝土结构的极限承载力为 1.43MPa，且素混凝土结构是由于混凝土的破坏而破坏。素混凝土结构发生破坏时，拱腰损伤程度达 30%，拱顶和拱脚附近的混凝土损伤程度在 10%左右，拱底并未发生损伤破坏。

（2）当荷载达到 1.135MPa 时，混凝土结构开始发生屈服，荷载达到 1.244MPa 时，纵筋开始发生屈服，达到 1.83MPa 时，格栅钢架混凝土结构发生破坏。但纵筋并没有破坏，所以格栅钢架混凝土结构是由于混凝土的破坏而破坏。格栅钢架混凝土结构发生破坏

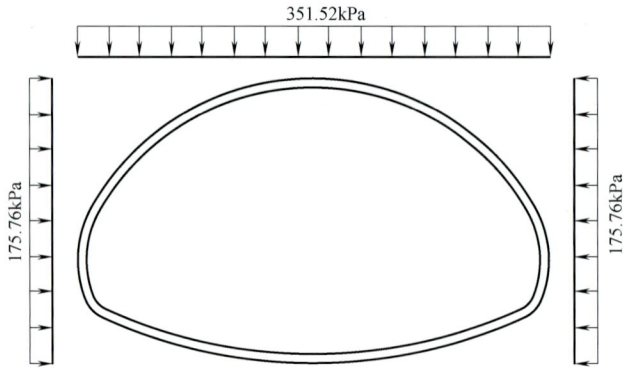

图 5-9　新八达岭隧道大跨过渡段二次衬砌计算荷载分布图

量取 31.5GPa，泊松比取 0.2，围岩的弹性反力系数根据规范取 $K=150$MPa/m。针对前面所提到的是否可以减小超大跨隧道的衬砌厚度，探究厚度对超大跨隧道衬砌结构受力的影响，本节依据《铁路隧道设计规范》TB 10003—2016，选取 0.4m、0.6m、0.8m、1.0m 四个厚度值进行受力分析。整个模型划分为 100 个单元，单元序号从拱顶开始顺时针排序，计算模型如图 5-10 所示。

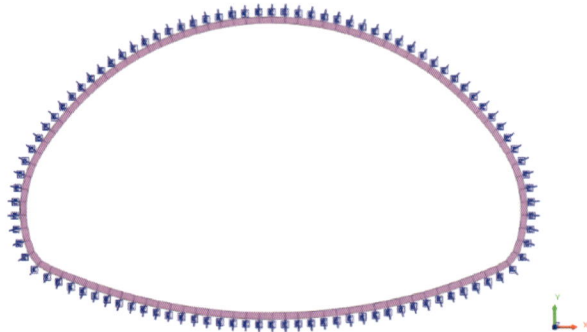

图 5-10　计算模型单元

通过 MIDAS-GTS 计算，得到规范荷载下四种厚度的二次衬砌轴力和弯矩情况，如图 5-11 所示。

通过对比四种厚度的素混凝土弯矩图和轴力图可知，四种素混凝土衬砌所受的最大正、负弯矩出现的位置基本一致，都发生在两侧拱脚处，同时拱顶也出现了较大的正弯矩。对比四种情况下的弯矩图，随着厚度的增加，两侧拱肩处慢慢也出现了较大的负弯矩，当厚度达到 1.0m 时，拱肩处出现大范围的负弯矩值。由此可见，对于超大跨隧道素混凝土衬砌结构而言，厚度的增加会使结构整体的弯矩增加，尤其是拱肩弯矩的变化最明显，这显然与正常双线隧道结构拱顶弯矩最大不同，因此对于超大跨隧道需要对拱肩处加强注意。

另外，素混凝土衬砌结构受到的轴力均为压力，且由拱顶向拱底逐渐增大。对比四种情况下的轴力图可以发现，厚度的增加对于轴力的影响很小。

3. 素混凝土结构安全系数分析

衬砌混凝土偏心受压构件按破损阶段进行强度验算。根据材料的极限强度，计算出偏

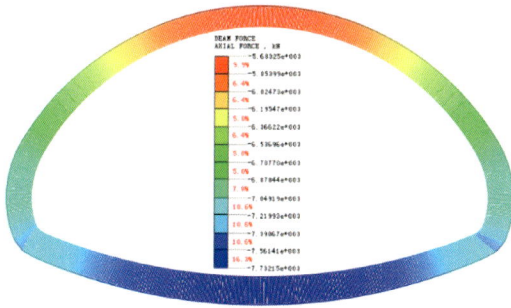

(a) 0.4m厚轴力(kN)

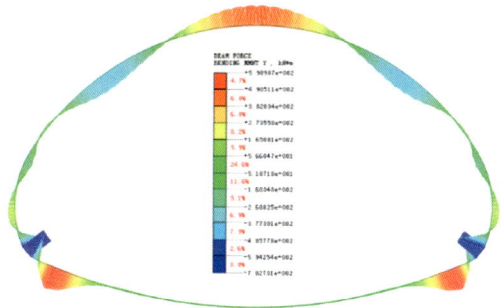

(b) 0.4m厚弯矩(kN·m)

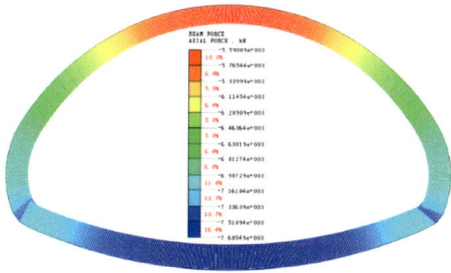

(c) 0.6m厚轴力(kN)

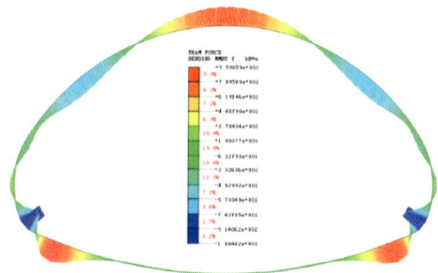

(d) 0.6m厚弯矩(kN·m)

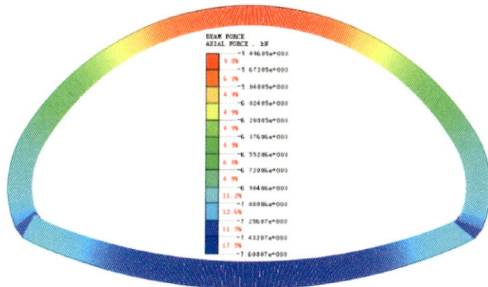

(e) 0.8m厚轴力(kN)

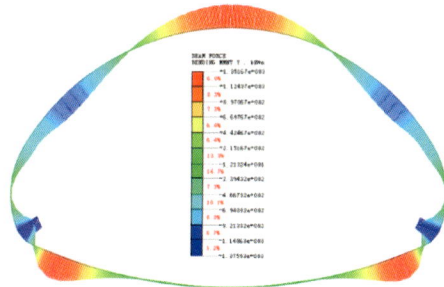

(f) 0.8m厚弯矩(kN·m)

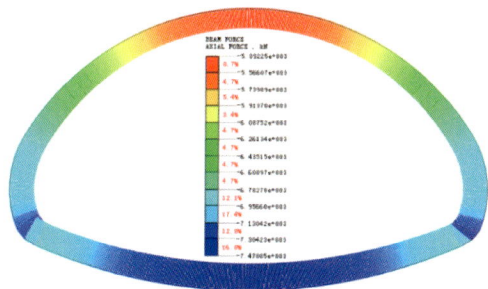

(g) 1.0m厚轴力(kN)

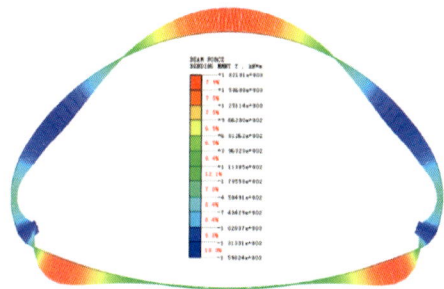

(h) 1.0m厚弯矩(kN·m)

图 5-11　四种厚度素混凝土衬砌结构内力图

心受压构件的极限承载力 N，与实际内力相比较，得出截面的抗压（或抗拉）强度安全系数，检查其是否满足规范要求（表 5-20、表 5-21）。

混凝土和砌体结构的强度安全系数 表 5-20

材料种类		混凝土		砌体	
荷载组合		主要荷载	主要附加荷载	主要荷载	主要附加荷载
破坏原因	混凝土或砌体达到抗压极限强度	2.4	2.0	2.7	2.3
	混凝土达到抗拉极限强度	3.6	3.0	—	—

钢筋混凝土结构的强度安全系数 表 5-21

荷载组合		主要荷载	主要附加荷载
破坏原因	钢筋达到计算强度或混凝土达到抗压或抗剪极限强度	2.0	1.7
	混凝土达到抗拉极限强度	2.4	2.0

根据《铁路隧道设计规范》TB 10003—2016 中关于素混凝土衬砌结构各个截面安全系数的计算方法，对规范荷载条件下超大跨隧道二次衬砌的安全性进行分析。

（1）当偏心距 $e_0 = M/N \leqslant 0.20h$ 时，系抗压强度控制承载能力，按下式计算：

$$KN \leqslant \varphi \alpha R_0 bh \tag{5-30}$$

式中：R_0 为混凝土或砌体的抗压极限强度（MPa）；K 为混凝土结构强度安全系数；N 为轴向力（MN）；b 为截面宽度（m）；h 为截面厚度（m）；φ 为构件的纵向弯曲系数：对于隧道衬砌、明洞拱圈及墙背紧密回填的边墙，可取 1.0；α 为轴向力的偏心影响系数，取：

$$\alpha = 1 + 0.648(e_0/h) - 12.569(e_0/h)^2 + 15.444(e_0/h)^3 \tag{5-31}$$

（2）当偏心距 $e_0 = M/N \leqslant 0.20h$ 时，从抗裂要求出发，混凝土矩形截面偏心受压构件的抗拉强度应按下式计算：

$$KN \leqslant \varphi \frac{1.75 R_l bh}{6e_0/h - 1} \tag{5-32}$$

式中：R_l 为混凝土的抗拉极限强度（MPa）；e_0 为截面偏心距（m）。

根据图 5-11 得到的轴力和弯矩，可以分别计算出衬砌各单元的安全系数。通过统计分析可以得到四种厚度情况下超大跨隧道二次衬砌结构安全系数分布直方图，如图 5-12 所示。

由图 5-12 可知，在规范荷载作用下，随着素混凝土衬砌结构厚度的增加，安全系数的最小值越来越小，而安全系数的最大值越来越大，当二次衬砌厚度由 0.4m 增加到 1.0m 时，安全系数最小值由 0.783 减小为 0.52，最大安全系数由 1.786 增加到 4.534，而平均安全系数由 1.447 增加到 2.79，可见厚度的增加使衬砌结构整体安全系数提高了，而局部截面将会变得更加危险。由安全系数频率直方图可知，0.4m 和 0.6m 的分布比较相似，而 0.8m 和 1.0m 的分布比较相似，但是厚度越大，安全系数的分布范围越广，离散性较大。

由图 5-13 和图 5-14 可知，衬砌厚度为 0.4m 时，整个结构的安全系数都不满足要求；衬砌厚度为 0.6m 时，只有在衬砌结构的两侧拱肩处局部截面满足安全要求；厚度继续增加，安全区域变广，但是当厚度由 0.8m 增加到 1.0m 时，危险区的位置大概一致，区域

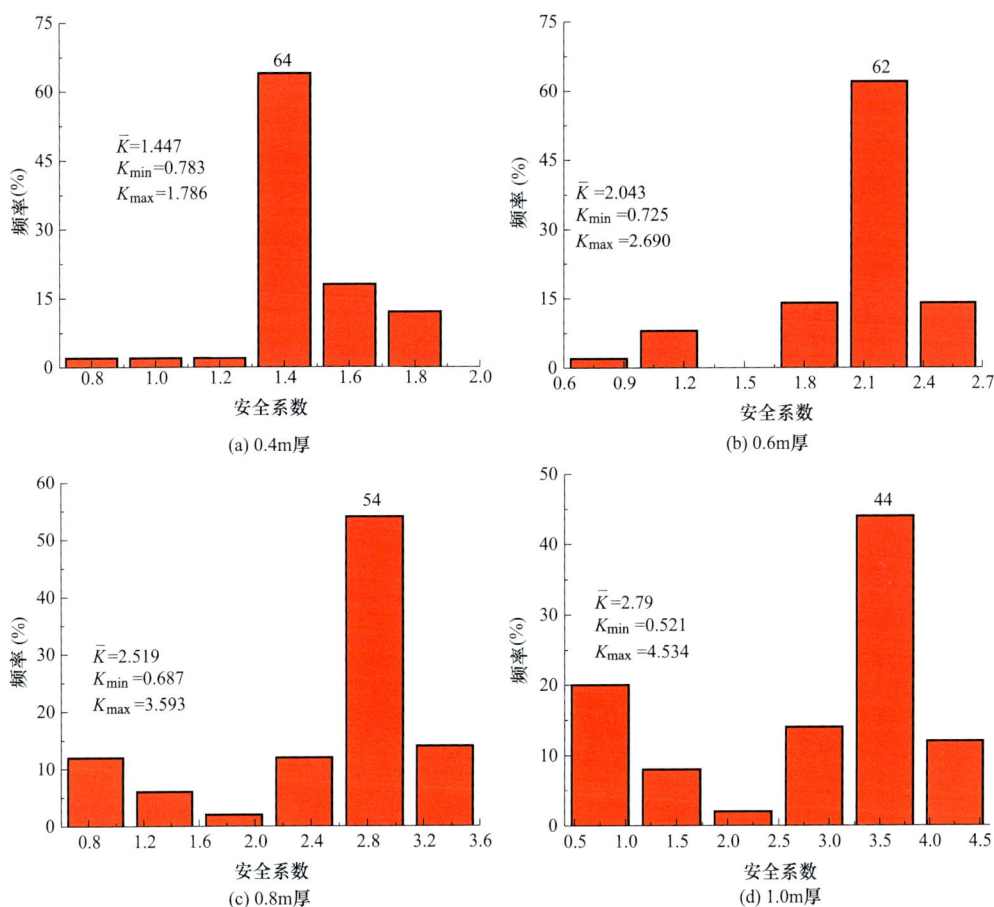

图 5-12　四种厚度情况下的安全系数频率直方图

范围会变小。随着厚度的增加，结构整体的安全系数也随之增加，但是安全系数分布越来越不均匀，出现较大差异，其中拱顶、拱肩和拱脚安全系数最小。而当厚度增加到 1.0m 时，拱肩的安全系数相较于其他三种情况变小，其他处安全系数增加，各处的差异性达到最大。

总之，对于素混凝土衬砌结构而言，厚度的增加可以提高安全系数，但是由于跨度过大，导致当厚度达到 1.0m 时，拱肩的安全系数急剧减小，因此并不能一味地增加衬砌结构的厚度。根据《铁路隧道设计规范》TB 10003—2016 的安全系数标准，当大偏心时，由抗拉强度控制安全系数，素混凝土衬砌结构的安全系数必须大于 3.6；而小偏心时，由抗压强度控制安全系数，素混凝土衬砌结构的安全系数必须大于 2.1。四种厚度的衬砌结构都不满足安全标准，因此，对于新八达岭隧道大跨过渡段的衬砌结构不能采用素混凝土，必须进行配筋。

4. 钢筋混凝土安全系数分析

由于素混凝土衬砌结构并不能满足安全要求，所以针对上一节提到的四种厚度的二次衬砌结构，按照《铁路隧道设计规范》TB 10003—2016 中有关衬砌配筋的方法进行计算，并验证安全系数。

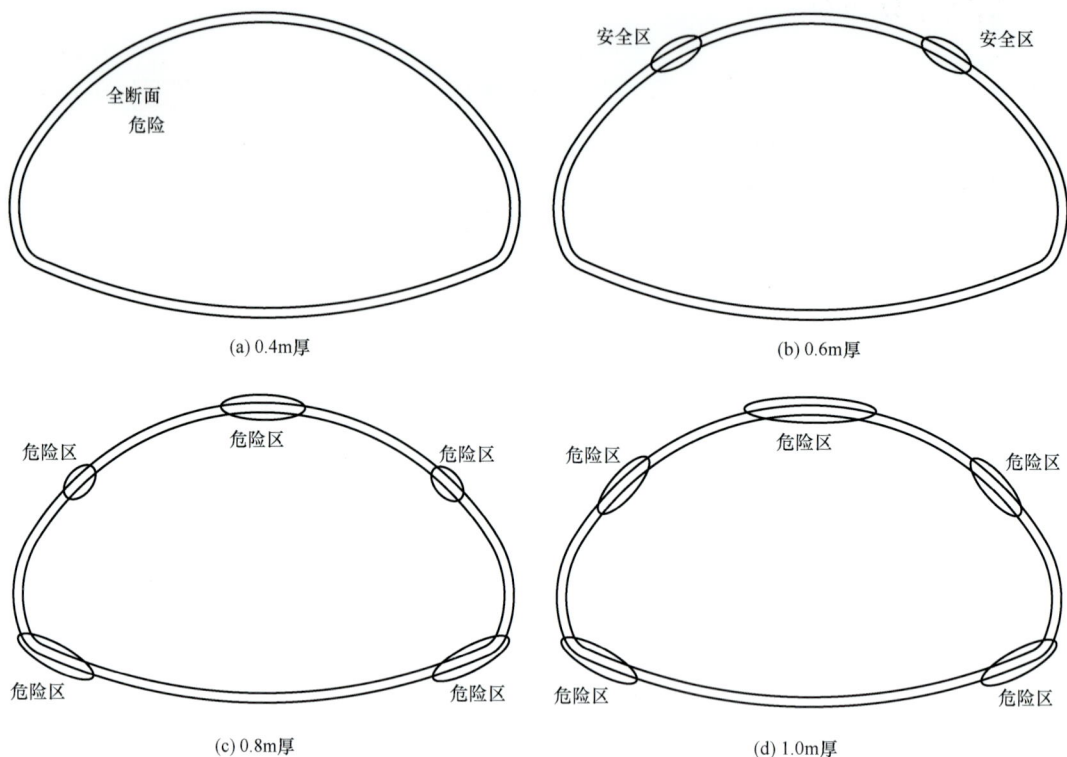

(a) 0.4m厚

(b) 0.6m厚

(c) 0.8m厚

(d) 1.0m厚

图 5-13　四种厚度情况下二次衬砌结构危险区

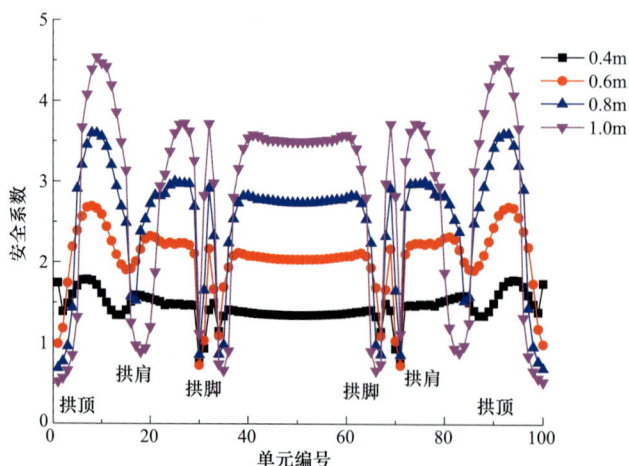

图 5-14　素混凝土结构各截面安全系数图

从安全角度考虑，在对衬砌进行状态评价时，应选取最危险断面进行分析。按照实际配筋，计算其所能承受的最大内力，即内力设计值。对于衬砌结构按照偏心受压构件处理，可分为大偏心受压破坏和小偏心受压破坏两种情况，按偏心受压对称配筋计算，根据《铁路隧道设计规范》TB 10003—2016 中关于钢筋混凝土衬砌结构各个截面安全系数的计算方法，其具体计算步骤为：

（1）界限情况下受压承载力设计值的计算

截面的有效高度为：

$$h_0 = h - a_s \tag{5-33}$$

式中：h_0 为截面的有效高度（mm）；h 为截面的高度（mm）；a_s 为受拉钢筋合力作用点到截面受拉边缘的距离（mm）。

衬砌所能承受的最大轴力为：

$$N_b = \alpha_1 f_c b x_b = \alpha_1 f_c b \xi_b h_0 \tag{5-34}$$

式中：N_b 为轴力设计值（kN）；α_1 为受压区混凝土矩形应力图的应力值与混凝土轴心抗压强度的比值；f_c 为混凝土轴心抗压强度（N/mm²）；b 为截面的宽度（mm）；ξ_b 为相对界限受压区高度；x_b 为界限受压区高度（mm），$x_b = \xi_b h_0$。

若 $N \leqslant N_b$，则为大偏心受压；若 $N \geqslant N_b$，则为小偏心受压。其中，N 为通过有限元计算得到的衬砌的轴力，kN。

（2）当判断为大偏心受压情况时

根据截面应力分布图（图 5-15），可以得到大偏心受压情况的基本方程为：

$$N = \alpha_1 f_c b x + f'_y A'_s - f_y A_s \tag{5-35}$$

$$Ne \leqslant \alpha_1 f_c b x \left(h_0 - \frac{x}{2}\right) + f'_y A'_s (h_0 - a'_s) \tag{5-36}$$

式中：x 为受压区计算高度（mm），当 $x > h$，取 $x = h$；e 为轴心力作用点至受拉钢筋 A_s 合力点之间的距离（mm）；f_y 为受拉区纵向钢筋的抗压强度设计值（N/mm²）；f'_y 为受压区纵向钢筋的抗压强度设计值（N/mm²）；A_s 为受拉钢筋的截面面积（mm²）；A'_s 为受压钢筋的截面面积（mm²）；a'_s 为受压钢筋合力作用点到截面受拉边缘的距离（mm）。

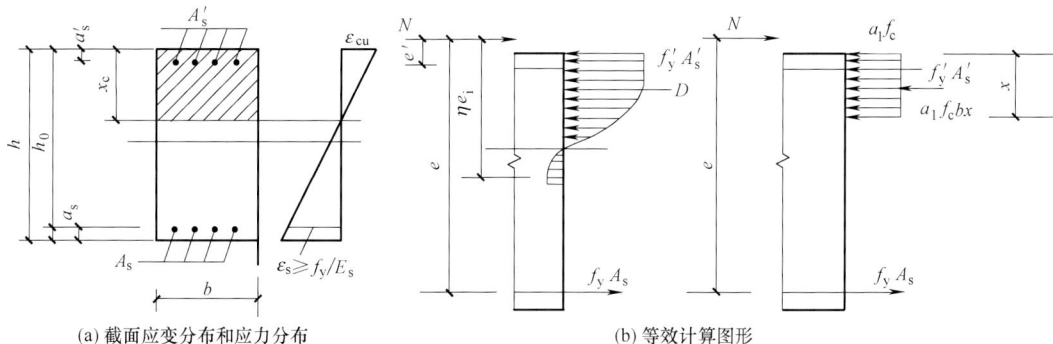

(a) 截面应变分布和应力分布　　(b) 等效计算图形

图 5-15　大偏心受压破坏的截面计算图

因采用对称配筋，所以由式（5-36），得：

$$x = \frac{N}{\alpha_1 f_c b x} \tag{5-37}$$

由式（5-37），得：

$$e = \frac{\alpha_1 f_c b x \left(h_0 - \frac{x}{2}\right) + f'_y A'_s (h_0 - a'_s)}{N} \tag{5-38}$$

轴心力作用点至受拉钢筋 A_s 合力点之间的距离 e 可表示为：

$$e = \eta e_i + \frac{h}{2} - a_s \tag{5-39}$$

式中：e_i 为初始偏心距；η 为偏心距增大系数。

偏心距增大系数为：

$$\eta = 1 + \frac{1}{1400 e_i/h_0} \left(\frac{l_0}{h}\right)^2 \xi_1 \xi_2 \tag{5-40}$$

$$\xi_1 = \frac{0.5 f_c A}{N} \tag{5-41}$$

$$\xi_2 = 1.15 - 0.01 \frac{l_0}{h} \tag{5-42}$$

式中：l_0 为构件的计算长度（mm）；ξ_1 为偏心受压构件的截面曲率修正系数，当 $\xi_1 >$ 1.0 时，取 $\xi_1 = 1.0$；ξ_2 为构件长细比对截面曲率的影响系数，当 $l_0/h < 15$ 时，取 $\xi_2 = 1.0$。

由式（5-39），可以计算出初始偏心距：

$$e_i = \frac{1}{\eta}\left(e + a_s - \frac{h}{2}\right) \tag{5-43}$$

轴心力对截面重心的偏心距为：

$$e_0 = e_i - e_a \tag{5-44}$$

式中：e_0 为轴向力对截面重心的偏心距（mm）；e_a 为附加偏心距，$e_a = \max\left(\frac{h}{30}, 20\text{mm}\right)$。

衬砌所能承受的最大弯矩为：

$$[M] = Ne_0 \tag{5-45}$$

（3）当判断为小偏心受压情况时

根据截面应力分布图（图 5-16），可以得到小偏心受压情况的基本方程为：

$$N = \alpha_1 f_c b x + f_y' A_s' - f_y A_s \left(\frac{\xi - 0.8}{\xi_b - 0.8}\right) \tag{5-46}$$

$$Ne = \alpha_1 f_c b x \left(h_0 - \frac{x}{2}\right) + f_y' A_s' (h_0 - a_s') \tag{5-47}$$

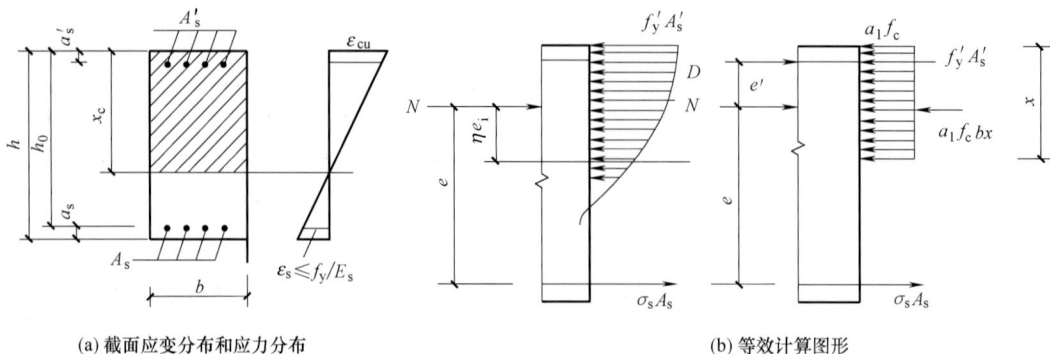

(a) 截面应变分布和应力分布 　　　　　　　　　(b) 等效计算图形

图 5-16　小偏心受压破坏的截面计算图

式中：ξ 为受压区的相对计算高度，$\xi = x / h_0$。

由式（5-46），得到受压区的计算高度

$$x = \frac{(N - f_y A_s)(\xi_b - 0.8) - 0.8 f_y A_s}{\alpha_1 f_c b h_0 (\xi_b - 0.8) - f_y A_s} h_0 \tag{5-48}$$

将式（5-48）代入式（5-47）中，可求得轴心力作用点至受拉钢筋 A_s 合力点之间的距离 e，再根据式（5-39）~式（5-45），即可得到衬砌所能承受的最大弯矩值 $[M]$。

对于小偏心受压构件，还需进行平面外承载力验算，即要求

$$N_b \leqslant N_u = 0.9 \varphi (f_c A + f'_y A''_s) \tag{5-49}$$

式中：N_b 为轴向压力设计值（kN）；φ 为钢筋混凝土构件的稳定系数；f_c 为混凝土的轴心抗压强度设计值（N/mm²）；A 为构件的截面面积（mm²）；A''_s 为全部纵向钢筋的截面面积（mm²）。

通过有限元计算可以得到衬砌结构内力（弯矩、剪力和轴力），按照上述计算方法得到衬砌所能承受的最大内力（弯矩、剪力和轴力），可以得知：当衬砌厚度为 0.4m 时，计算出的配筋率过高，若是按照正常配筋，则整个衬砌结构的各个截面都不能满足安全系数大于等于 2.4 的要求；而当衬砌厚度分别为 0.6m 和 0.8m 时，按照规范计算出的配筋进行安全系数验算，发现除了两侧拱脚处的安全系数不满足要求，其他各处均满足，如图 5-17 所示。根据相关资料可知，加厚拱脚衬砌厚度可以增大安全系数，满足安全要求，这正与设计图纸理念相符，如图 5-18 所示，为了计算方便才对结构进行了形状优化，使拱脚处呈圆弧形。当厚度为 1.0m 时，按照规范求出的配筋则能保证整个结构断面满足安全要求。

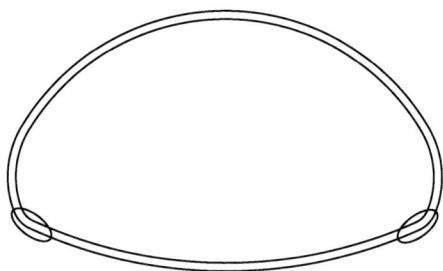

图 5-17　安全系数不满足区域图

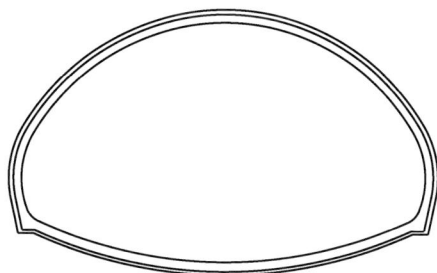

图 5-18　设计原纸

5.4　特大断面隧道施工支护方法

5.4.1　初期支护

初期支护主要是采用 C30 喷射混凝土、间距为 1.2m×0.8m 的 ϕ32 预应力锚杆，间距为 2.4m×2.4m 的预应力锚索，主钢筋中心距为 150mm×160mm 的 ϕ22 格栅钢架，间距为 0.8m。并根据不同的围岩级别，辅以超前小导管、超前大管等超前支护措施，如图 5-19 所示。

（1）锚杆和锚索安装

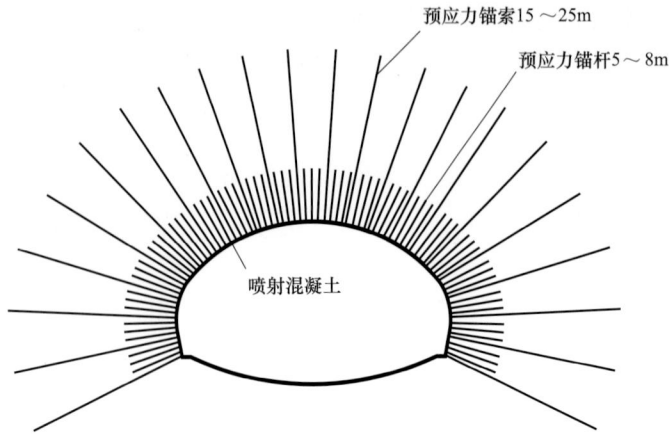

图 5-19　隧道初期支护图

开挖成型后，于拱部及边墙垂直岩面环向打设系统锚杆和锚索。锚杆采用 $\phi 32$ 预应力锚杆，间距 1.2m×0.8m（纵×环），长 10.115m，张拉设计值 100kN。锚索采用 $\phi 15.2$mm 预应力锚索，间距 2.4m×2.4m（纵×环），长 25m，张拉设计值 1000kN。

根据设计图纸要求对锚杆和锚索孔孔位测量放样，定出孔位，并用红油漆标识，然后采用钻机成孔，后将锚杆和锚索安装进孔内至设计深度。在安装完成后，根据原位试验确定的张拉工艺进行锚杆和锚索的张拉。第一次张拉力为设计值的 25%，持荷 5min 后进行第二次张拉，张拉力为设计值的 50%，持荷 5min 后进行第三次张拉，张拉力为设计值的 100%。最后一级张拉力达到设计值后稳压 30min，结束张拉并锁定。每张拉一次均应量测锚杆杆体的伸长值，并做好原始记录。张拉完成后，及时注浆封堵并喷射混凝土厚度为 30cm。

（2）网片安装

钢筋网片由钢结构加工厂统一加工制作，运至现场后人工安装。按照设计要求铺设钢筋网片，钢筋网铺设后与受喷面的间隙空间不得大于 3cm，且与锚杆焊接牢固，在喷射作业时防止颤动。挂设钢筋网时，使钢筋网保护层不少于 3cm，钢筋网用交叉点焊制成，钢筋网片之间搭接不少于 20cm。

（3）格栅钢架安装

格栅钢架架设前进行试拼装，分批按设计图检查验收加工质量。依据设计要求严格控制中线及标高，将经加工检验合格的格栅钢架架设到设计位置。钢拱架应垂直于隧道中线，且拱脚必须放在牢固的基础上。格栅钢架与围岩尽量靠近并留 2～3cm 的间隙作混凝土保护层。在架设过程中，钢拱架用混凝土垫块垫紧，确保岩面与拱架密贴。当格栅钢架安装到位并检查无误后，要及时打入锁脚锚杆，以防止格栅下沉或者倾斜。注意锁脚锚杆一定要与格栅钢架主筋焊接，钢架纵向采用连接钢筋焊接。钢架安装完成后及时喷射混凝土，喷射混凝土时分层、分段进行，以确保钢架被覆盖，满足保护层厚度要求。

（4）喷射混凝土

把水泥、骨料和速凝剂按配比拌合均匀后放入喷射机，再用压缩空气通过软管将物料喷出。同时，在喷嘴处加入水，形成喷射料束，高速推送到工作面上。喷射混凝土的喷射路线应自下而上呈"S"形轨迹。喷头应与受喷面保持垂直，如遇受喷面被钢筋网片、钢格栅挡住时，可将喷头稍微偏斜 10°～20° 避开。受混凝土进入喷射机的坍落度、速凝剂的效果、气温的影响，喷射厚度不宜过大。喷射机喷射混凝土时，一次喷射的厚度不宜超过 10cm。

5.4.2　二次衬砌

隧道二次衬砌主要采用 P10 C30 混凝土，拱墙和仰供钢筋量为 $8\phi28$ 每延米。其中防水混凝土，抗渗等级不小于 P10。二次衬砌仰拱及仰拱填充采用仰拱栈桥，进行全幅一次性施工。为保证施工安全，根据铁建设［2010］120 号文规定，Ⅴ级围岩仰拱滞后掌子面距离不得大于 350mm，如图 5-20 所示。

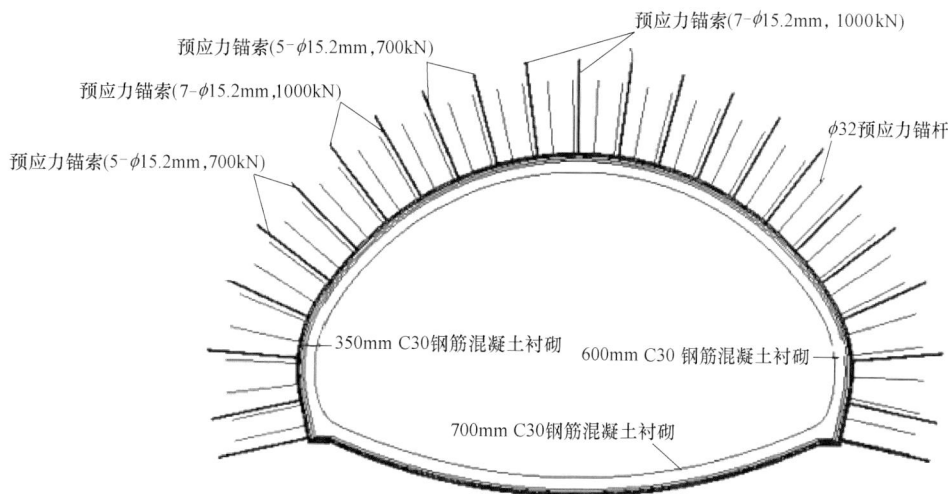

图 5-20　隧道二次衬砌

施工顺序：施工准备→施工测量→隧底清碴→结构防排水施工、接地钢筋安装→二次衬砌仰拱弧形模板及端头模板安装→二次衬砌仰拱混凝土浇筑→二次衬砌仰拱混凝土养护→二次衬砌仰拱模板拆除及填充模板安装→仰拱填充混凝土浇筑→仰拱填充模板拆除及养护→下一循环施工。

仰拱采用 C30 钢筋混凝土，抗渗等级为 P10，混凝土由商品混凝土站集中生产，通过混凝土运输车运输至施工现场，由试验室检测坍落度及含气量，坍落度及含气量满足施工要求，灌注前将初期支护面上杂物清理干净，方可进行浇筑。浇筑由仰拱中心向两侧对称浇筑，一次完成，混凝土采用插入式振捣棒振捣，边浇筑边振捣，振捣时振捣棒竖直，且快入慢出，振捣点均匀分布，并远离模板 10～15cm，振捣至混凝土不冒气泡、不下沉、表面开始泛浆时为止。浇筑即将完成时施工现场留置标准养护试件和同条件试件。为解决仰拱施工和其他工序的干扰问题，采用移动式栈桥作业，形成立体交叉平行作业体系，使仰拱施工与其他工序施工不相互干扰。

待混凝土强度不小于 2.5MPa 后进行脱模，脱模时要求工人小心谨慎，防止对仰拱二次衬砌造成损伤，脱模后进行洒水养护，并对混凝土用土工布加以覆盖并保湿养护，养护时间为 2 周。

为保证施工安全，根据铁建设［2010］120 号文规定，Ⅴ级围岩仰拱滞后掌子面距离不得大于 70m。当围岩和初期支护变形基本稳定，量测监控数据表明位移率明显减缓、收敛值拱脚附近小于 0.2mm/d 和拱顶相对下沉小于 0.15mm/d 时，方可施作二次混凝土衬砌。

拱墙衬砌根据量测情况在围岩及初期支护变形基本稳定后进行，隧道拱墙采用衬砌模板台车进行浇筑。混凝土由商品混凝土站罐车直接运输至工作面，泵送混凝土入模。每环在拱顶预留压浆管兼排气管，保证拱顶混凝土与围岩密贴。混凝土采取附着式振动器振捣，辅以插入式振动器辅助振捣。钢筋混凝土衬砌地段，钢筋在洞外下料加工，弯制成型、洞内绑扎或拼装，钢筋绑扎采用多功能作业台架施工。混凝土浇筑完成后，及时进行洒水养护，以混凝土表面处于湿润状态为标准，养护时间不少于 14d。

5.4.3　变截面可调式衬砌台车施工装备

1. 变截面可调式衬砌台车总体结构设计

依据超大跨变截面隧道的施工经验，通过研究可知，台车宽度有 3 种不同的调节方案，见表 5-22。

二次衬砌台车结构方案对比表　　　　　　　　　　　　　　表 5-22

方案名称	台车形式	台车特点	适用条件
方案一	固定式主门架、竹节式副门架	副门架由不同宽度杆件组成,通过拼拆副门架不同的杆件来实现变宽	截面单侧变化
方案二	固定式主门架、积木式副门架	通过拼拆不同的积木式副门架来实现变宽	截面单侧变化,断面加宽值有一定规律
方案三	可调宽度主门架	通过调节主门架可伸缩横梁来实现变宽	适用范围广

通过方案对比，根据新八达岭隧道变截面段的截面面积大、截面左右对称、断面加宽无规律等特点，确定采用方案三可调宽度主门架二次衬砌台车，并对主门架的横梁优化为两侧可调节的形式，同时增加门架立柱。模板通过采用增设顶部支撑结构、增加顶模板的方式来实现台车断面的调节，即台车骨架立柱设计为横向可移动结构，通过横移油缸使之间距实现变化。模板设计为多段式，通过各自模板对应的调节机构调整至理论设计轮廓线，变截面时增加或减少预先设计的拱顶调节模板，以完成变截面隧道可调式衬砌台车设计。

台车设计过程中采用数值模拟分析软件，计算台车各杆件的受力和变形，不断优化台车的结构和细部杆件。优化后的衬砌模板台车由行走机构总成、门架总成、模板总成、电气操作控制系统、液压系统五大部分组成。通过液压装置立模、拆模，台车一次可完成隧道全断面衬砌长度 9m。

整座台车结构使用 Q235 钢材，顶部模板最大跨度为 28.95m，高度为 13.71m，纵向长度为 9m。台车拱部由 7 榀小立柱支撑，每榀小立柱隔 1.5m，一次性浇筑二次衬砌混凝土 1.0m。门架横梁共 4 榀，每榀小立柱间隔 3m，门架横梁由厚度 20mm 的钢板与厚度 16mm 的钢板围成箱形梁，横梁高度为 1200mm，宽度为 384mm。丝杆为无缝管 ϕ114.12 与圆钢 ϕ80 组焊接。衬砌模板台车总重量 413.567 t，是高铁双线隧道衬砌模板台车重量（一般为 60~80t）的 5 倍以上。根据断面的不同，台车的门形桁架可以拉开或缩小，模板的支撑可以接长或缩短，部分面板通过相应支点旋转保留，部分面板需要增加或拆除，以实现不同断面形式的需要。

过渡段 5 个断面由小到大分别是过渡段 1-1 断面、过渡段 2-2 断面、过渡段 3-3 断面、过渡段 4-4 断面、过渡段 5-5 断面。台车模板的半径根据隧道半径加大 50mm，同时以过渡段 5-5 断面隧道半径为台车设计基准，通过调节满足其他断面施工。隧道施工方向由过渡段 1-1 断面向过渡段 5-5 断面方向施工。过渡段 5-5 断面台车结构如图 5-21 所示，台车由 1670 个构件组成。

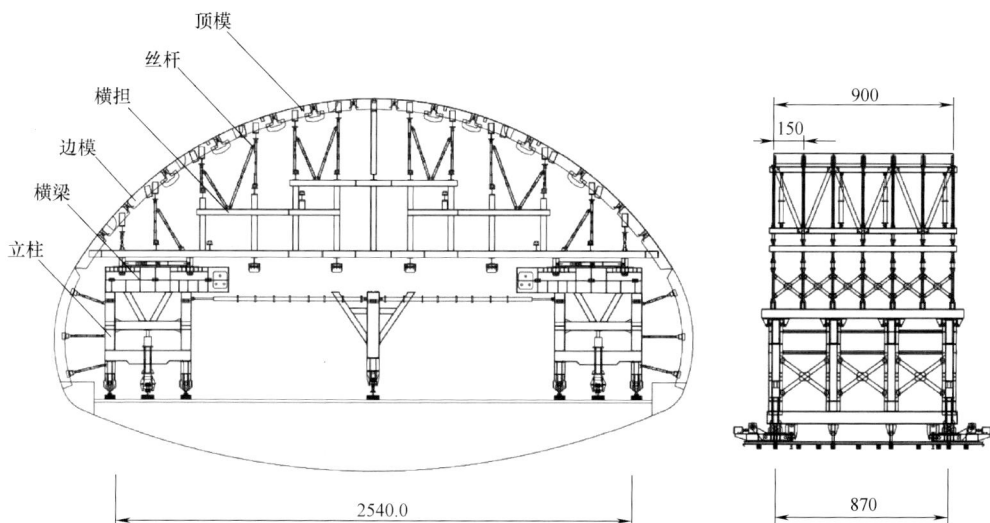

图 5-21　断面台车结构图（单位：cm）

2. 可调式衬砌台车拼装调节技术

由于台车结构复杂、杆件数量多，台车的拼装和调节采用 BIM 技术辅助进行，先建立二次衬砌台车的三维实体模型，再通过施工过程模拟来优化台车的拼装顺序和断面变化调节方案。得出最优拼装和宽度调节方案后，再制作拼装和调节动画视频，指导和帮助现场技术人员及工人进行台车的拼装和宽度调节。

（1）拼装准备

吊车 100t 一台、25t 一台，挖掘机一台，装载机一台；电焊机两台，氧气、乙炔、割枪两套；5t 手拉葫芦四台；17 内六角板手 2 把，27～30 梅花扳手 6 把（视安装情况增加），32～36 梅花扳手 6 把（视安装情况增加），12 寸开口板手 2 把。

（2）拼装方案和流程

拼装流程如图 5-22 所示。

1）浇筑轨道基础

平整压实安装场地，浇筑混凝土基础，注意基础顶面标高为内轨顶面下 515mm，满足基础承载计算书。

2）铺设钢轨

混凝土基础上铺设钢轨垫块，垫块的中心间距为 400mm。在垫块上安装 P50 的钢轨，轨距为 8586mm，误差为 ±5mm。

3）安装底部下纵梁

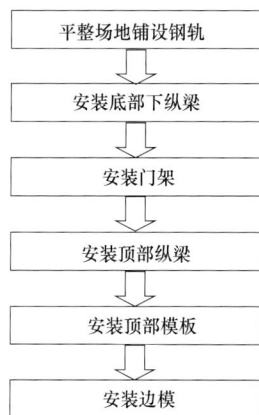

图 5-22　安装工艺流程图

将主、从动轮架安装在下纵梁上（注意：将下纵梁安放在钢轨后要拉对角线，保证台车下纵梁是长方形），将下纵梁和主从动轮架安放在钢轨上的同时安排一组人组装门架。

4）安装门架

门架横梁由内横梁和左右外横梁组成，一根门架横梁总重 16t，安装时需用 100t 的吊车安装，组装时从一端往另一端安装立轴和门架横梁，上好螺栓（螺栓不要完全拧紧）；所有门架安装在下纵梁上之后，要复核门架的对角线，保证门架不偏移，将门架的螺栓紧固。

5）门架内横梁旋转吊装

起重幅度为 9.17m，起重臂长 13.5m，构件重量为 8t。从起重机参数表中可以得到数据：起重幅度 9m，起重臂长 13.5m 时起重量可以达到 50t，可以满足吊装要求。

6）门架内、外横梁拼装

先组装内横梁与左外横梁，然后组装右外横梁。

7）门架横梁吊装

立轴和门架横梁从一端往另一端依次安装，先安装立轴，然后安装门架横梁。

8）拱模纵梁及竖撑丝杆安装

平移油缸的安装要注意将平移油缸伸出行程的 150mm，再将销轴插入平移架中间的销孔，以保证台车左右的有效调整。注意本步骤的安装必须在上纵梁安装在门架之前，否则平移架将不能顺利安装；将上纵梁安装在门架上，复核上纵梁的对角线。

上纵梁安装好后依次将拱部横梁、拱部竖撑丝杆安装好并调整至断面图中标注的尺寸。

9）安装顶部模板

由于在洞内安装拱模，拱模沿环形方向由八块模板通过销轴连接，须在初支钢拱架上环向焊接九个吊点。吊点的焊接必须牢固可靠，不得有虚焊、气孔及未焊透现象，焊完后吊点要做载荷试吊，载荷按 5t 计算，确认安全可靠后方可进行顶模吊装作业。装顶模前利用台车行走电机驱动台车骨架避开吊装区域，待部件吊起后，台车再开进吊装区域下，依次循环安装其他部件；台车应开往锚杆的后洞内方向，每吊装一块顶模时，再往洞口方向开至吊点下方。

拱模安装顺序为纵向从一端往另一端安装，环向从一侧往另一侧安装，环向模板每块单独吊装。钢丝绳从模板的观察口穿过，施工人员站在台车一端的护栏上用手拉葫芦吊起顶模，吊起时，当高度高于门架后，停止升起，将台车开至顶模下，依次安装。

安装顶模时注意要对照窗户布局示意图进行安装。每两块顶模安装好后将拱部竖撑和模板连接销轴上好，安装好竖向丝杆锁止装置，再进行下一组模板的拼装，每组模板接缝要调整好，错台控制在 ±1mm 内。

10）安装边模

所有顶模安装好后，依次安装边模、模板横担、边墙螺旋丝杆（由于边墙螺旋丝杆尺寸不一，安装时严格参照附属图纸：总装图、螺旋丝杆图，严禁随意安装）。

3. 可调式衬砌台车宽度调节技术

八达岭长城站大跨段要求衬砌模板台车能够完成 5 个断面的变截面施工。5 个断面由小到大分别是 1-1 断面、2-2 断面、3-3 断面、4-4 断面、5-5 断面。台车模板半径根据隧道半径加大 50mm。同时，以 5-5 断面隧道半径为台车设计基准，通过调节满足其他断面施工。

变截面衬砌模板台车由一个断面变化为另一个断面时，共需要 7 步操作。以 1-1 断面变化到 2-2 断面为例。变截面衬砌模板台车宽度调节流程如图 5-23 所示。

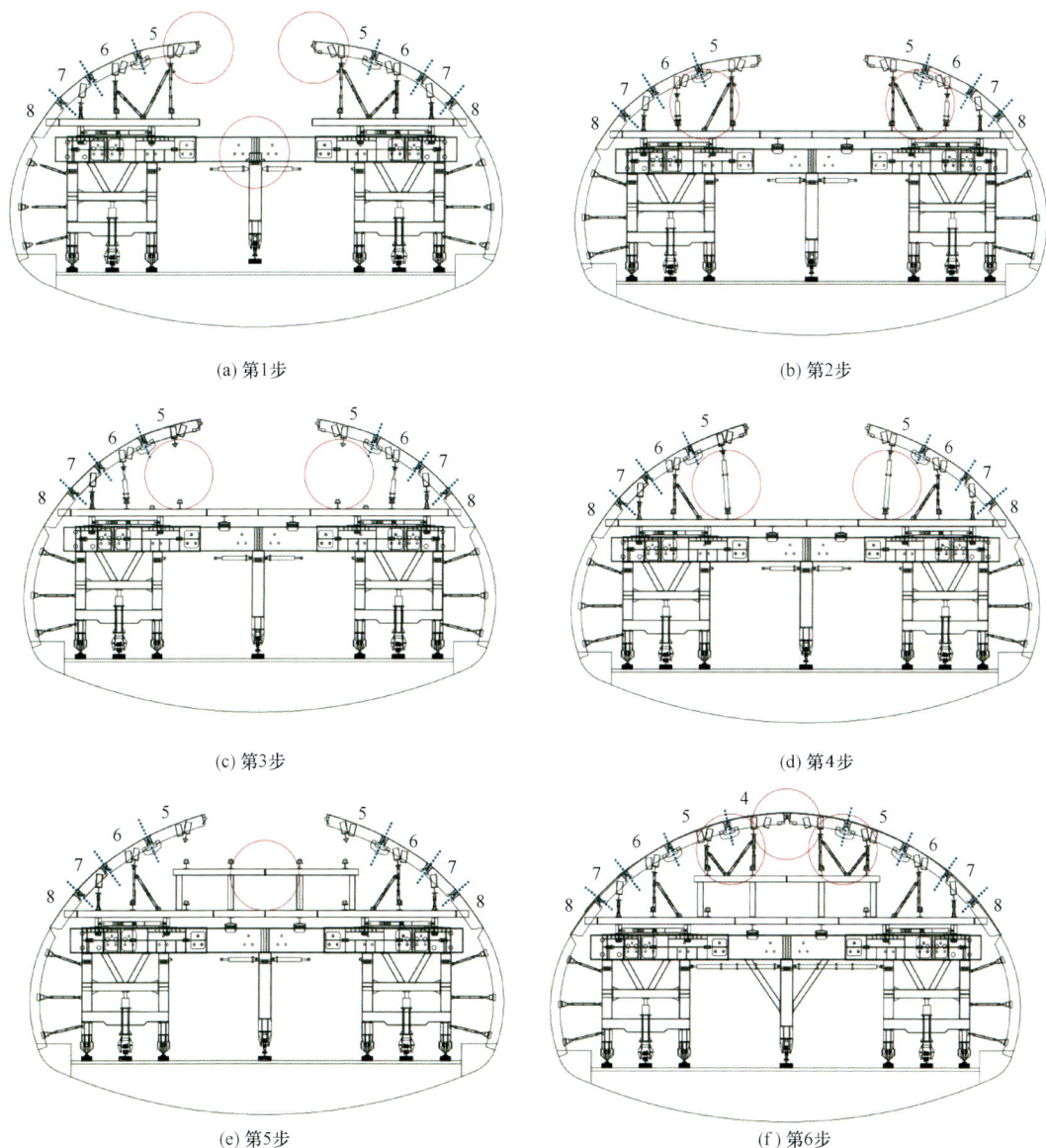

(a) 第1步　　　　　　　　　　　　　　　　(b) 第2步

(c) 第3步　　　　　　　　　　　　　　　　(d) 第4步

(e) 第5步　　　　　　　　　　　　　　　　(f) 第6步

图 5-23　变截面衬砌模板台车宽度调节流程图

（1）第 1 步。安装台车中间立柱，锁紧拱部顶模间的固定装置，同时松开台车中心两顶模间的铰接销轴，利用平移油缸把台车向两侧推开 2491mm。

（2）第 2 步。安装拱部横担调节块和拱部调节油缸，松开拱部模板 5 与拱部模板 6 之间的固定装置，然后推开拱部调节油缸 150mm，模板调整到位后锁紧拱部模板 5 与拱部模板 6 之间的固定装置。

（3）第 3 步。松开拱部模板 6 对应的支撑丝杆，安装调节油缸，然后松开拱部模板 6 与拱部模板 7 之间的固定装置，再推开调节油缸 39mm，模板调整到位后锁紧拱部模板 6 与拱部模板 7 之间的固定装置。

（4）第 4 步。松开拱部模板 7 对应的支撑丝杆，然后松开拱部模板 7 与拱部模板 8 之间的固定装置，再推开调节油缸 202mm，模板调整到位后锁紧拱部模板 7 与拱部模板 8 之间的固定装置。

（5）第 5 步。安装拱部丝杆、拱部横撑与拱部竖撑。

（6）第 6 步。安装拱部模板 4，固定拱部模板 4 之后拆除调节油缸，然后安装拱部丝杆。

（7）第 7 步。锁紧各个连接部位的连接装置，安装台车中间立柱斜撑，完成从 1-1 断面变化到 2-2 断面的台车安装。

5.5 本章小结

（1）依据围岩"承载拱"理论，设计了锚杆、锚索、喷射混凝土和衬砌等支护结构。确定八达岭地下车站大跨段的初期支护采用 C30 钢纤维混凝土，间距为 $1.2m \times 0.8m$ 的 $\phi 32$ 的预应力锚杆，间距为 $2.4m \times 2.4m$ 的预应力锚索，主钢筋中心距为 $150mm \times 160mm$ 的 $\phi 22$ 格栅钢架，间距为 0.8m。二次衬砌主要采用厚度为 60cm 的 C30 钢筋混凝土。

（2）通过有限元分析了素混凝土、格栅钢架混凝土和型钢钢架混凝土三种初期支护结构的结构极限承载力，并发现了初期支护的结构薄弱环节。运用混凝土结构相关理论计算素混凝土和钢筋混凝土衬砌结构的设计内力。然后，通过有限元分析计算，得到隧道衬砌结构的内力。最后通过安全系数分析得到素混凝土和钢筋混凝土两种情况下的安全性，并给出支护参数优化建议。

（3）针对超大跨变截面特点，通过理论研究和数值分析计算，优化设计了一种台车骨架立柱为横向可移动结构的衬砌台车，通过横移油缸使其间距实现变化，模板设计为多段式结构，通过各自模板对应的调节机构调整至理论设计轮廓线，变截面时增加或减少预先设计的拱顶调节模板，以实现变截面施工。

第6章 ▶▶

超大跨隧道施工工法研究

6.1 国内外施工工法研究现状

关于隧道断面的划分，一般是基于隧道开挖的净空断面面积或者是开挖断面面积。一般认为隧道的净空断面面积在 $50\sim100m^2$ 之间为大断面，净空断面面积在 $100m^2$ 以上的属于超大断面；开挖断面面积在 $100\sim140m^2$ 之间为大断面，开挖断面面积在 $140m^2$ 以上的属于超大断面。

目前，关于一般断面隧道施工工法研究已经非常成熟，安全运营的隧道数不胜数，而随着我国经济飞速发展，城镇化的进程不断推进，人们对基础建设的要求也越来越高，安全、舒适、高效、环保、经济等出行方式成为人们需求的重要部分。随着市政道路建设迅速发展以及交通运输量逐年提高，使得我国传统的两车道断面隧道弊端愈发明显，故而单洞三车道、四车道等超大跨市政道路隧道工程日益增加。超大跨隧道由于其断面面积巨大，对施工单位技术提出了相当高的挑战，同时也迫使隧道施工工法进行革新与升级。

调研国内外超大跨、超大断面隧道施工工法，结果见表 6-1。

国内外超大跨、超大断面隧道施工工法   表 6-1

序号	隧道名称	地层岩性	围岩级别	最大开挖跨度(m)	最大开挖面积(m²)	开挖工法
1	赣龙铁路新考塘隧道	全风化花岗岩	V级	30.9	411.0	大墙脚双侧壁导坑法
2	米兰威尼斯地下车站	全新世无黏性土	V级	30.0	440.0	蜂窝拱法
3	六沾复线乌蒙山2号隧道	泥岩、页岩夹砂岩	IV、V级	28.4	354.3	双侧壁导坑法
4	重庆轻轨大坪地下车站	泥岩夹砂岩	III级	26.3	430.3	上部侧壁导坑，下部拉中槽，先拱后墙分部衬砌法
5	重庆地铁红土地地下车站	中风化砂质泥岩夹薄层砂岩	IV级	25.9	375.8	双侧壁导坑，中部TBM通过，先拱后墙分部衬砌法
6	重庆轨道临江门地下车站	砂岩、泥岩	III级	21.8	421.0	双侧壁导坑法
7	兰渝铁路新城子隧道	三叠系炭质板岩，高地应力，最大水平主应力为21.2MPa	V级	21.5	350.0	双侧壁导坑法
8	港珠澳大桥拱北隧道	粉质黏土	V级	18.8	344.8	五台阶法

目前，国内外隧道施工工法主要有：全断面法、台阶法、三台阶七步开挖法、双侧壁导坑法、中隔壁法（CD 法）、交叉中隔壁法（CRD 法）。针对超大跨隧道，大多采用双侧壁导坑法，部分隧道通过采取非常规的超前加固、超前支护措施后，采用了台阶法施工。如赣龙铁路新考塘隧道，开挖跨度 30.9m，Ⅴ级围岩，采用大墙脚双侧壁导坑法；六沾复线乌蒙山 2 号隧道，开挖跨度 28.4m，Ⅳ、Ⅴ级围岩，采用双侧壁导坑法。

6.2　主要隧道施工工法及其特点

6.2.1　全断面法

全断面法又称全断面掘进法。按巷（隧）道设计开挖断面、一次开挖到位的施工方法。其开挖方式主要有三种：新奥地利全断面开挖法、护板全断面开挖法和掘进机护板全断面开挖法。

全断面法按照设计轮廓一次爆破成型，然后修建衬砌，工序简单，能够充分发挥大型机械设备的优势，提高机械设备的施工效能，从而加快施工速度，因此成为坚硬围岩隧道中最常用的施工方法。

全断面法的优点是：工序少，相互干扰少，便于组织施工和管理；工作空间大，便于组织大型机械化施工，因此，施工进度高。而缺点在于：由于开挖面较大，围岩稳定性降低，且开挖工作量较大。

全断面法主要适用于Ⅰ～Ⅲ级围岩，当断面在 50m^2 以下，隧道又处于Ⅲ类围岩地层时，为了减少对地层的扰动次数，结合局部注浆等辅助施工措施加固地层后，也可采用全断面法施工，山岭隧道及小断面城市地下电力、热力、电信等管道工程施工多用此法。

采用全断面法应注意下列问题：摸清开挖面前方的地质情况，随时准备好应急措施（包括改变施工方法等），以确保施工安全；各种施工机械设备务求配套，以充分发挥机械设备的效率；加强各项辅助作业，尤其加强施工通风，保证工作面有足够新鲜空气；加强对施工人员的技术培训。实践证明，施工人员对新奥法基本原理的了解程度和技术熟练状况，直接关系到施工的效果。

6.2.2　台阶法

台阶法是指先开挖隧道上部断面（上台阶），上台阶超前一定距离后开始开挖下部断面（下台阶），上下台阶同时并进的施工方法，如图 6-1 所示。根据台阶长度不同，划分为长台阶法、短台阶法和微台阶法三种。

三种台阶法的使用范围不同，主要由初期支护形成闭合断面的时间、上部断面施工所需场地大小所决定。对软弱围岩，主要考虑前者，以确保施工安全；对坚硬围岩，主要考虑后者。

（1）长台阶法

顾名思义，开挖过程中上、下断面相距较远，一段上台阶超前 50m 以上或大于 5 倍洞跨的施工方法称为长台阶法。施工时先在上半断面开挖一个进尺，然后再在下断面开挖一个进尺，当隧道长度较短时，亦可先将上半断面全部挖通后，再进行下半断面施工，即

图 6-1　台阶法施工

为半断面法。

相对于全断面法来说，长台阶法适用范围更广，且在施工过程中能够更好地维护开挖面的稳定性，一次开挖的断面和高度都比较小，只需配备中型钻孔台车即可施工。

（2）短台阶法

相比于长台阶法，短台阶法施工时两个断面相距较近，一般上台阶长度小于 5 倍但大于 1～1.5 倍洞跨，上下断面采用平行作业。

短台阶法的优点在于可以缩短支护结构闭合的时间，改善初期支护的受力条件，有利于控制隧道收敛速度和量值，所以适用范围很广。但短台阶法的缺点是上台阶出碴时对下半断面施工的干扰较大，不能全部平行作业。为解决这种干扰，可采用长皮带机运输上台阶的石碴；或设置由上半断面过渡到下半断面的坡道。

采用短台阶法时应注意下列问题：初期支护全断面闭合要在距开挖面 30m 以内，或距开挖上半断面开始的 30d 内完成。初期支护变形、下沉显著时，要提前闭合，要研究在保证施工机械正常工作的前提下台阶的最小长度。

（3）微台阶法

微台阶法台阶仅超前 3～5m，只能采用交替作业。微台阶法优点在于初期支护全断面闭合时间更短，更有利于控制围岩变形。在城市隧道施工中，能更有效地控制地表沉陷。微台阶法的缺点是上下断面相距较近，机械设备集中，作业时相互干扰较大，生产效率较低，施工速度较慢。微台阶法适用于膨胀性围岩和土质围岩、要求及早闭合断面的场合，以及机械化程度不高的各类围岩地段。

采用微台阶法施工时应注意以下问题：在软弱围岩中施工时，应特别注意开挖工作面的稳定性，必要时可采用辅助施工措施，如向围岩中注浆或打入超前水平小导管，对开挖面进行预加固或预支护。

最后，在所有台阶法施工中，开挖下半断面时要求做到以下几点：

（1）下半断面的开挖（又称落底）应在上半断面初期支护基本稳定后进行，或采用其他有效措施确保初期支护体系的稳定性；采用单侧落底或双侧交错落底，避免上部初期支护两侧同时悬空；又如，视围岩状况严格控制落底长度，一般采用 1～3m，并不得大于6m。

（2）下部边墙开挖后必须立即喷射混凝土，并按规定做初期支护。

（3）量测工作必须及时进行，以观察拱顶、拱脚和边墙中部位移值，当发现速率增大，应立即进行底（仰）拱封闭，或缩短进尺、加强支护、分割掌子面等。

6.2.3 双侧壁导坑法

双侧壁导坑法又称双侧壁导洞法或眼镜工法，属于新奥法的一个分支。以新奥法基本原理为依据，将大断面隧道分割为多个洞室，如图6-2所示，能够有效地解决大断面、浅埋、下穿已有构造物隧道开挖的安全性问题。开挖导坑时，尽量减少对围岩的扰动，导坑断面近似椭圆，周边轮廓圆顺，避免应力集中，初期支护采用钢拱架、锚杆、钢筋、喷射混凝土柔性支护体系，及时施作，使开挖断面及早闭合，以充分利用围岩的自承载能力，控制围岩变形。

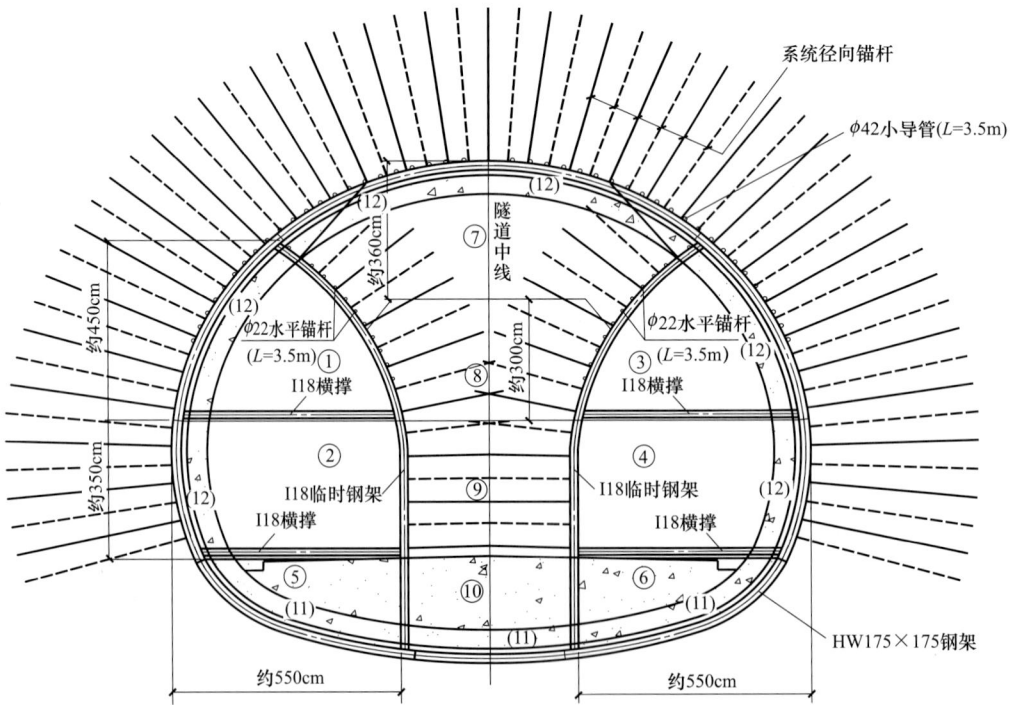

图 6-2 双侧壁导坑法原理

双侧壁导坑法的原理是：利用两个中隔壁把整个隧道大断面分成左、中、右3个小断面施工，左、右导洞先行，中间断面紧跟其后；初期支护仰拱成环后，拆除两侧导洞临时支撑，形成全断面。两侧导洞皆为倒鹅蛋形，有利于控制拱顶下沉，如图6-3所示。

双侧壁导坑法优点在于：双侧壁导坑法开挖阶段对软弱围岩的扰动程度小，控制偏压地层变形能力强，尤其对地表沉降的控制效果显著，所引起的地表沉陷明显小于短台阶法，在上述工法试验中控制地表沉降的实际效果最好，总体上，在各种大断面顺序施工方法中，双侧壁导坑法是一种具有优异控制围岩变形能力的施工方法。但双侧壁导坑法缺点在于：双侧壁导坑法施工中需耗费大量时间和材料用于架设和拆除临时支撑（图6-4）。

图 6-3　双侧壁导坑法施工

施工速度比较慢，成本较高，且双侧壁施工空间分割比较狭小（图 6-5）。在采用需要回转空间的挖掘机开挖时，不利于上横撑的及时跟进，施工中往往造成上横撑架设滞后，带来净空位移控制不力的问题。

因此，双侧壁导坑法主要适用于断面很大、地层较差的Ⅳ、Ⅴ级围岩地层、不稳定岩体和浅埋段、偏压段、洞口段等对地表沉降有严格控制要求的地层。

图 6-4　双侧壁导坑法临时支撑

图 6-5　双侧壁导坑法空间分割

6.2.4　CRD 法

CRD 法又称交叉中隔壁法，先开挖隧道一侧的两个部分，施作部分中隔墙和横隔板，再开挖隧道另一侧的两个部分，完成横隔板施工，再开挖最先施工一侧的最下面部分，并延长中隔墙，最后开挖剩余部分，如图 6-6 所示。

相比于台阶法，CRD 法能够有效地控制浅埋软弱围岩中的拱部整体下沉以及偏压地层变形，但相比于双侧壁导坑法，控制围岩变形的效果不如双侧壁导坑方法，但临时支撑比双侧壁导坑法节省，施工速度相对比较快，成本相对较低，如图 6-7 所示。

CRD法施工空间较双侧壁导坑法大，但受横撑分割施工空间的高度仍比较受限，采用挖掘机开挖时同样存在上横撑架设容易滞后的问题。

CRD法可适用于对地表沉降有控制要求的地层、埋深≤1.5倍隧道开挖宽度的软弱围岩地层以及偏压较显著地层。

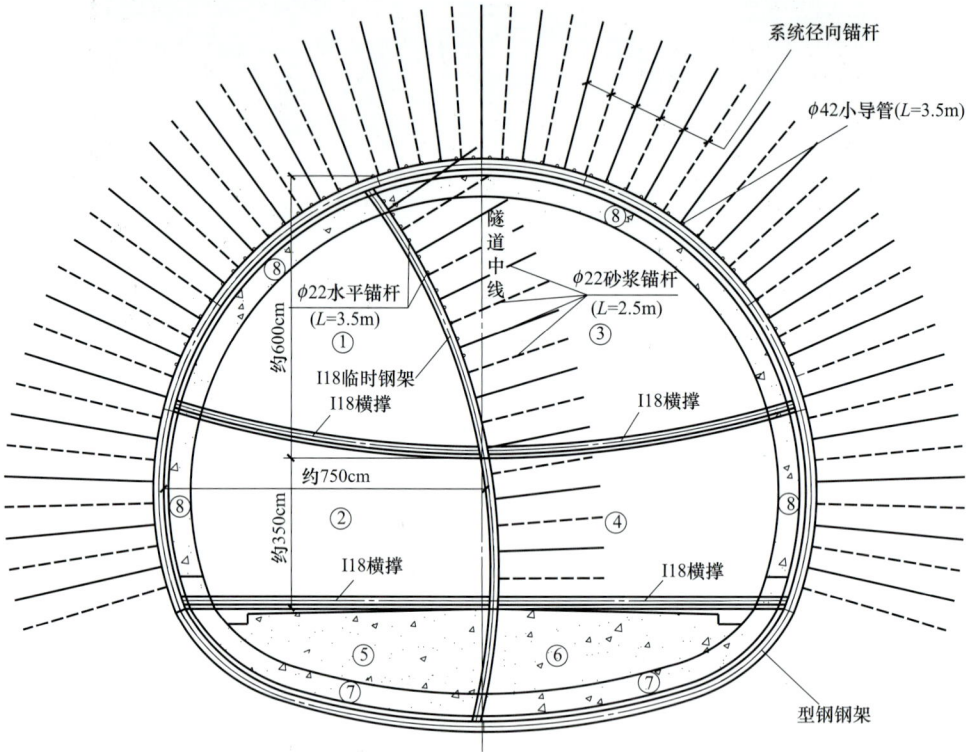

图6-6　CRD法施工原理

图6-7　CRD法开挖支护图

6.2.5　CD法

CD工法也称中隔壁法，是将隧道分为左右两大部分进行开挖，先在隧道一侧采用台阶法自上而下分层开挖，待该侧初期支护完成，且喷射混凝土达到设计强度 70％以上时再分层开挖隧道的另一侧，其分部次数及支护形式与先开挖的一侧相同，如图 6-8 所示。

相对台阶法，CD 法多了一道中隔墙，断面被划分成两半按先后导坑顺序开挖，对开挖面的控制较台阶法断面有利。由于 CD 法没有横撑，它只有在先行导坑仰拱封闭后才能形成较强的整体支护刚度。在此之前，CD 法中壁的稳定性容易受开挖的影响，尤其是在承载力较弱的围岩中。因此，CD 法控制净空位移的能力较弱，尤其是在净空高度比较大的高铁 160m^2 超大断面软弱围岩隧道场合，一侧导坑仰拱未封闭就开挖另一侧导坑很容易造成中壁失稳。

当 CD 工法不能满足要求时，可在 CD 工法基础上加设临时仰拱，即所谓的 CRD 工法。CD 法临时支撑较 CRD 法更节省，而且由于没有横撑，施工空间较 CRD 法更为宽裕，尤其是在施工空间高度上对挖掘机的使用不再受限。但在软弱围岩中施工，CD 法先行导坑仰拱必须及时封闭，因此施工速度相对 CRD 工法提高并不明显。CD 法主要适用于双线隧道Ⅳ级围岩深埋硬质岩地段、地层较差和不稳定岩体，且地面沉降要求严格的地下工程。

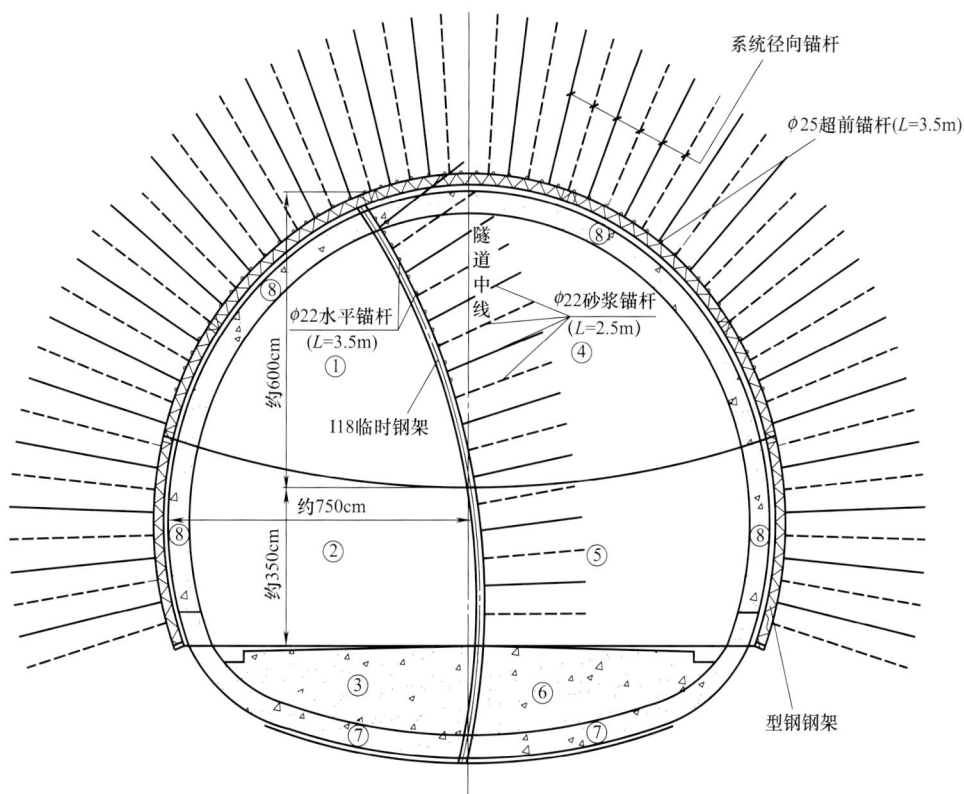

图 6-8　CD 法施工原理

6.2.6　三台阶七步开挖法

三台阶七步开挖法溯源于中铁十二局 2000 年被原铁道部确定为部级工法的《大跨度软沿公路隧道短台阶七步平行流水作业工法》（TLEJGF-99.00-36），按三台阶留核心土方法开挖，适用于开挖面积为 $100\sim180m^2$、具备一定自稳条件的Ⅳ、Ⅴ级围岩地段隧道的施工。三台阶七步开挖法可分为以下主要步骤：（1）上部弧形导坑环向开挖，施作拱部初期支护。（2）中、下台阶左右错开开挖，施作墙部初期支护。（3）中心预留核心土开挖、隧底开挖，施作隧底初期支护。如图 6-9 所示。

铁路大断面隧道三台阶七步开挖法是以弧形导坑开挖为基本模式，分上、中、下三台阶留核心土和七个开挖面，各部位的开挖与支护沿隧道纵向错开，平行推进的隧道施工方法。该方法具有以下特点：

（1）施工空间大，方便机械化施工，可以多作业面平行作业。部分软岩或土质地段可以采用挖掘机直接开挖，工效较高。

（2）在地质条件发生变化时，便于灵活、及时地转换施工工序，调整施工方法。

（3）适应不同跨度和多种断面形式，初期支护工序操作便捷。

（4）在台阶法开挖的基础上，预留核心土，左右错开开挖，利于开挖工作面稳定。

（5）当围岩变形较大或突变时，在保证安全和满足净空要求的前提下，可尽快调整闭合时间。

注：
1. 上台阶开挖高度不小于上台阶开挖跨度的0.3倍，一般为3.0～4.0m。
2. 中、下台阶开挖高度为隧道总开挖高度(不含仰拱)减去上台阶开挖高度后平均分配，一般为3.0～3.5m。
3. 上台阶核心土长度(隧道纵向)3.0～5.0m，高度1.5～2.5m，宽度为上台阶开挖跨度的1/3～1/2。

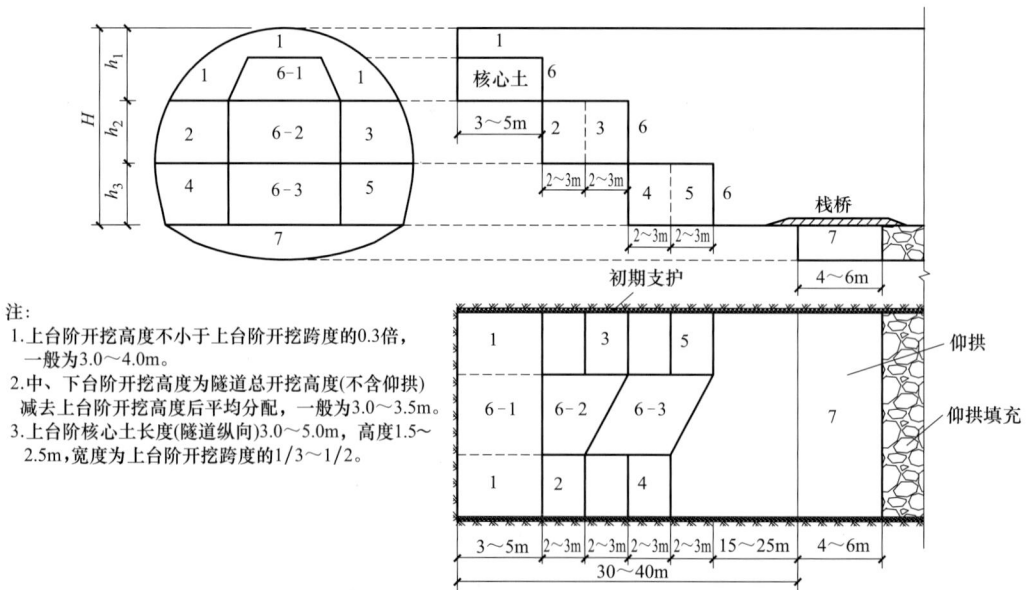

图 6-9　三台阶七步开挖法

表 6-2 汇总了全断面法、台阶法、CD法、CRD法、双侧壁导洞法、三台阶七步开挖法等开挖工法的适用条件及特点。

常用施工方法的适用条件及特点　　　　　　　　表 6-2

施工方法	全断面法	台阶法	CD法	CRD法	双侧壁导洞法	三台阶七步开挖法
示意图						

施工方法	全断面法	台阶法	CD法	CRD法	双侧壁导洞法	三台阶七步开挖法
适用条件	适用于地质条件好的地层,围岩必须有足够的自稳能力的中小型断面	适用于较好地层的中小型断面	适用于软弱地层的中小型断面	适用于软弱地层且地面沉降控制严格的中型断面	适用于软弱地层的大中型断面,尤其是地面沉降控制严格的大型断面	适用于具备一定自稳条件的,开挖面积为$100\sim180m^2$的大型断面
特点	施工方便,速度较快,由于开挖面较大,围岩稳定性降低,且开挖工作量较大	施工方便,速度较快,可增设临时仰拱和锁脚锚杆,对控制下沉有利	施工方便,速度较快,对控制地面沉降有利	施工复杂,速度慢,有利于控制地面沉降,但成本较高	施工复杂,速度慢,有利于控制地面沉降,但成本较高	施工方便,可多作业面平行作业,工效较高。施工灵活,能及时地调整施工方法。适应性强,预留核心土,利于开挖工作面稳定

6.3 新八达岭隧道施工工法

新建北京至张家口铁路,线路起自北京北站,沿途设八达岭长城、沙城、宣化等车站,至张家口南站,线路全长174km,是京津冀一体化的一条重要交通动脉。新八达岭隧道是新建京张铁路最长的隧道,全长12.01km。八达岭长城站是设在新八达岭隧道内的地下车站,位于八达岭景区滚天沟停车场下方,毗邻八达岭长城。

八达岭长城站车站总长度470m,地下建筑面积约3.6万m^2。车站内修建各类大小洞室78个,断面形式88种,洞室间交叉节点密集,最小水平间距2.27m,最小竖向间距4.45m,建筑结构极为复杂,是目前世界上建筑结构最复杂的地下车站。

八达岭长城站两端为各163m的大跨过渡段,车站通过过渡段与正线隧道连通(图6-10)。过渡段采用单洞隧道暗挖设计,最大开挖跨度32.7m,开挖面积494.4m^2,是目前世界上开挖跨度最大、开挖断面面积最大的交通隧道,施工难度大,安全风险高。围岩等级主要为Ⅲ、Ⅳ级,局部为Ⅴ级。在这种稳定性较差的围岩中,修建如此超大断面的隧道,对支护结构设计、施工工艺、施工机械设备、施工组织和施工安全,都形成了巨大的挑战。

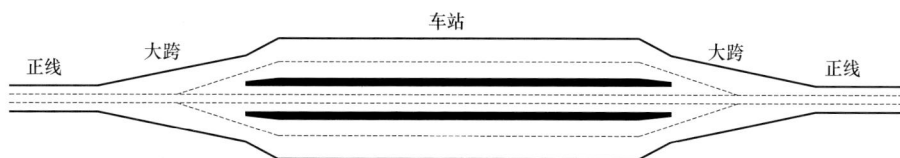

图6-10 八达岭长城站线路形式

以新八达岭隧道为工程背景,对大跨段隧道的开挖方案进行研究,在最终拟定施工方案之前,重点对适合中大型断面的CD法、CRD法、双侧壁导坑法等进行讨论,得到的结论是:对于典型的大断面隧道,这些方法比较适用,并且临时支撑能较好地控制围岩变形,但是对于八达岭大跨段隧道这种开挖面积接近500m^2的断面进行施工时,这些开挖方案开挖面积大、扰动大、施工安全性低,施作临时支撑时,临时支撑过多且有效长度大，造成支撑工效低且施工工期长，工程造价高，因此需要临时支撑的施工方法并不适用于本方案。

在不施作临时支撑的条件下，必须加强初期支护的强度，与其他初期支护不同，锚杆锚索是从围岩内部发挥其支撑作用，变隧道被动支护为主动支护，施作锚杆锚索可以提高围岩的抗剪和抗拉强度，达到控制围岩变形的作用，钢拱架作为初期支护的重要组成部分，同样需要加强。在此设计思想的基础下，经过详细研究，提出预留核心土法和预留中岩柱法两种开挖方案。此外，三台阶七步开挖法也是一种可行的开挖方法，可将其作为比选方案进行研究。

6.3.1 预留核心土法

预留核心土法采用钻爆法进行开挖，将开挖部分分为 10 部分，具体施工步序如下：

（1）进行第一步顶部小导洞的开挖，开挖完成之后用钢架进行临时支护，后在拱顶施作钢架和锚杆（索）等支护，待初期支护完成之后，拆除钢架；

（2）滞后 30m，进行第二、三步的开挖，同时将第二、三部掌子面前后错开 30m，及时支护；

（3）待第一级台阶开挖完成之后，进行第二级台阶两侧岩体的开挖，第二级台阶掌子面与第一级台阶掌子面前后错开 30m，且左右两侧的开挖部分应错开 5m，及时支护；

（4）与第二级台阶掌子面错开 30m，进行第三台阶的开挖，与第二台阶相同，第三台阶左右错开 5m，及时支护；

（5）待一级台阶和二、三级台阶两侧部分全部开挖完毕之后，进行二、三级台阶两部分核心岩土体的开挖，核心土台阶长度需保留 10m；

（6）随着核心土的开挖，仰拱部分的土体紧随其后进行开挖，及时支护。预留核心土法施工步序和台阶长度如图 6-11 和图 6-12 所示。

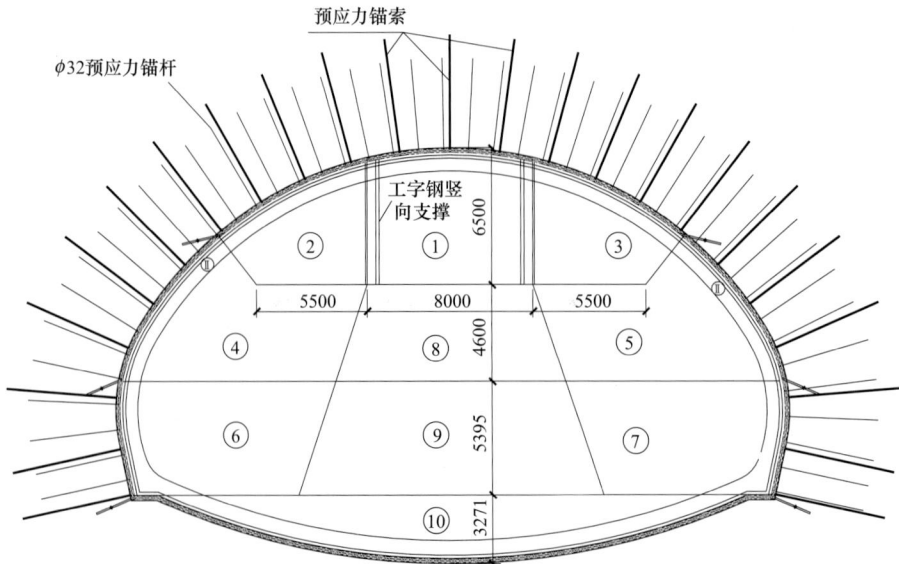

图 6-11　预留核心土法施工步序横断面图（单位：mm）

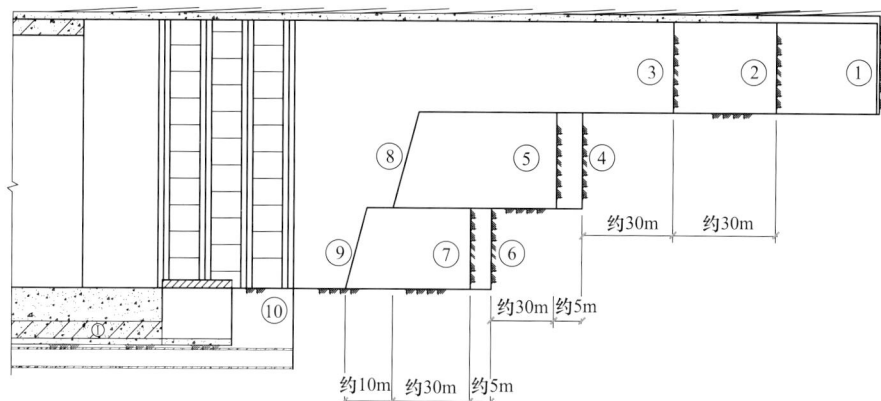

图 6-12　预留核心土法台阶长度

6.3.2　预留中岩柱法

预留中岩柱法与预留核心土法在开挖分部和台阶长度上完全相同，相比于预留核心土法，预留中岩柱法施工步序有所不同，施工步序如图 6-13 所示，整体上先开挖两侧的岩土，后进行中岩柱的破除与仰拱部分土体的开挖，且预留中岩柱法在进行两侧土体开挖的同时，需要用喷锚方式对中岩柱进行加固。

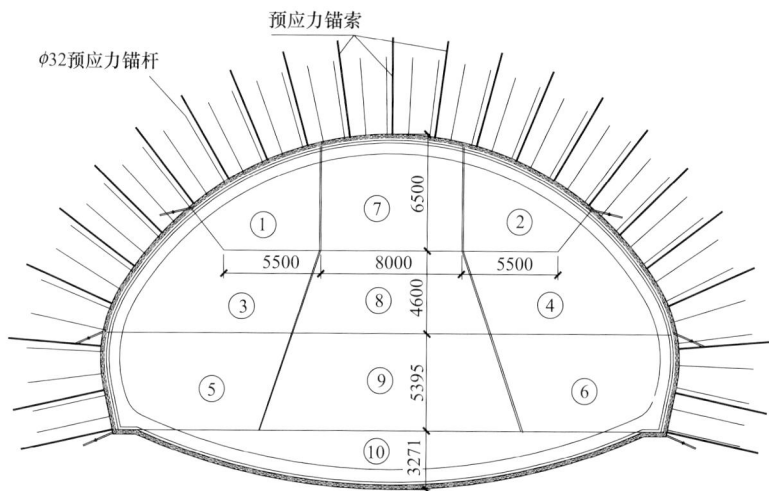

图 6-13　预留中岩柱法施工步序横断面图（单位：mm）

6.3.3　三台阶七步开挖法

与前两种方法相比，三台阶七步开挖法开挖分块有所不同，此方法将上台阶一次性开挖完毕，再依次开挖二、三级台阶，待两边台阶开挖完毕，分三步开挖中间核心土，开挖步序如图 6-14 所示。

施工特点有：（1）施工空间大，方便机械化施工，可以多作业面平行作业。部分软岩或土质地段可以采用挖掘机直接开挖，工效较高。（2）在地质条件发生变化时，便于灵活、及时地转换施工工序，调整施工方法。（3）适应不同跨度和多种断面形式，初期支护

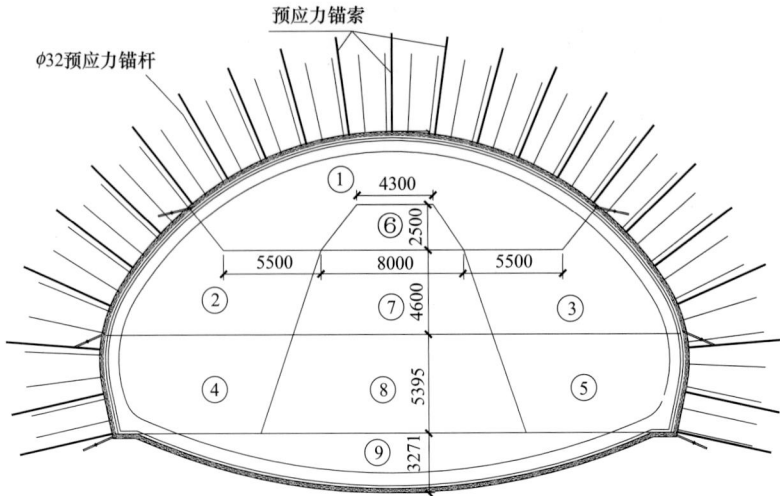

图 6-14 三台阶七步开挖法施工步序横断面图（单位：mm）

工序操作便捷。（4）在台阶法开挖的基础上，预留核心土，左右错开开挖，利于开挖工作面稳定。（5）当围岩变形较大或突变时，在保证安全和满足净空要求的前提下，可尽快调整闭合时间。

三台阶七步开挖法规避了侧壁导坑法、中隔壁法及交叉中隔壁法等需要拆除临时支护及受力转换造成不安全的因素，及时调整闭合时间，方便机械施工，利于施工工序转换。

6.4 计算模型的建立

6.4.1 岩土本构的选取

为综合考量三种不同施工工法的安全性，采用 MIDAS-GTS 有限元程序进行数值模拟分析，分别从围岩位移、围岩应力、衬砌应力对三种施工工法的适用性与安全性进行分析，从而选择最优施工方法。

Mohr-Coulomb（M-C）本构模型是一种理想弹塑性模型，它综合了胡克定律和破坏准则，如图 6-15 所示。在众多的岩土本构模型中，M-C 模型作为一种反应固体材料弹塑性力学性质的本构模型而得到广泛应用，其破坏准则和破坏特征与实际试验结果非常接近，并且计算参数在勘探中容易获取。M-C 模型有 5 个参数：控制弹性行为的弹性模量（E）、泊松比（υ）、控制塑性行为的有效黏聚力（c）、内摩擦角（φ）和剪胀角（ϕ）。该模型对一般的岩土非线性分析来说结果是可靠的，因此被广泛应用于模拟大部分岩土材料，其破坏准则在应力空间与（σ_1，σ_2）平面的表示形式如图 6-16 所示。

根据 M-C 屈服准则的定义，从 A 点到 B 点的破坏包络线为：

$$f^{s} = \sigma_1 - \sigma_3 N_{\varphi} - 2c\sqrt{N_{\varphi}} \tag{6-1}$$

由 B 点到 C 点的拉应力屈服函数为：

$$f^{t} = \sigma^{t} - \sigma_3 \tag{6-2}$$

$$N_\varphi = \frac{1 + \sin\varphi}{1 - \sin\varphi} \tag{6-3}$$

式中：φ 为岩土体的内摩擦角；c 为岩土体的黏聚力；σ^{t} 为岩土体的抗拉强度。

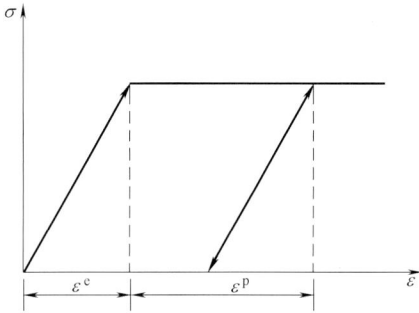

图 6-15　M-C 本构模型

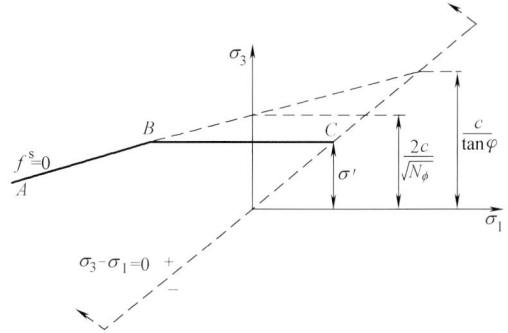

图 6-16　M-C 破坏准则

在自重或外力作用下，其内部会产生剪应力，随着应力的增加，岩体发生剪切破坏。剪应力引起的抗剪行为和抗剪极限即为剪切强度，岩土材料的抗剪强度包括黏聚力和内摩擦角，计算表达式见下式：

$$\tau = c + \sigma \tan\varphi \tag{6-4}$$

根据 M-C 准则，岩土材料的剪切强度按直线式表示，其准则表达如图 6-17 所示。

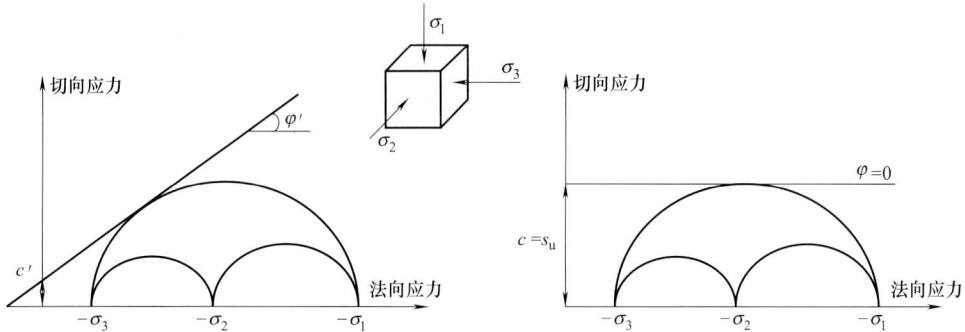

图 6-17　Mohr-Coulomb 准则

6.4.2　模型的建立

1. 模型简化

新八达岭隧道区地质条件复杂，如果完全按照实际情况进行模拟计算将非常困难。因此，有必要对计算模型进行相对简化的处理，我们在计算过程中做出如下假定：

（1）地形表面模拟成水平地面，即把实际的地形简化，但是需要考虑构造应力的影响。

（2）把岩土、支护结构等材料看成是均匀、连续且是各向同性的。

（3）地下水位在 $97.65 \sim 101m$，车站埋深 $75m$，站高 $21.73m$，车站底部埋深 $95.73m$，因此在建模过程中，不考虑地下水渗流影响。

2. 边界条件和侧压力系数 γ

边界条件：模型上方地表为自由边界；模型底部施加 z 方向的约束；左右边界施加 x 方向的水平约束；前后边界施加 F 方向的约束。

侧压力系数：根据地质工程资料及对初始地应力场的评价，在计算模型中需要考虑构造应力的影响。中国地质力学研究所采用水压致裂法进行了地应力量测工作，并根据测试结果得出了测点水平主应力最大值和最小值的回归方程：

$$S_H = 3.57 + 0.0118D \tag{6-5}$$

$$S_h = 2.28 + 0.0205D \tag{6-6}$$

其中，D 为钻孔深度（向下为正），单位为 m；主应力单位为 MPa，在 75.70～77.70m 范围内进行了印模定向，测得的平均最大水平主应力方向为北东向，即垂直隧道轴向方向。垂直应力为 $S_v = \gamma h$，所以可通过上述公式计算出八达岭地下车站位置 75～90m 范围内侧压力系数 γ 的范围为 1.52～2.16，取其均值得 $\gamma = 1.84$。

3. 模型尺寸

有限单元法的模型只能是空间有限的区域，而地下结构周围的岩体相对而言是无限大或半无限大的（根据深埋或浅埋情况不同），因此必须选取某个有限的计算范围建立有限元模型。这个计算范围的边界应该离地下的结构足够远，设在几乎不受地下工程影响的地方。经验表明，一般来说，离洞室中心 3～5 倍于洞室特征尺寸（最大内径）以外的地方，地下工程的影响足够小。在这样足够远的边界上，可以认为地下工程不会改变地层的初始应力状态。对于平面模型来说，当模型边界距洞室中线的距离大于 3 倍洞径时，应力变化一般在 5% 以下，大于 5 倍洞径时，应力变化在 1% 以下。空间模型亦同上述平面模型。因此，模型横断面尺寸的选取应结合工程具体情况取 6～10 倍的车站跨度。同时，考虑到开挖面空间效应的影响，设定可以进行一定开挖步的模型纵向长度 $L = 30$m，整个模型尺寸为 120m×30m×100m（长×宽×高）。使用 Midas-GTS 建立的三维有限元计算模型如图 6-18 所示，模型材料参数见表 6-4。

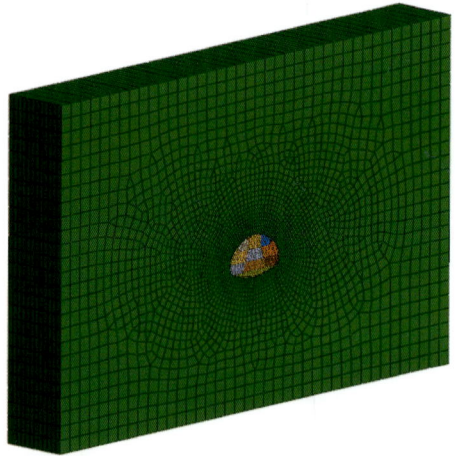

图 6-18　三维有限元计算模型
（预留核心土法）

6.4.3　岩土及支护参数的选取与验证

本章的研究均采用 M-C 本构模型，大跨段围岩分级为Ⅴ级。根据国家铁路局发布的行业标准《铁路隧道设计规范》TB 10003—2016，各级围岩参数取值范围见表 6-3。

各级围岩物理力学指标 　　　　　　　　　　　　　　　　　　　　　表 6-3

围岩级别	重度 γ (kN/m)	变形模量 E (GPa)	泊松比 υ	内摩擦角 φ (°)	黏聚力 c(MPa)
Ⅰ	26～28	>33	<0.2	>60	>2.1
Ⅱ	25～27	20～33	0.2～0.25	50～60	1.5～2.1
Ⅲ	23～25	6～20	0.25～0.3	39～50	0.7～1.5
Ⅳ	20～23	1.3～6	0.3～0.35	27～39	0.2～0.7

围岩级别	重度 γ（kN/m）	变形模量 E（GPa）	泊松比 υ	内摩擦角 φ（°）	黏聚力 c（MPa）
V	17～20	1～2	0.35～0.45	20～27	0.05～0.2
Ⅵ	15～17	<1	0.4～0.5	<22	<0.1

　　建模段里程范围为 DK68＋285～DK68＋300，埋深为 90m，采用 MIDAS-GTS 有限元程序进行数值模拟分析。大跨度过渡段模型尺寸为 100m×15m×120m（长×宽×高），如图 6-19 所示，初期支护采用板单元，板厚取实际施工厚度 0.35m，工字钢采用梁单元，截面取实际施工中的 I16 工字钢，围岩采用三维实体，在《铁路隧道设计规范》TB 10003—2016 中 V 级围岩的参数取值范围内，调整围岩参数，对中导洞的开挖过程进行模拟，将模拟结果与现场实测数据进行比对，来确定围岩参数的合理取值。

　　经过对不同围岩参数条件下的导洞开挖结果与监测数据的对比分析，最终确定围岩的合理参数取值，对 DK68＋300 断面处的钢架应力进行监测，现场监测结果与模拟结果对比如图 6-20 所示。

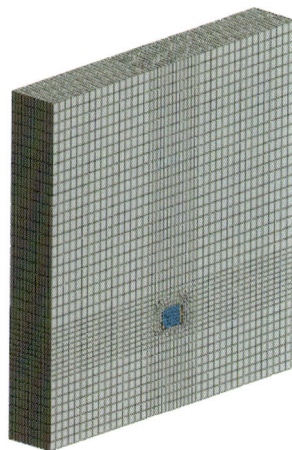

图 6-19　计算模型图

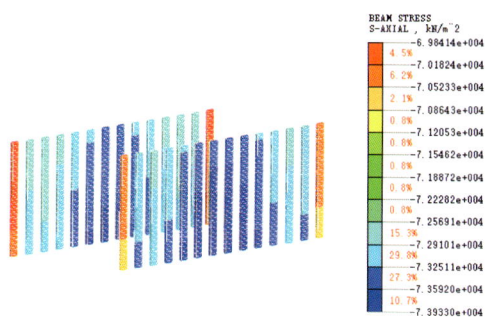

(a) 钢架应力图

(b) 钢架应力监测数据

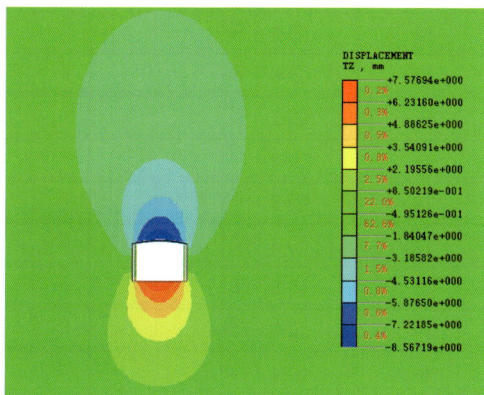

(c) 围岩竖向位移云图

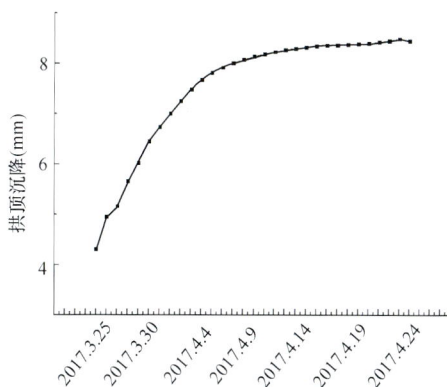

(d) 拱顶沉降监测

图 6-20　数值模拟与现场监测结果对比

续表

施工步	开挖体	开挖体	施工步	开挖体	开挖体	开挖体
25	⑥-5	⑦-4	35	⑧-2		
26	⑥-6	⑦-5	36	⑧-3	⑨-1	
27		⑦-6	37	⑧-4	⑨-2	
28	①-1		38	⑧-5	⑨-3	⑩-1
29	①-2		39	⑧-6	⑨-4	⑩-2
30	①-3		40		⑨-5	⑩-3
31	①-4		41		⑨-6	⑩-4
32	①-5		42			⑩-5
33	①-6		43			⑩-6
34	⑧-1					

6.5.3 三台阶七步开挖法

三台阶七步开挖法具体开挖顺序如图 6-23 所示，开挖步序见表 6-7。

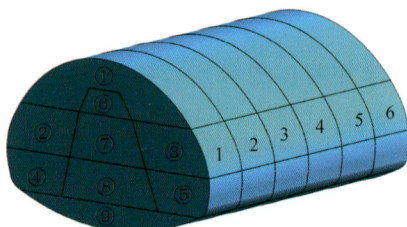

图 6-23 大跨段三台阶七步开挖法开挖顺序图

大跨段三台阶七步开挖法开挖步序表　　　　　　　　　表 6-7

施工步	开挖体	开挖体	开挖体	施工步	开挖体	开挖体	开挖体
1	平衡地应力			19	④-5	⑤-4	
2	①-1			20	④-6	⑤-5	
3	①-2			21		⑤-6	
4	①-3			22	⑥-1		
5	①-4			23	⑥-2		
6	①-5			24	⑥-3	⑦-1	
7	①-6			25	⑥-4	⑦-2	
8	②-1			26	⑥-5	⑦-3	⑧-1
9	②-2	③-1		27	⑥-6	⑦-4	⑧-2
10	②-3	③-2		28		⑦-5	⑧-3
11	②-4	③-3		29		⑦-6	⑧-4
12	②-5	③-4		30	⑨-1		⑧-5
13	②-6	③-5		31	⑨-2		⑧-6
14		③-6		32	⑨-3		
15	④-1			33	⑨-4		
16	④-2	⑤-1		34	⑨-5		
17	④-3	⑤-2		35	⑨-6		
18	④-4	⑤-3					

6.6　计算结果分析

开挖方案分析的最终目的是确保隧道结构安全，可以从变形协调与应力分布两方面对隧道安全性进行判断：一是隧道开挖后，其变形的量值及其变化规律；二是隧道开挖后围岩与衬砌内部的应力分布特点及其变化规律。为此，本节将从围岩变形、围岩应力以及衬砌应力三个方面进行分析，对三种开挖方法的优劣进行判断。

6.6.1　围岩位移分析

隧道开挖之前，岩体的位移为零，地应力随着深度增加而增大，称之为初始地应力。开挖之后，洞周围岩由于应力释放开始变形，拱顶下沉，两侧向内收敛，拱底隆起，这是一般性的规律。通过对大跨段各个开挖步序进行模拟，拱顶下沉和拱底隆起的结果统计见表6-8。

各开挖方案拱顶下沉和拱底隆起结果统计（单位：mm）　　　表6-8

施工步	预留核心土法		预留中岩柱法		三台阶七步开挖法	
	下沉	隆起	下沉	隆起	下沉	隆起
1	0.000	0.000	0.000	0.000	0.000	0.000
2	2.593	0.567	2.066	0.218	3.740	1.477
3	3.292	1.105	2.493	0.421	5.441	3.756
4	3.568	1.395	2.637	0.533	8.330	5.532
5	3.719	1.529	2.708	0.585	9.682	5.664
6	3.812	1.589	2.750	0.607	10.749	7.368
7	3.915	1.615	2.791	0.613	12.427	8.127
8	4.812	2.160	2.845	0.875	12.698	8.787
9	5.680	2.712	2.909	1.116	13.231	10.168
10	5.160	3.047	2.960	1.248	13.770	11.312
11	5.456	3.221	2.999	1.309	14.255	12.050
12	5.663	3.306	3.035	1.334	14.691	12.514
13	5.880	3.355	3.083	1.343	15.134	12.853
14	7.518	4.130	3.747	1.736	15.367	13.009
15	8.317	4.919	4.401	2.605	15.411	13.284
16	8.906	5.415	4.787	3.317	15.490	13.837
17	9.324	5.689	5.029	3.720	15.566	14.256
18	9.646	5.841	5.201	3.927	15.636	14.516
19	9.995	5.952	5.381	4.037	15.701	14.677
20	10.369	5.825	5.480	4.076	15.760	14.787
21	11.215	8.774	5.474	4.158	15.787	14.837
22	12.101	10.477	5.504	4.323	15.781	14.892

施工步	预留核心土法		预留中岩柱法		三台阶七步开挖法	
	下沉	隆起	下沉	隆起	下沉	隆起
23	12.912	11.582	5.530	4.461	15.775	14.937
24	13.639	12.277	5.544	4.552	15.753	15.195
25	14.413	12.788	5.549	4.612	15.731	15.360
26	14.858	13.030	5.546	4.656	15.700	15.189
27	14.902	13.322	5.549	4.676	15.671	15.500
28	14.983	13.904	5.747	5.938	15.647	15.645
29	15.061	14.336	9.025	9.759	15.622	15.736
30	15.133	14.597	10.650	11.770	15.608	17.149
31	15.200	14.752	11.867	13.027	15.691	17.205
32	15.260	14.855	12.933	13.853	15.755	17.216
33	15.288	14.899	14.304	14.628	15.806	17.216
34	15.271	15.128	14.288	14.858	15.848	17.211
35	15.255	15.274	14.272	15.006	15.885	17.206
36	15.229	15.087	14.247	15.828	15.929	17.180
37	15.206	15.386	14.223	15.130		
38	15.176	15.897	14.194	15.651		
39	15.241	17.005	14.259	15.761		
40	15.294	17.058	14.313	15.815		
41	15.334	17.094	14.354	15.851		
42	15.376	17.089	14.396	15.846		
43	15.413	17.084	14.433	15.842		
44	15.457	17.058	14.477	15.816		

通过对每一种方案开挖过程中拱顶沉降与拱底隆起的分析可知：

（1）预留核心土法在中导洞开挖、第一级台阶开挖、第二级台阶开挖、第三级台阶开挖四个阶段中围岩产生较为显著的变形，具体变化如图 6-24 所示。

（2）预留中岩柱法在第一级台阶开挖、第二、三级台阶开挖、破除中岩柱三个过程中围岩变形显著增大，具体变化如图 6-25 所示。

（3）三台阶七步开挖法在第一级台阶、第二级台阶开挖两个过程中围岩变形显著增大，具体变化如图 6-26 所示。

由图 6-24 可以看出，预留核心土法中开挖第一台阶前三部分土体时，拱顶沉降与拱底隆起呈三个阶梯状增大，这时的拱顶沉降大于拱底的隆起；开挖第二阶梯时拱顶沉降与拱底隆起继续增大，拱底隆起的增值要大于拱顶沉降的增值；从开挖第三阶梯开始，到开挖核心土，拱顶的沉降值趋于稳定，而拱底的隆起还在继续增加，最后超过拱顶的沉降；开挖仰拱时，拱底的隆起也趋于稳定。最终沉降值稳定在 15.457mm，隆起值稳定在 17.058mm。

(a) 中导洞开挖完毕

(b) 第一级台阶开挖完毕

(c) 第二级台阶开挖完毕

(d) 第三级台阶开挖完毕

(e) 开挖完毕

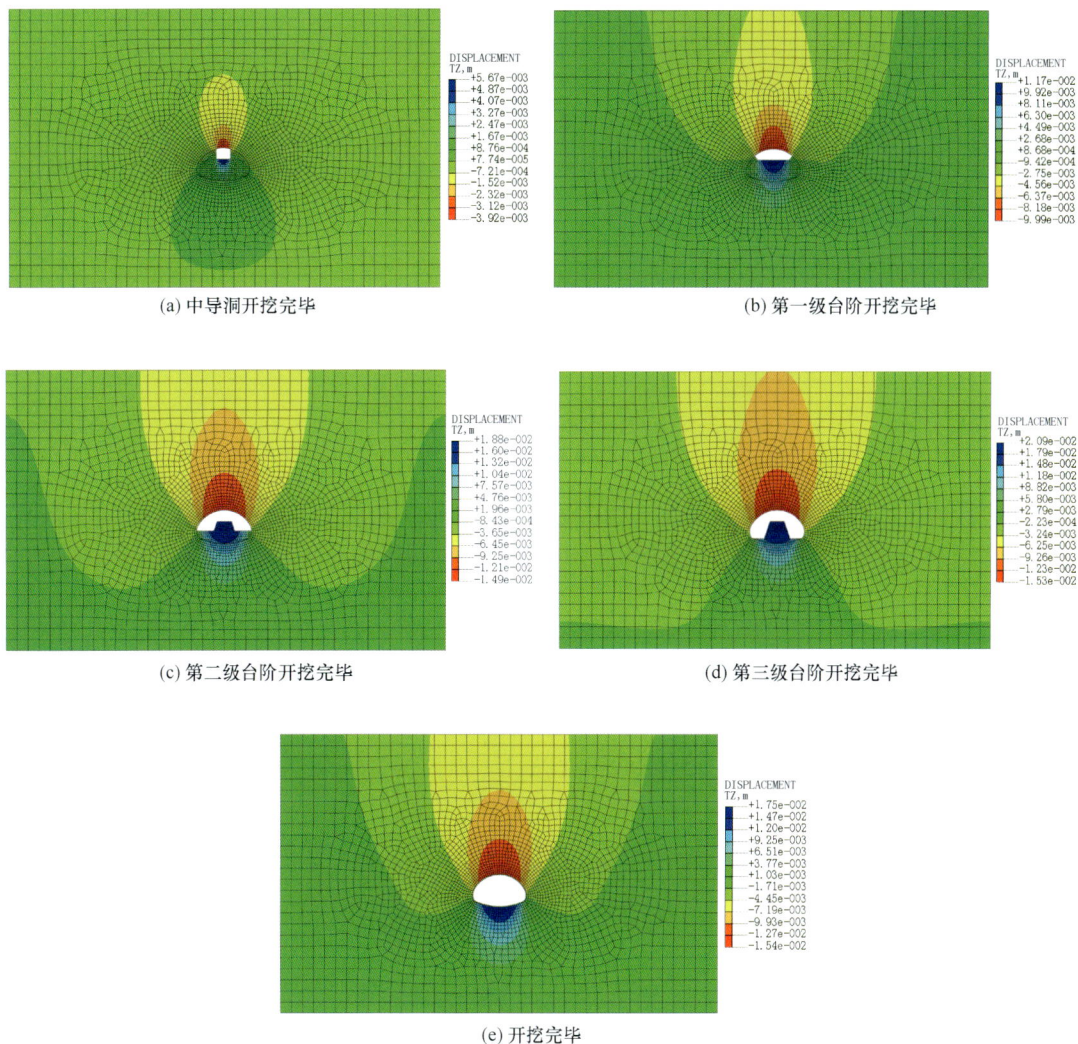

图 6-24　预留核心土法开挖过程的竖向位移云图

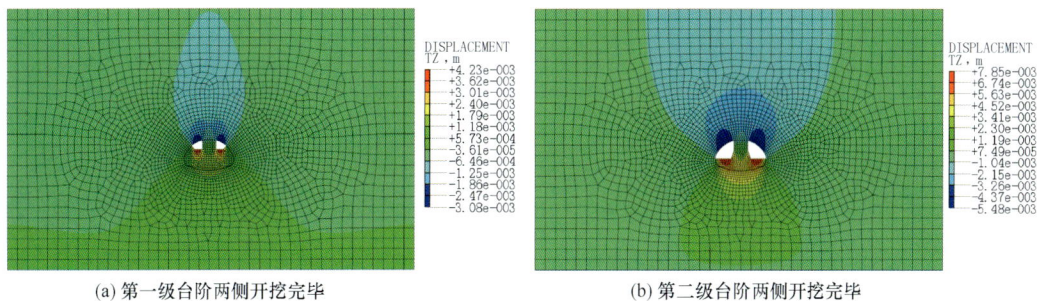

(a) 第一级台阶两侧开挖完毕

(b) 第二级台阶两侧开挖完毕

图 6-25　预留中岩柱法开挖过程的竖向位移云图（一）

(c) 第三级台阶两侧开挖完毕

(d) 破除顶部中岩柱

(e) 开挖完毕

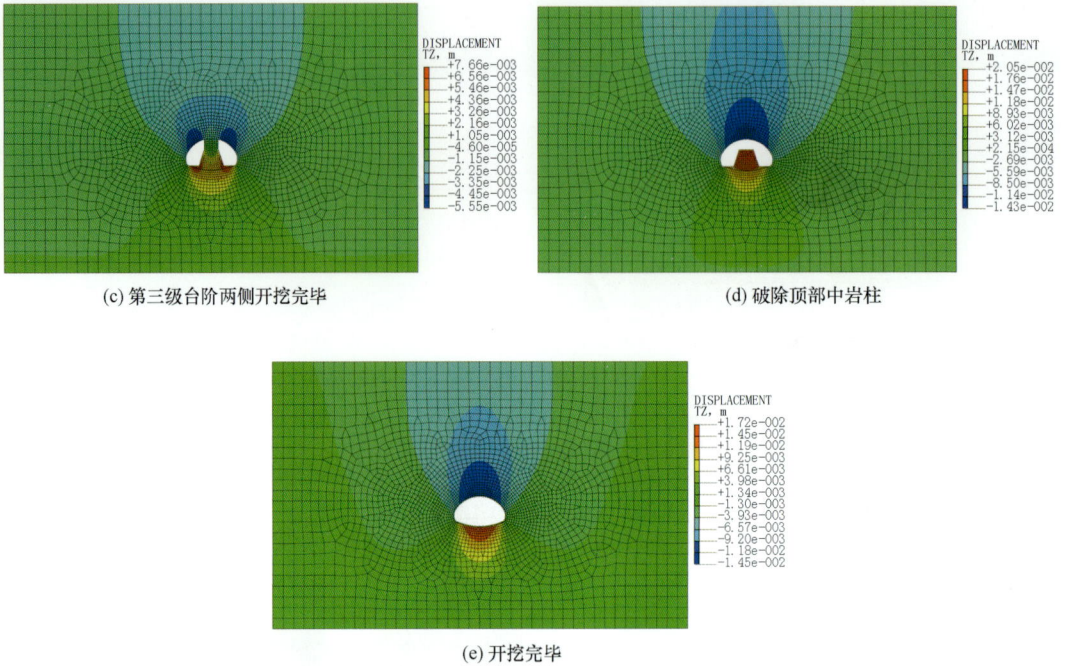

图 6-25　预留中岩柱法开挖过程的竖向位移云图（二）

　　由图 6-25 可以看出，在开挖第一台阶前半部分，拱顶沉降开始产生，但是直到开挖第二台阶之前，趋势有所减缓，而拱底隆起在这一过程中缓慢发展；开挖第二台阶时，拱顶沉降与拱底隆起分别有一个台阶式的发展，但是在开挖第三台阶时，趋势减缓；从破除顶部中岩柱开始，拱顶沉降与拱底隆起迅速增大，直到上部分岩柱破除完毕并完成初期支护，此时拱顶沉降与拱底隆起值几乎相同；从开挖核心岩体开始，拱顶沉降趋于稳定，而拱底隆起则继续发展，直到核心土开挖完毕。最终沉降值稳定在 14.477mm，隆起值稳定在 15.816mm。

　　由图 6-26 可以看出，与前两种方案不同，三台阶七步开挖法拱顶沉降与拱底隆起的主要发展阶段在开挖第一台阶，从第一台阶开挖开始到结束，拱顶沉降与拱底沉降都迅速增加，拱顶沉降量约占最终总沉降量的 80%，拱底隆起量约占最终隆起量的 50%；开挖第二台阶，拱顶沉降继续增加，但是到第二台阶开挖结束并完成初期支护，趋于稳定，最终沉降值为 15.929mm；拱底隆起则不同，从开挖第二台阶开始，隆起值持续增加，直到核心岩体开挖完毕，最终隆起值为 17.180mm。

　　由图 6-27 和图 6-28 可知，三种方案的拱顶沉降与拱底隆起最终量值几乎相同但其变化趋势却存在显著的差异性。其中预留核心土法在整个开挖过程中，拱顶沉降与拱底隆起的发展过程相对平缓，不存在任何的突变阶段；预留中岩柱法在破除上部岩柱时，拱顶沉降与拱底隆起有一个迅速发展的过程，这个过程在整个开挖步序相对靠后的部分；而三台阶七步法在开挖第一台阶岩体时，也有一个拱顶沉降和拱底隆起迅速发展的过程，之后围岩变形便趋向于稳定。

　　从上述分析中可以看出，在三种开挖方案最终变形量相差不大的基础上，预留核心土法的围岩变形发展全过程最为平滑，而预留中岩柱法与三台阶七步法分别在施工的后期与

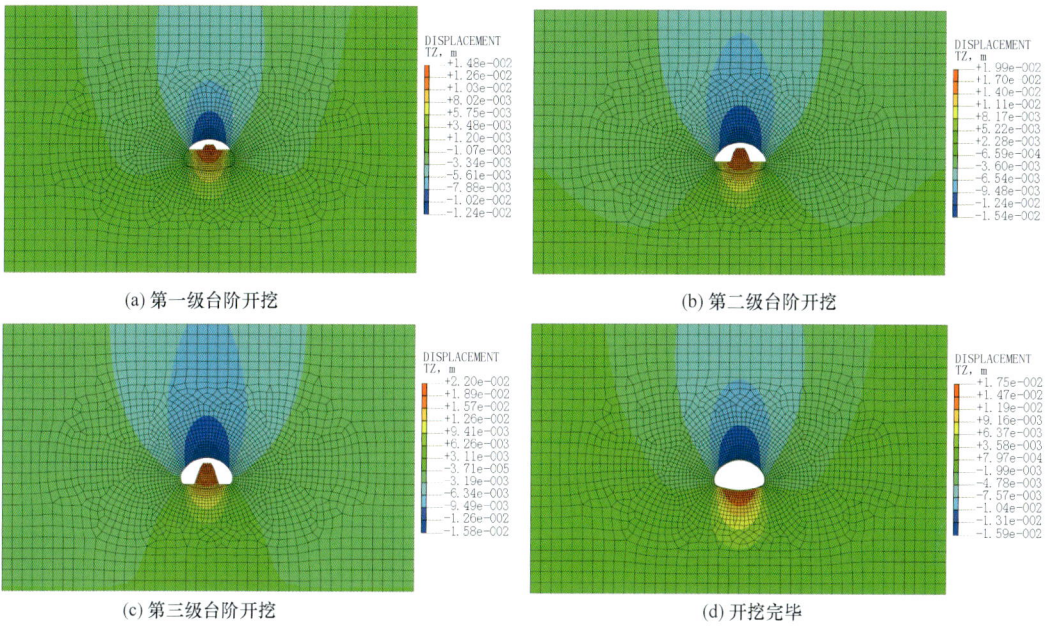

(a) 第一级台阶开挖

(b) 第二级台阶开挖

(c) 第三级台阶开挖

(d) 开挖完毕

图 6-26 三台阶七步开挖法开挖过程的竖向位移云图

前期存在变形的突变。从支护协同变形的角度来看，围岩变形发展全过程越平滑就越有利于支护结构内力的合理分布，从而能有效避免支护结构的应力集中而产生的局部破坏。相反地，若围岩变形的发展过程存在突变阶段，此时同一断面内不同部位的初期支护由于其施作顺序的不同，会产生局部的变形不协调与应力集中，从而威胁隧道结构的安全性。

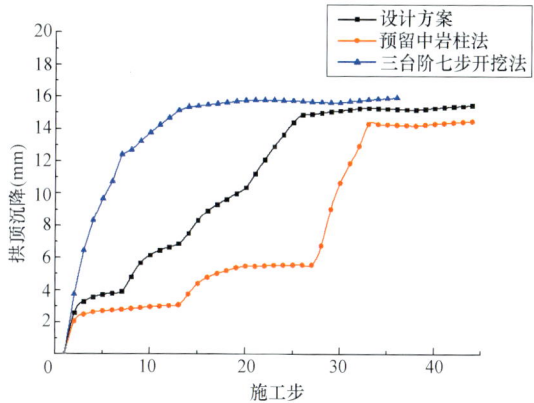

图 6-27 三种方案拱顶沉降最大值曲线

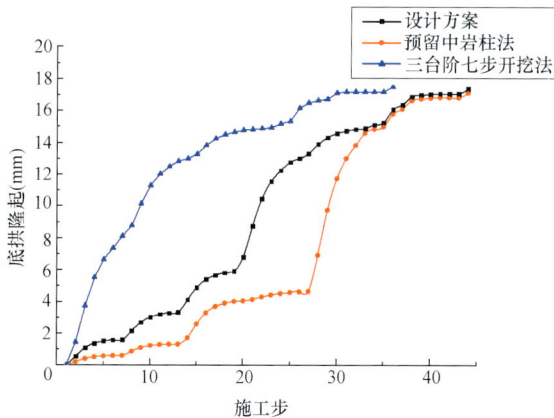

图 6-28 三种方案拱底隆起最大值曲线

6.6.2 围岩应力分析

隧道开挖之前，岩体处于原始应力状态，这是一个应力平衡的状态。开挖之后，围岩应力状态产生变化，需要通过应力释放来重新建立一个平衡状态，最终平衡状态的围岩应力分布很大程度上决定了隧道的稳定性。为此，本节将从围岩的应力分布规律的角度，对三种施工方案进行对比分析。

图 6-29 分别给出了预留核心土法、预留中岩柱法与三台阶七步开挖法三种施工方案的围岩应力分布规律。从图中可以看出，三台阶七步开挖法的围岩应力分布最为均匀，而预留核心土法在拱顶部位出现多处应力集中，预留中岩柱法则在拱顶与拱底处均存在大范围的应力集中现象。从洞周的应力量值来看，预留核心土法的应力量值在三种施工方案中最小，而三台阶七步开挖法最大。

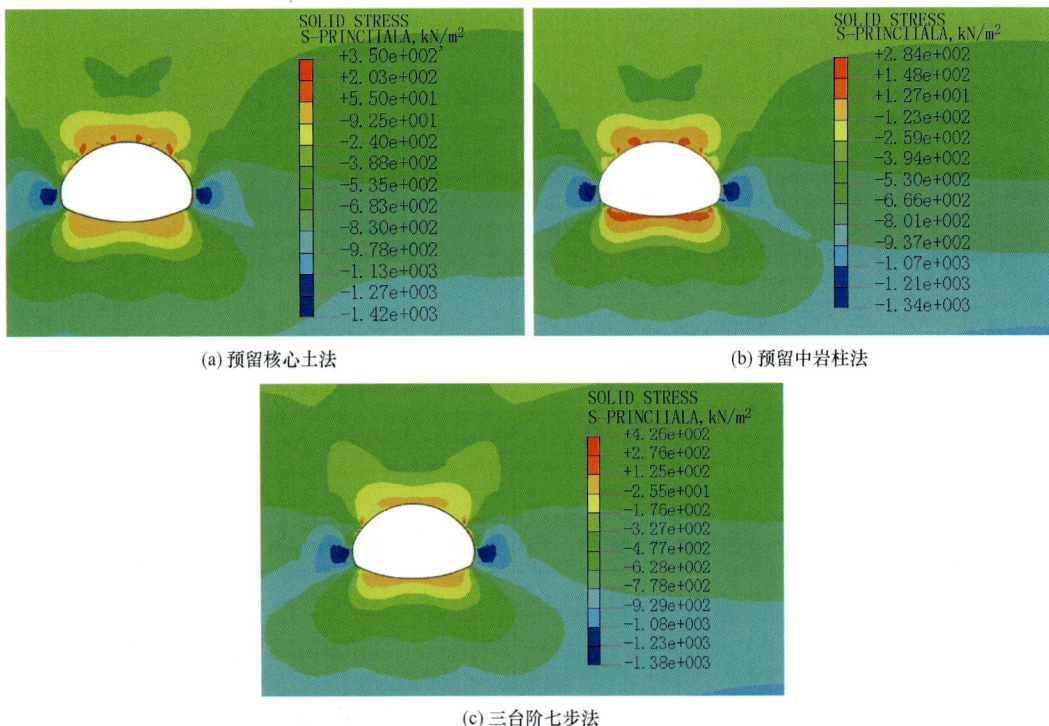

(a) 预留核心土法   (b) 预留中岩柱法

(c) 三台阶七步法

图 6-29　三种开挖方案的最终围岩应力分布

从上述分析可以看出，尽管三台阶七步开挖法可以有效避免围岩应力的局部集中，但该工法提高了围岩应力的整体水平，而预留中岩柱法不管在降低围岩应力整体量值还是在避免应力集中方面都存在明显的不足，预留核心土法则在出现较少应力集中区域的前提下，显著降低了围岩应力的整体水平。

6.6.3 衬砌应力分析

1. 初衬应力分析

初衬是抵抗围岩收敛变形的主要承载体，围岩随着开挖产生应力的释放，最终应力转移到了初衬上，分析三种开挖方案中初衬的应力情况，在施工过程中受到的最大拉应力和最大压应力结果统计见表 6-9。

三种施工方案初衬的最大拉应力和最大压应力结果（单位：MPa） 表 6-9

施工步	预留核心土法		预留中岩柱法		三台阶七步开挖法	
	最大拉应力	最大压应力	最大拉应力	最大压应力	最大拉应力	最大压应力
1	0	0	0	0	0	0
2	0.338	3.307	0.544	4.800	0.558	8.164
3	0.370	3.556	0.596	5.098	0.582	9.873
4	0.386	3.636	0.610	5.177	0.594	10.827
5	0.392	3.671	0.616	5.209	0.598	11.465
6	0.401	3.692	0.619	5.230	0.659	12.284
7	0.616	5.219	0.623	5.284	1.962	12.386
8	0.924	5.798	0.628	5.346	2.475	12.577
9	0.996	7.394	0.631	5.395	2.508	12.737
10	1.019	7.610	0.642	5.429	2.548	12.883
11	1.030	7.721	0.648	5.456	2.582	13.032
12	1.047	7.813	0.652	5.480	2.681	12.791
13	1.051	8.088	0.956	5.560	2.724	12.601
14	1.108	8.420	1.278	5.828	2.720	12.620
15	1.186	8.693	1.321	7.527	2.715	12.644
16	1.210	8.894	1.326	7.801	2.710	12.668
17	1.223	9.043	1.361	7.955	2.709	12.685
18	1.260	9.197	1.393	8.084	2.718	12.674
19	1.470	9.398	1.436	8.164	2.736	12.594
20	1.969	9.620	1.434	8.285	2.761	12.465
21	2.000	9.844	1.432	8.542	2.761	12.466
22	1.970	10.179	1.430	8.660	2.761	12.466
23	2.001	10.523	1.428	8.766	2.761	12.469
24	2.091	10.853	1.424	8.807	2.760	12.472
25	2.149	11.004	1.413	8.828	2.758	12.477
26	2.145	11.038	1.402	8.834	2.757	12.484
27	2.141	11.157	1.397	9.440	2.756	12.489
28	2.139	11.317	1.387	10.313	2.755	12.493
29	2.138	11.445	1.365	11.336	2.756	12.488
30	2.139	11.524	1.293	12.326	2.756	12.483
31	2.138	11.583	1.080	13.210	2.755	12.487
32	2.140	11.611	0.787	14.358	2.754	12.491
33	2.140	11.625	0.788	14.393	2.754	12.493

施工步	预留核心土法		预留中岩柱法		三台阶七步开挖法	
	最大拉应力	最大压应力	最大拉应力	最大压应力	最大拉应力	最大压应力
34	2.140	11.636	0.788	14.423	2.753	12.492
35	2.140	11.651	0.789	14.464	2.752	12.503
36	2.139	11.661	0.790	14.491		
37	2.140	11.677	0.792	14.599		
38	2.139	11.697	0.794	14.640		
39	2.140	11.710	0.796	14.655		
40	2.142	11.721	0.799	14.666		
41	2.142	11.726	0.800	14.671		
42	2.142	11.730	0.800	14.674		
43	2.141	11.733	0.800	14.677		

根据表 6-9 中的数据对三种方案开挖过程中初衬的最大拉应力和最大压应力进行曲线绘制，如图 6-30、图 6-31 所示。

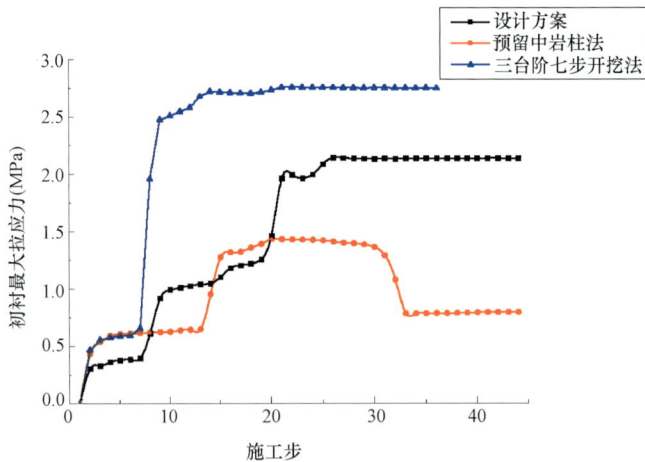

图 6-30　三种方案开挖过程中初衬的拉应力最大值曲线

由图 6-30 可知，三种方案的初衬最大拉应力随着开挖的进行呈现阶段性变化：预留核心土法中，第一台阶随着三部分岩体的逐步开挖，初衬拉应力最大值也在持续增大，这一增大过程持续到了第二台阶开挖完毕并完成初期支护，峰值达到了 2.148MPa，随后最大拉应力趋于平稳，直到开挖完毕初衬封闭成环，稳定值在 2.1MPa 左右。

预留中岩柱法是三种开挖方法中初衬拉应力最大值最小的一种方案，峰值也仅仅是 1.436MPa，开挖第一步初衬最大拉应力产生，之后便稳定下来，直到开始开挖第一台阶第三分部时，初衬最大拉应力又有一个增大的过程，并在第一台阶开挖完毕并完成初期支护之后达到了峰值，此后又进入了第二段平稳期，在破除中岩柱并将上部初衬封闭的过程中，初衬拉应力最大值有所回落，到开挖结束初衬封闭成环，这个值一直稳定在了 0.8MPa 左右。

三台阶七步开挖法遵从之前分析围岩位移与应力的相同规律，在开挖初期支护早期便产生了很大的初衬拉应力，最大值甚至达到了 2.76MPa，这一值远超混凝土强度的设计值。

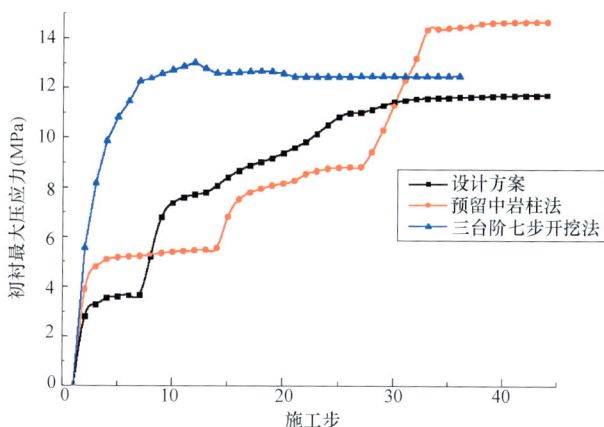

图 6-31 三种方案开挖过程中初衬的压应力最大值曲线

由图 6-31 可知，三种开挖方案初衬的压应力最大值都是随着开挖的进行有增无减，预留核心土法初衬压应力稳定增加，在三级台阶开挖完毕之后趋于稳定，稳定值在 11.7MPa 左右；预留中岩柱法，在开挖前两级台阶以及破除中岩柱时经历了三个跳跃阶段，最终稳定在了峰值 14.6MPa 左右；三台阶七步开挖法初衬压应力发展阶段集中在了第一步开挖过程，在开挖第二级台阶后达到峰值 12.791MPa，随后有小幅度下降，最终稳定在了 12.5MPa 左右。

2. 二次衬砌应力分析

二次衬砌的施作需要在初期支护完全封闭成环之后才能进行，此时距离二次衬砌施作位置围岩的第一次开挖有很长一段时间，围岩的应力释放大半，二次衬砌承受来自围岩收敛的荷载较小，因此应力也相对较小，二次衬砌更多发挥了作为安全储备的作用。三种方案的二次衬砌最大拉应力和最大压应力结果统计见表 6-10。

三种方案二次衬砌最大拉应力和最大压应力统计（单位：MPa）　　表 6-10

二次衬砌环数	预留核心土法		预留中岩柱法		三台阶七步开挖法	
	最大拉应力	最大压应力	最大拉应力	最大压应力	最大拉应力	最大压应力
1	0.529	4.555	0.524	3.758	0.444	4.326
2	0.526	4.557	0.523	3.761	0.443	4.327
3	0.344	4.559	0.352	3.762	0.443	4.329
4	0.349	4.560	0.357	3.763	0.446	4.330
5	0.352	4.561	0.360	3.764	0.447	4.330
6	0.352	4.561	0.360	3.765	0.447	4.331

由表 6-10 可知，三种开挖方法中，预留核心土法和预留中岩柱法二次衬砌的最大拉应力在施作过程中都呈下降趋势，并且最终都稳定在了 0.36MPa 左右，小于三台阶七步开挖法的 0.45MPa，而预留中岩柱法的二次衬砌压应力为 3.76MPa，小于预留核心土法

的 4.56MPa 和三台阶七步开挖法的 4.33MPa。

相比于初衬，二次衬砌的最大拉应力和最大压应力值比较小，这说明二次衬砌是在围岩收敛变形即将完成时施作的，二次衬砌作为一种安全储备，实际上并没有发挥太多的支护作用。

6.6.4 隧道围岩稳定性判定

多年来，在隧道工程围岩稳定性问题的研究中，失稳判据是研究热点之一，也出现了许多不同判定标准，将隧道应力、位移、塑性区等方面的表现情况作为判定依据，选取其中具有代表性的作为本节隧道分部开挖工法下围岩稳定性的判据。

1. 基于围岩位移的隧道稳定性判定

以变形量或变形速率来判定围岩是否失稳是地下工程界最普遍的判定依据，选出两种分别以变形量和变形速率的判定方法作为本节围岩稳定性的判据，如下所示：

（1）变形量：张秀俊通过现场实测，分析了围岩下沉曲线的变化规律，指出对 V 级围岩段，在量测 30d 内其拱顶下沉的累积位移大于 55~90mm 时，即判定围岩进入可能失稳的状态，要加密监测，及时报警[95]。

（2）变形速率："隧道稳定"，一般是指坑道周边变形速率呈递减趋势并逐渐趋近于零，其最终位移不侵入限界，支护结构不出现影响正常使用的裂缝和破损，更不能发生大范围的坍塌。可知针对隧道某一个监测点的随掘进过程中的位移变化情况，如果在开挖结束后，其位移变化趋势平缓，最终逐渐趋近为零，判定隧道围岩稳定，反之则失稳。

从三种方案的围岩位移结果分析：

变形量：由图 6-27 可知，三种方案的拱顶沉降与拱底隆起最终量值几乎相同，不同处主要在于其变化趋势。最终拱顶沉降值预留核心土法 15.457mm，预留中岩柱法 14.477mm，三台阶七步开挖法 15.929mm，三者皆在稳定范围内。

变形速率：由图 6-27 和图 6-28 可知，预留核心土法在整个开挖过程中，围岩位移以稳定的速率增加，最终逐渐趋于平缓，拱顶沉降和拱底隆起并没有在某个施工阶段中突然增大。预留中岩柱法开挖前期围岩变形小，在破除中岩柱时，围岩变形突增，可能在破除中岩柱时处理不当导致拱顶坍塌，因此在破除中岩柱时需要使用更多的支护手段来对拱顶沉降进行控制，同时需要开挖两侧台阶时需要对中岩柱进行加固。三台阶七步开挖法与预留中岩柱法缺点相同，在进行上台阶开挖时，围岩变形过大，幅度相比预留中岩柱法更大，因此在开挖上台阶时很容易造成塌方，控制住第一步开挖变形之后，随后开挖步围岩变形速率逐渐稳定。

2. 基于围岩应力的隧道稳定性判定

岩石力学基本上沿用材料力学的思路，即以应力和强度为中心并以两者关系评定岩石所处的状态，隧道工程中的支护结构设计也是如此，以围岩或支护结构的应力变化，即从强度方面判定隧道围岩稳定性不失为一种方法。

由图 6-29 可知，从围岩应力分布的结果来看，三种施工工法的差别主要体现在应力量值与应力集中区域。在三种工法中，三台阶七步开挖法有效避免了围岩应力的局部集中，但它却牺牲了围岩的整体应力水平，为后期施工与运营过程中围岩稳定性埋下隐患，而预留中岩柱法虽然降低了围岩整体应力水平，但在避免应力集中方面都存在明显的不足，导致出现了大范围的应力集中，严重影响隧道稳定性。预留核心土法在显著降低了围岩整体应力水平的同时，在拱顶局部区域出现应力集中，施工过程中可以对应力集中位置进行着重加固，以保障围岩稳定。

3. 基于衬砌应力的隧道稳定性判定

由二次衬砌的分析结果来看，二次衬砌受到围岩荷载并不大，这一荷载远不能导致自身的破坏。从初衬最大拉应力来看，三台阶七步开挖法达到了 2.76MPa，这是混凝土难以承受的拉应力，极易导致初衬混凝土的开裂；中岩柱法初衬最大拉应力较小为1.4MPa，这个值在 C30 混凝土的承受范围之内，因此不需要对初衬加固；在 35cm 初衬条件下，预留核心土法的最大拉应力达到 2.15MPa，需要适当增加钢材料配置，才能防止自身的开裂；从初衬最大压应力来看，三台阶七步开挖法的最大压应力为 12.5MPa，中岩柱法的最大压应力为 14.6MPa，预留核心土法的最大压应力为 11.7MPa，即预留核心土法衬砌所产生的最大压应力最小。隧道衬砌作为一种以受压状态为主的结构，其所受的压应力越小，便越利于结构的安全；而局部的拉应力过大，则可以通过增加受拉材料的配置来解决。

综上所述，根据判定标准，结合三种不同施工工法对比，判定结果如下：三种施工工法在施工过程中，围岩都较为稳定，但在不同方面仍有差异，将三种施工方案中各种对比因素进行汇总，结果见表 6-11。

三种施工方案结果对比　　　　　　　　　　　　　表 6-11

对比因素	预留核心土法	预留中岩柱法	三台阶七步开挖法
围岩变形	优	劣	劣
围岩应力	优	劣	中
衬砌应力	优	优	劣

经过综合评定，可以得出结论：三台阶七步开挖法无论在控制围岩稳定和结构安全方面都有缺陷，此方案基本可以排除；预留中岩柱法仅在控制衬砌最大拉应力方面具有优势，而在控制围岩变形发展过程与围岩应力分布方面均存在不足；预留核心土法则在控制围岩稳定和结构安全方面均有较好的表现，因此应当选取预留核心土法作为最优工法。

6.7　其他施工工法

近年来，超大跨隧道数量虽然越来越多，但由于其特殊性，超大跨隧道的施工工法一直是难题，虽然已经有了许多安全运营的超大跨隧道，但其施工工法仍未规范化、标准化，目前施工人员只能通过经验进行施工设计，上文所述针对新八达岭隧道所设计的预留核心土法、预留中岩柱法、三台阶七步开挖法，在其他隧道不一定适用，针对不同隧道，不同施工要求，不同的施工工法也被开发出来。

6.7.1　新考塘隧道

1. 工程背景

新考塘隧道为新建赣龙铁路扩能改造工程（以下简称赣龙铁路）的一座双线隧道，赣龙铁路为设计速度 200km/h 客货共线双线铁路，直线地段线间距 4.4m。在赣龙铁路建设期间，因新建南三龙铁路需增设赣龙铁路至南三龙铁路上行联络线，设计联络线从新考塘隧道右线出岔，DK268＋050～DK268＋265 段隧道右线与联络线线间距由 0 渐变至 10.2m，隧道出口段逐渐加宽，形成喇叭口渐变式超大跨隧道结构（图 6-32）。

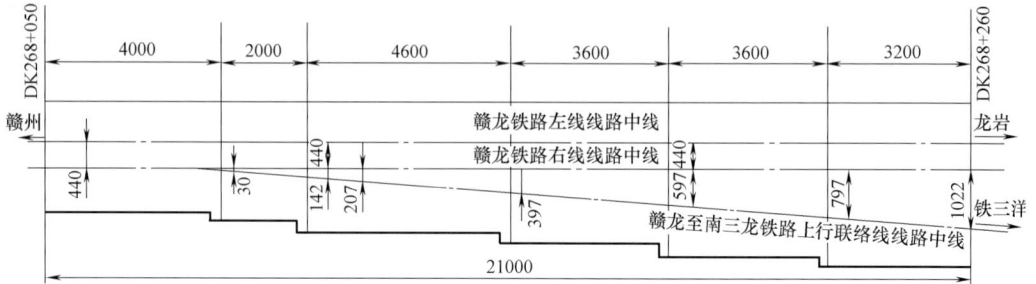

图 6-32　新考塘隧道出口段平面布置图（单位：cm）

新考塘隧道位于龙岩市新罗区龙门镇范围内，隧道进口里程 DK265＋762，出口里程 DK268＋265，全长 2503m。隧道洞身最大埋深 188m。隧道进口距既有赣龙铁路约 100m。隧址区属于中、低山地貌，为构造剥蚀山地，植被发育。出口段地层为坡残积层粉质黏土和全风化花岗岩，厚度 15～30m，为 V 级围岩，工程地质条件差。地下水主要为孔隙潜水、基岩裂隙水，受大气降水补给，向低洼处排泄。

2. 施工方法设计

大断面隧道施工时一般将大断面化大为小，分层分块开挖，逐步形成隧道设计形状，并尽快地沿开挖轮廓形成封闭或半封闭的承载结构，再开挖核心部和仰拱。在开挖时间上就有分期开挖过程，在分期开挖过程中，每一个施工分期对应不同的开挖顺序，这就意味着不同时期的围岩对应一种暂时加载状态。由于在施工期间不断变化着洞形和加载方式，不仅影响施工期间围岩的应力、破坏区、洞周位移，而且影响洞体成型后的应力分布、破损区大小以及洞周位移情况，因此支护结构的内力也在不断变化。而对于新考塘隧道，大断面结构位于隧道出口地段，处于浅埋富水的全风化花岗岩地层中，施工风险更高，首次提出 DWEA 工法［靴型大边墙（Dilated Wall）＋加劲拱（Enhanced Arch）工法］，提出了纵横向刚柔结合式立体超前预支护体系，形成了指导特大断面隧道设计、施工的计算方法，特别是适合软弱围岩特大变截面隧道的施工技术。

新考塘隧道出口大跨段的施工工序如图 6-33 所示。具体施工工序如下：

（1）先施作左右导洞，并完成导洞的初期支护施作，上下台阶长度按 6m 考虑，左右掌子面亦按相差 6m 推进。

（2）完成导洞内大墙脚施作。

（3）对于中间开挖土体，掌子面上部水平旋喷加固，中部采用玻璃纤维锚杆加固。

（4）开挖③部，每次进尺 2m，施作相应部位的一次初期支护及临时支撑。

（5）当③部开挖 6m 后，开挖④部，施作相应部位的一次初期支护及临时支撑，即③、④部掌子面相距 6m。

（6）当④部开挖 6m 后，开挖⑤部，施作相应部位的一次初期支护，即④、⑤部掌子面相距 6m。

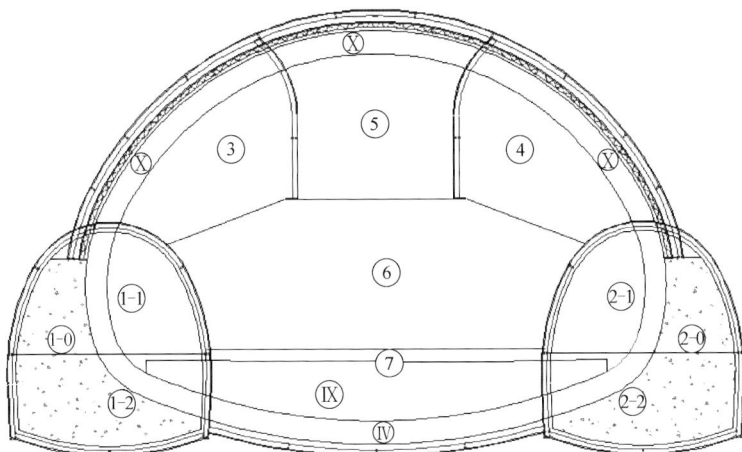

图 6-33 新考塘隧道出口大跨段施工工序图

（7）当⑤部开挖 10m 后，开挖⑥部，即⑤、⑥部掌子面相距 10m；值得注意的是：在开挖⑥部之前，施作拱部二次初期支护，并拆除临时支护。

（8）当⑥部开挖 10m 后，开挖⑦部，即⑥、⑦部掌子面相距 10m。

（9）当⑦部开挖至 32m 后，拆除导洞部分初期支护，准备施作二次衬砌。

（10）导洞初期支护拆除 10m 后，开始施作隧道仰拱。

（11）仰拱施作 10m 后，开始施作隧道上部二次衬砌，使二次衬砌闭合，即此时导洞初期支护已完成 20m 拆除。

（12）以此类推完成 32m 隧道的二次衬砌施作。

6.7.2 贵安七星数据中心项目隧道

1. 工程背景

贵安七星数据中心项目隧道断面 $182.4m^2$，属于浅埋特大断面隧道，最大埋深 60m，岩石为泥质白云岩，为 V 级围岩，设计五条隧道。

2. 施工方法设计

（1）五线并行隧道施工方法

五线并行小间距浅埋大断面隧道洞库群施工在国内属于首例，施工方法：1）五条隧道洞口防止隧道开挖塌方和仰坡变形，采用超前大管棚、超前小导管、超前预注浆等措施。2）五条平行隧道 B1～B5 在轴线方向间隔一定距离同步施工、同步推进，地质条件较好处采用 CD 法施工，地质条件较差处调整为 CRD 法施工。3）隧道初期支护采用锚喷＋工字钢架，二次衬砌采用钢筋混凝土结构，先施作仰拱再施作边墙。

五条并行隧道 B1～B5 同步施工、同步推进顺序如下：当 B2 隧道纵深施工到 Z2 时，B1 隧道开始施工；当 B4 隧道纵深施工到 Z4 时，B5 隧道开始施工；当 B2、B4 隧道纵深均施工到 Z2、Z4 时，B3 隧道开始施工；最后 B1～B5 五条并行隧道在轴线方向间隔一定距离同步施工、同步推进，如图 6-34 所示。

（2）单一隧道施工工法

地质条件较好处采用 CD 法施工，地质条件较差处调整为 CRD 法施工，把隧道横切

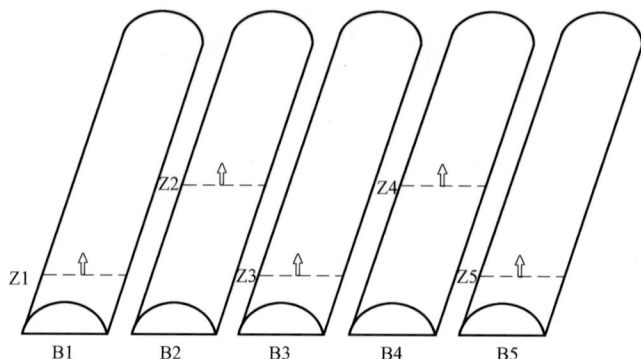

图 6-34　五条平行隧道施工顺序

面分为六个部分，左右两侧各划分为三个部分，如图 6-35 所示，通过依次进行挖掘和安装支护的方式对每条隧道进行施工，具体为：当左侧 1 步导坑施工 5m 时，2 步导坑开始施工；当 2 步导坑施工 3m 时，3 步导坑开始施工；1 步、2 步、3 步导坑超前平行施工，1 步导坑施工 50m 时，4 步导坑开始施工；当 4 步导坑施工 5m 时，5 步导坑开始施工；当 5 步导坑施工 3m 时，6 步导坑开始施工；最后，隧道横切面六个部分进入同时施工状态。

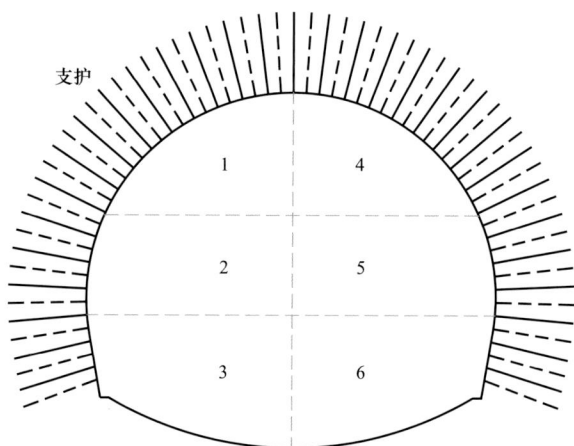

图 6-35　隧道施工 CRD 法

隧道初期支护采用锚喷＋工字钢架，二次衬砌采用钢筋混凝土结构，先施作仰拱再施作边墙。五条平行小间距隧道施工干扰大，隧道断面较大，且爆破频繁，对山体围岩扰动大，施工中应严格控制总药量及单段最大爆破药量，采取空间错位，跳一隔一爆破施工，不得对相邻隧道采取同时爆破施工作业，且相邻隧道掌子面应错开 50m 以上。

（3）软岩大断面隧道平面正交岔口施工方法

A1 隧道和联络通道与 B1 隧道平面正交，A1、B1 为大断面隧道，联络通道断面较小，如图 6-36 所示。A1、B1 隧道均采用 CD 法进洞施工，在施工期间，A1 隧道需施工至距离开口线位置 10m 处停止并封闭。主隧道 B1 沿洞身走向方向间隔布置钢支撑，如图 6-37、图 6-38 所示，当在交岔口施工时，由于断面较大，开口线 G 范围内若干榀拱架 D 被截断后，J 与 K 之间的钢支撑将缺少有效的支撑点。

基于注浆钢花管多处加固钢支撑、超前大管棚超前注浆预支护及弧形钢板连接钢支撑，从而起到加强被截断钢支撑的整体受力及后续施工过程中的围岩稳定性。具体的，对 B1 隧道在 G 范围内的钢支撑两侧环向打设多根注浆锁脚钢花管 A 与钢支撑进行连接，使得被截断钢支撑的受力方式通过注浆锁脚钢花管的力学效应，传递至稳固的岩体中。在开口线 G 外轮廓处焊接弧形钢板 H 于 F 范围内，且 J 与 K 之间的钢支撑进行横向焊接，保

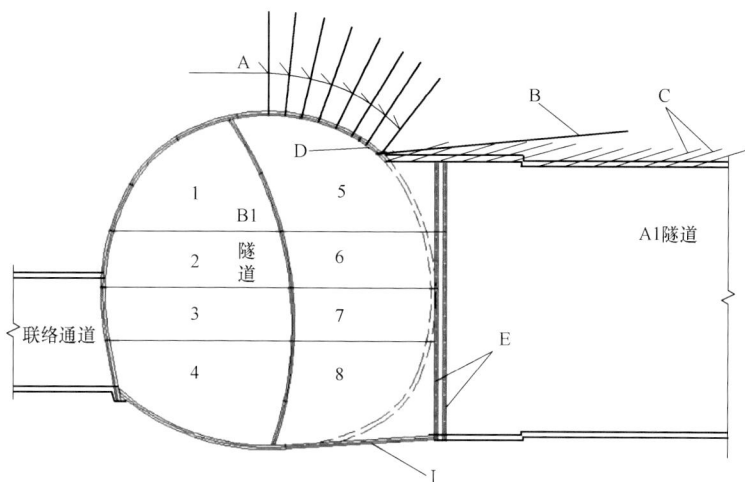

图 6-36 软岩大断面隧道平面正交岔口施工方法

证被截断钢支撑 D 与未截断钢支撑进行有效连接，形成整体受力合理的结构。沿弧形钢板下侧施作超前大管棚 B 并注浆进行超前预支护，并与弧形钢板及钢支撑有效连接，使得被截断范围内钢支撑上述受力传递的同时，又与超前大管棚 B 受力结合，将交岔口处的空间力学效应最终通过超前大管棚传递至稳固的岩体中。

施工中，所述钢支撑均为型钢拱架，B1 隧道初期支护型钢拱架均由多节弧形节段拼装组成，弧形钢板为 16mm 热轧钢板，与钢支撑的连接采用四面焊的方式连接牢固。

施工中，开口处 G 以下被截断的钢支撑通过注浆锁脚钢花管固定，钢支撑 D 的根部与钢支撑 E 之间的围岩，开挖后仅采用挂网锚喷支护即可。

施工中，所述 A1 隧道的施工里程由超前大管棚的长度等方面因素考虑，并考虑与管棚搭接不少于 5m。

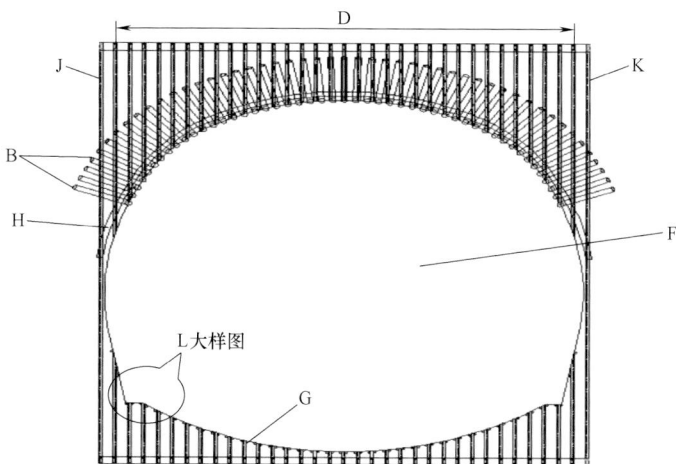

图 6-37 B1 隧道沿洞身走向方向间隔布置钢支撑

施工中，先根据 CD 法施工台阶初步完成 B1 隧道第 1、5 步初期支护，加固开口处 G 范围内即将要被截断的钢支撑，然后在进行截断，随后，依下部台阶的支护完成对交岔口

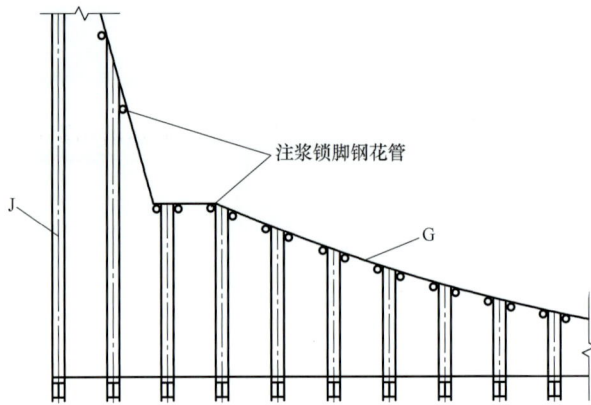

图 6-38　钢支撑大样图

分台阶支护。开口处 G 以下被截断的钢支撑待 A1 隧道初期支护施工至 E 钢支撑时通过型钢拱架 I 进行连接。

6.7.3　特大断面隧道"CD 法＋下台阶法"施工工法

在原设计的 CRD 工法的基础上，针对特大断面，提出了"CD 法＋下台阶法"施工工法，如图 6-39 所示。具体施工方法：把隧道断面分上、中上、中下、下四步台阶施工，上、中上台阶采用 CD 法先行施工，待上、中上台阶开挖贯通后，有序拆除临时中隔壁，中下、下台阶采用台阶法施工，步骤如下：

第 1 步：施工前完成超前地质预报工作，主要采取长钎探孔、超前探孔、TSP、地质素描等预测方法，探明前方地质情况。

第 2 步：监控量测。监测隧道的水平移近量、垂直移近量、拱顶沉降量。

第 3 步：上台阶、中上台阶采用 CD 法开挖，并及时跟进支护措施。

第 4 步：待第 3 步全部施工完成后，拆除临时中隔壁。

第 5 步：待第 4 步完成 3m，下台阶、中下台阶（含仰拱）采用台阶法开挖，并及时跟进支护措施。

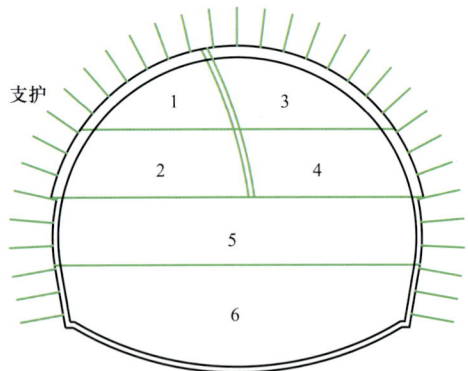

图 6-39　CD 法＋下台阶法

第 6 步：待第 4 步施工至有效长度后，依次进行仰拱及填充、拱墙衬砌混凝土施工。

通过现场试验，CD 法＋台阶法施工优点在于：

（1）拱部支护体系增强，隧道上部两台阶可先行开挖贯通，后再行施工下部两台阶，减少了下部左、右侧导坑错进施工、中隔壁拆除工作，加快了施工进度；

（2）避免了下部台阶施工时，临时中隔壁安装高度过高，爆破作业时对其扰动，降低了安全风险；

（3）拱部支护体系加强，临时中隔壁支护体系减弱，经济效益显著。

6.8　本章小结

本章主要针对特大断面、特大跨隧道施工工法进行了总结归纳，并以实际工程为背景依托，对施工工法进行数值模拟与分析。

（1）对常用的隧道施工工法进行归纳，通过对国内外特大断面隧道进行调研，目前，隧道施工工法主要有全断面法、台阶法、双侧壁法、CRD法、CD法、三台阶七步开挖法，同时，对不同工法的适用范围进行总结。其中，适合中大型断面的主要有CD法、CRD法、双侧壁导坑法。

（2）以新八达岭隧道为工程背景，设计采用预留核心土法、预留中岩柱法、三台阶七步开挖法，并运用数值模拟软件对三种开挖方法进行模拟，分析了开挖过程中围岩位移、围岩应力、衬砌应力，对隧道稳定性进行了判定，综合选择预留核心土法为最适合新八达岭隧道的施工工法。

（3）针对不同特大断面隧道，施工人员提出了许多不同的施工工法，例如新考塘隧道采用的DWEA工法，贵安七星数据中心项目隧道采用的CD法与CRD法相结合、五线并行的施工方法，以及上CD法下台阶施工法等，在实际工程施工中都取得了良好的效果。

（2）塑性本构关系

和弹性变形相反，塑性变形则是指材料在外力卸载后不能完全恢复的变形，通常发生在软弱围岩和破碎围岩中。围岩塑性变形的本构关系可以用式（7-2）和式（7-3）来表示，塑性变形可以分为两个阶段，分别是弹性和塑性阶段。材料的塑性变形不仅受应力状态的影响，还受到塑性变形历史的作用，塑性变形历史可以用内变量来表示，内变量可以是张量形式 σ_{ij}^{P}，也可以是标量 χ。

当 $f(\sigma_{ij},\sigma_{ij}^{\mathrm{P}},\chi)<0$ 时，

$$\mathrm{d}\varepsilon_{ij}=c_{ijkl}\,\mathrm{d}\sigma_{kl} \tag{7-2}$$

当 $f(\sigma_{ij},\sigma_{ij}^{\mathrm{P}},\chi)=0$ 时，

$$\mathrm{d}\varepsilon_{ij}=c_{ijkl}\,\mathrm{d}\sigma_{kl}+\frac{1}{A}\frac{\partial g}{\partial\sigma_{ij}}\left(\frac{\partial f}{\partial\sigma_{kl}}\mathrm{d}\sigma_{kl}\right) \tag{7-3}$$

式中：$f(\sigma_{ij},\sigma_{ij}^{\mathrm{P}},\chi)=0$ 为屈服条件；$g(\sigma_{ij},\sigma_{ij}^{\mathrm{P}},\chi)$ 为塑性势函数；$\sigma_{ij}^{\mathrm{P}}=D_{ijkl}\varepsilon_{kl}^{\mathrm{P}}$ 为二阶张量的内变量；χ 为标量的内变量，可以代表塑性功、塑性体应变或等效塑性应变。

（3）黏性变形

材料在外力作用下，不能立刻发生变形，而是和外力作用成正相关关系，时间越长，变形越大。特别是隧道围岩的应力状态、变形等具有非常明显的时间效应，其中软弱围岩随时间变化的更加明显。像这种外力不变，岩石的应力、应变和时间有关的现象叫作流变，它不仅包括岩石蠕变，还包括松弛以及弹性后效。实践表明，流变性主要体现在软弱围岩中，而且在含有泥质充填物和夹层破碎带的围岩中体现得也非常明显[104]。

此外，节理裂隙也影响着隧道围岩的蠕变，坚硬岩石如果裂隙比较发育，则也会发生剪切蠕变。隧道在开挖完成后，除了会立刻发生弹性变形外，也会在支护完成后的很长一段时间内发生收敛变形，特别是在深井以及软岩巷道中，如果支护结构薄弱，变形将会一直持续发展，直至巷道垮塌，还有在煤层开采完成后，地表下沉的现象也一直存在着，长则数年，短则好几个月。

2. 隧道围岩结构变形

（1）结构面的张开或闭合变形

是指围岩中存在的各种结构面在外力作用下发生张开或闭合引起的变形。因为围岩中的断层、节理、裂隙等一系列结构面在隧道开挖之前，存在不同的张合程度，隧道开挖后，在周围岩体应力重分布的作用下，这些结构面发生不同程度的张开和闭合，进而造成结构面的张开和闭合变形。在隧道围岩应力重分布的作用下，沿隧道切向的应力不断增大，围岩处于加载状态，因此结构面的张开度将减小；反之，法向应力增大，则结构面张开度也将增大（图7-2）[105]。隧道不同部位的结构面发生的变形也不尽相同，例如，拱顶和拱底水平向的结构面在围岩应力重分布作用下往往发生张开变形，最为明显的现

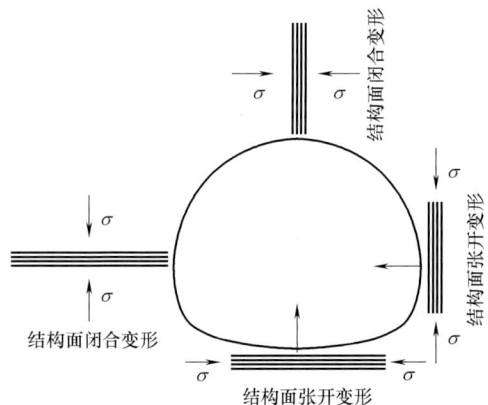

图 7-2　结构面的张开/闭合变形

1）隧道尺寸对块状围岩结构变形的影响

隧道尺寸对块状围岩结构变形产生影响的原因主要是隧道周边的不可动块体会随着隧道尺寸的增大而转变成可动块体，如图 7-9 所示，当隧道尺寸较小时，隧道周边的 1 号块体和 2 号块体是不可动块体，其不可能发生滑动变形或者滚动变形，而当隧道增大后，1 号块体和 2 号块体则可能发生滑动变形或者滚动变形，使围岩变形骤然增大甚至发生崩塌破坏。

2）隧道尺寸对层状围岩弯曲变形的影响

下面以水平层状围岩的弯曲变形为例，研究层状围岩变形的尺寸效应。假设隧道跨度为 D，隧道拱顶作用有均布荷载 q，则隧道拱顶沉降变形可简化为图 7-10 所示的简支梁受力模型。

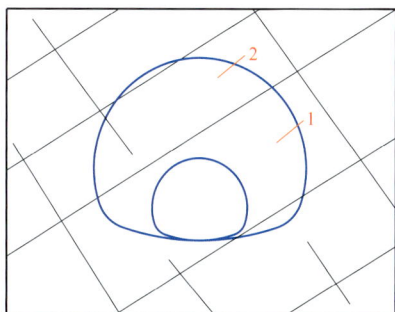

图 7-9　隧道尺寸对块状围岩变形的影响

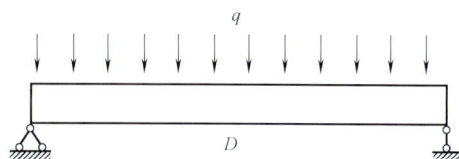

图 7-10　层状围岩隧道拱顶沉降变形计算模型

得隧道拱顶的沉降变形 s 为：

$$s = \frac{5qD^2}{384EI} \tag{7-12}$$

式中：EI 为岩层横截面的抗弯刚度，与岩石的弹性模量和岩层厚度有关。

令

$$K_s = \frac{5q}{384EI} \tag{7-13}$$

则

$$s = K_s D^2 \tag{7-14}$$

由式（7-14）可知，层状围岩隧道拱顶的沉降变形与隧道跨度的平方成正比，比例系数 K_s 由岩层的抗弯刚度和隧道拱顶承受的荷载确定。

以上分析表明，隧道断面尺寸对围岩变形的影响表现在材料变形 u_m 和结构变形 u_s 两个方面。围岩的材料变形，包括弹性变形和塑性变形，其均与隧道断面尺寸成一次线性关系。其中在块状围岩中，隧道周边不可动块体会随着隧道断面尺寸的增大而转化成可动块体，从而发生滑动或者滚动变形甚至坍塌，而层状围岩的弯曲变形与隧道断面尺寸的平方成正比。

对于完整、较完整的围岩，隧道的变形主要为围岩的材料变形，其结构变形很小，可忽略不计，此时隧道断面尺寸对变形的影响主要表现在围岩的材料变形，由于材料变形与隧道断面尺寸成正比例，因此，围岩的总变形也近似与隧道断面尺寸成正比例。

对于破碎、较破碎的围岩，隧道的变形主要为围岩的结构变形，其材料变形所占比例较小，此时隧道断面尺寸对变形的影响主要表现在围岩的结构变形，而结构变形与隧道断面尺寸一般呈非线性变化，因此，围岩的总变形也与隧道断面尺寸一般呈非线性变化。

3. 对围岩破坏模式的影响

围岩变形破坏模式取决于围岩岩性、围岩应力状态、岩体结构及洞室断面形状等因素。洞室围岩变形破坏的一般模式及其与围岩岩性和结构的关系见表 7-3。

围岩变形破坏的一般模式及其与围岩岩性和结构的关系   表 7-3

围岩岩性	岩体结构	变形、破坏模式	产生机制
脆性围岩	块状结构及厚层状结构	张裂塌落	拉应力集中造成的张裂破坏
		劈裂剥落	压应力集中造成的压致拉裂
		剪切滑移及剪切碎裂	压应力集中造成的剪切破裂及滑移拉裂
		岩爆	压应力高度集中造成的突然而猛烈的脆性破坏
	中薄层状结构	弯折内鼓	卸荷回弹或压应力集中造成的弯曲拉裂
	碎裂结构	碎裂松动	压应力集中造成的剪切松动
	块状结构	块体滑移	结构面组合切割形成的块体在重力作用下发生滑落或掉落
塑性围岩	层状结构	塑性挤出	压应力集中作用下塑性流动
		膨胀内鼓	水分重分布造成的塑性流动
	散体结构	塑性挤出	压应力作用下的塑流
		塑流涌出	松散饱水岩体的悬浮塑流
		重力坍塌	重力作用下的坍塌

对于大跨度隧道而言，围岩的破坏模型更多地表现为块体滑移，包括拱顶、边墙及掌子面在结构面切割组合形成的块体，如图 7-11 所示。

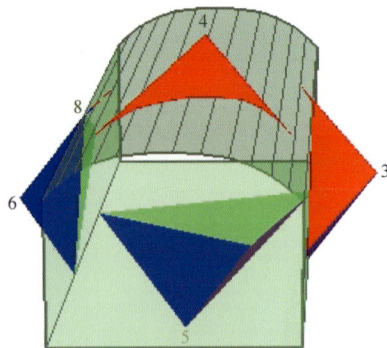

图 7-11 大跨度隧道围岩的块体滑移

7.2 超大跨隧道变形控制标准研究

7.2.1 变形控制基准及制定原则

1. 隧道变形控制基准

国内外学者都对隧道变形控制基准进行了大量的研究，这些研究一般都基于围岩松弛理论，并且不考虑围岩松弛产生的不利影响。因为不同的围岩变形都有一个极限值，超过这个极限应变值就会导致围岩进入不稳定状态，这就是制定隧道变形控制基准值的依据。

早在1974年，法国学者就对50～100m² 的中等尺寸隧道进行研究，并且提出了该断面水平下的隧道拱顶下沉评价标准；苏联随后通过对量测数据进行分析，进一步提出了深埋矿山坑道（400～1000m）的稳定性及支护措施的管理标准；1996年，日本在《NATM设计施工指南》一书中，通过对大量的隧道断面数据进行分析，系统地对新奥法施工水平收敛管理基准值进行设定，认为基准值的大小不仅受围岩条件、支护构件特性的影响较大，而且与隧道周边环境以及隧道断面大小等也有联系。总结归纳部分国外隧道变形控制基准见表7-4。

国外隧道变形控制基准 表 7-4

国家	工况条件			拱顶累计下沉(mm)	拱顶相对下沉(%)	水平累计收敛(mm)	水平相对收敛(%)
	隧道埋深(m)	围岩	隧道断面				
法国	10～50	硬岩		10～20	0.2～0.4		
		软岩		20～50	0.4～1.0		
	50～500	硬岩		20～60	0.4～1.2		
		软岩		100～200	2.0～4.0		
	>500	硬岩		60～120	1.2～2.4		
		软岩		200～400	4.0～8.0		
苏联	<400					50～80	1～1.6
	400～750					150～200	3～4
	>750					300～350	5～7
日本		Ⅰs(相当于Ⅴ～Ⅵ级)或特S(相当于Ⅵ级)	单线			>75	>2.7
			双线、新干线			>150	>3.15
		ⅠL(相当于Ⅳ级)	单线			25～75	0.9～2.7
			双线、新干线			50～150	1.05～3.15
		ⅡN～ⅤN(相当于Ⅱ～Ⅲ级)	单线			<25	<0.9
			双线、新干线			<50	<1.05
瑞士(圣哥达隧道)						150	3～4

我国铁路隧道也在不断完善自身规范标准，从隧道变形控制基准值、稳定性判别以及变形管理等级三方面做了相关的规定，见表7-5。

$$m_b = \exp\left(\frac{GSI-100}{28}\right)m_i$$

$$s = 0 \tag{7-28}$$

$$a = 0.65 - \frac{GSI}{200}$$

E. Hoek 等引入了一个可考虑爆破影响和应力释放的扰动参数 D（D 取值范围为 $0.0 \sim 1.0$，现场无扰动岩体为 0.0，而非常扰动岩体为 1.0），提出了基于地质强度指标（GSI）参数取值的新方法：

$$m_b = \exp\left(\frac{GSI-100}{28-14D}\right)m_i$$

$$s = \exp\left(\frac{GSI-100}{9-3D}\right) \tag{7-29}$$

$$a = 0.5 + \frac{1}{6}\left[\exp(-GSI/15) - \exp(-20/3)\right]$$

2）岩体的弹性模量

岩体弹性模量是对岩体工程进行分析和模拟的必备参数，获取的方法主要有原位试验法、经验公式法、数值计算法等。

原位试验法能够得到准确的模量值，但试验过程复杂，费用昂贵，对环境的要求较为苛刻，特别是在深孔和岩体破碎的情况下，甚至无法开展试验。

经验公式法以部分试验为基础，根据工程经验和理论推导相结合的方式建立岩体弹性模量的计算公式，具有简单、实用、有效的优点，为岩土工程技术人员普遍接受。

许多学者研究建立了岩体弹性模量与其质量指标、完整性指标、波速等参数之间的对应关系。目前，描述岩体完整性的指标主要有 3 种：岩石质量指标（RQD）、岩体体积节理数（J_v）、岩体完整性系数（K_v），分别从钻探取芯率、单位体积节理数、弹性纵波波速的角度出发描述岩体完整程度，这里主要介绍采用 RQD 的计算方法。R. F. Coon 和 A. H. Merritt 提出采用 E_m/E_r（岩体与岩块的弹性模量比）作为模量因子，并得出了该模量因子与岩体质量指标 RQD 之间的关系式：

$$E_m/E_r = 0.0231RQD - 1.32 \geqslant 0.15 \tag{7-30}$$

W. S. Gardner 提出采用与 RQD 相关的折减系数 α_E 表示 E_m/E_r，即：

$$\alpha_E = E_m/E_r = 0.0231RQD - 1.32 \tag{7-31}$$

L. Zhang 和 H. Einstein 提出采用上限值、下限值和平均值的方法描述 RQD 值与岩体模量因子 E_m/E_r 之间的关系。

Z. T. Bieniawski 提出 $RMR > 50$ 的情况下，岩体弹性模量与岩体质量指数 RMR 的关系为：

$$E_m = 2RMR - 100 \tag{7-32}$$

J. L. Serafim 和 J. P. Pereira 提出 $RMR \leqslant 50$ 的情况下，岩体弹性模量与 RMR 指标的关系为：

$$E_m = 10^{(RMR-10)/40} \tag{7-33}$$

E. Hoek 和 E. T. Brown 提出岩体弹性模量与地质力学强度指标 GSI 和单轴抗压强度 UCS 的关系为：

$$E_{\mathrm{m}}=\sqrt{\frac{USC}{100}}\cdot 10^{(GIS-10)/40} \tag{7-34}$$

这些经验公式较准确地反映了特定条件下的岩体弹性模量值与岩体质量指标之间的关系。

从以上论述可以看出，岩体弹性模量与其完整性的关系密不可分，经验公式虽然能够在一定程度上反映实际工程的情况，但在应用的过程中也存在诸多问题。由于岩体完整性参数一般是通过地质钻探获得的，实际钻探施工过程中由于人员、设备、地下水等因素的影响，钻探所获得的岩体完整性参数往往不是真实的地层参数，如钻孔过程中的机械使岩芯破碎将使 RQD 的值变小。胡文寿和张显志也提出 RQD 所反映的岩体完整性指标与钻探工程质量密切相关，即所采用的岩体质量指标（RQD）数据实际上反映的是取芯质量指标[106]。采用上述方法计算岩体弹性模量存在自身的缺陷，但目前尚没有更为先进的方法，因此结合工程实践的经验以及相关规范，这种方法在当前还是适用的，且是较为常用的方法。这也说明在获取岩体完整性参数时一方面应严格控制施工技术，得到更接近真实的岩体完整性参数，另一方面也需研究发展新的方法，尤其是在复杂地质条件或者重大工程建设中。

本工程大跨过渡段采用 W. S. Gardner 提出的经验公式计算岩体的弹性模量，即公式（7-31）。

（3）大跨段拱顶沉降控制标准

根据以上计算方法，可以得到大跨过渡段岩体强度允许的拱顶沉降变形如表 7-7 所示。

岩体强度允许的拱顶沉降变形　　　　　　　　　表 7-7

隧道跨度（m）	围岩等级	岩体极限应变	隧道拱顶沉降（mm）
25～33	Ⅱ	0.0022	30
	Ⅲ	0.0030	40
	Ⅳ	0.0067	90
	Ⅴ	0.0134	180
18～25	Ⅱ	0.0022	20
	Ⅲ	0.0030	30
	Ⅳ	0.0067	60
	Ⅴ	0.0134	130

2. 混凝土的极限应变

由图 7-15 可知，混凝土受压应力-应变全曲线可以分为以下 5 个阶段：

（1） OA 段（$\sigma \leqslant 0.3f_{\mathrm{c}} \sim 0.4f_{\mathrm{c}}$）：主要是弹性变形，应力-应变关系接近直线，$A$ 点为比例极限点。

（2） AB 段（$\sigma = 0.3f_{\mathrm{c}} \sim 0.8f_{\mathrm{c}}$）：裂缝稳定扩展，混凝土的变形为弹塑性变形，临界点 B 的应力可以作为长期抗压强度的依据。

（3） BC 段（$\sigma = 0.8f_{\mathrm{c}} \sim f_{\mathrm{c}}$）：裂缝快速发展的不稳定状态直至峰点 C，峰值应力 $\sigma_{\max}$ 通常作为混凝土棱柱体的抗压强度 f_{c}，相应的应变称为峰值应变 ε_0，通常取 $\varepsilon_0 = 0.002$。

（4）在峰值应力以后，裂缝迅速发展，试件应力下降，应力-应变曲线向下弯曲，直到凹向发生改变，曲线出现"拐点（D）"，标志试件破坏。相应的应变称为极限应变 $\varepsilon_{\mathrm{cu}}$，通常取 $\varepsilon_{\mathrm{cu}} = 0.0033$。

（5）超过"拐点"，曲线开始凸向应变轴，此段曲线中曲率最大的一点 E 称为"收敛点"。从收敛点 E 开始以后的曲线称为收敛段，这时贯通的主裂缝已很宽，对无侧向约束的混凝土，收敛段 EF 已失去结构意义。

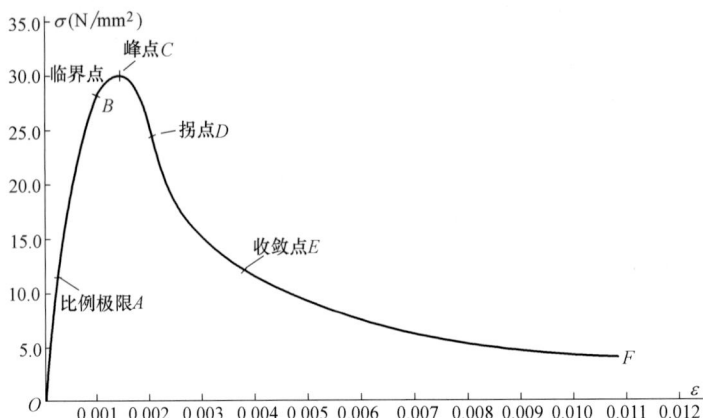

图 7-15　混凝土的应力-应变曲线

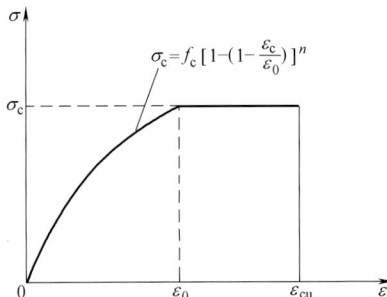

图 7-16　混凝土单轴向受压应力-应变曲线的数学模型

混凝土的应力-应变关系可以简化为图 7-16 所示的数学模型，图中 f_c 为峰值应力（棱柱体极限抗压强度）；ε_0 为峰值应变；ε_{cu} 为极限压应变。根据混凝土应力-应变关系特征建立混凝土强度允许的拱顶沉降变形如表 7-8 所示，当 $\varepsilon_0 = 0.002$ 时，隧道拱顶沉降为 27mm，混凝土出现裂缝；当 $\varepsilon_{cu} = 0.0033$ 时，隧道拱顶沉降为 44mm，发生混凝土脱落。

混凝土强度允许的拱顶沉降变形　　　　　　　　　　　　　　　表 7-8

应变	混凝土应变	隧道拱顶沉降(mm)	破坏特征
峰值应变	0.002	27	混凝土出现裂缝
极限压应变	0.0033	44	混凝土脱落

7.2.3　超大断面隧道分步变形量控制标准

变形控制标准的分解是指根据隧道施工的步序，将总变形值 u_0 分解成各个工序的变形控制值 u_i，即 $u_0 = u_1 + u_2 + u_3 + \cdots$。

八达岭地下车站大跨段隧道共分为 11 步开挖，如图 7-17 所示。因此，将总变形量控制基准值分解为 11 个步序子变形量控制基准值，将总变形控制值 u_0 分解为 11 个步序的子变形控制值 u_i，实现围岩及支护结构变形的过程控制。

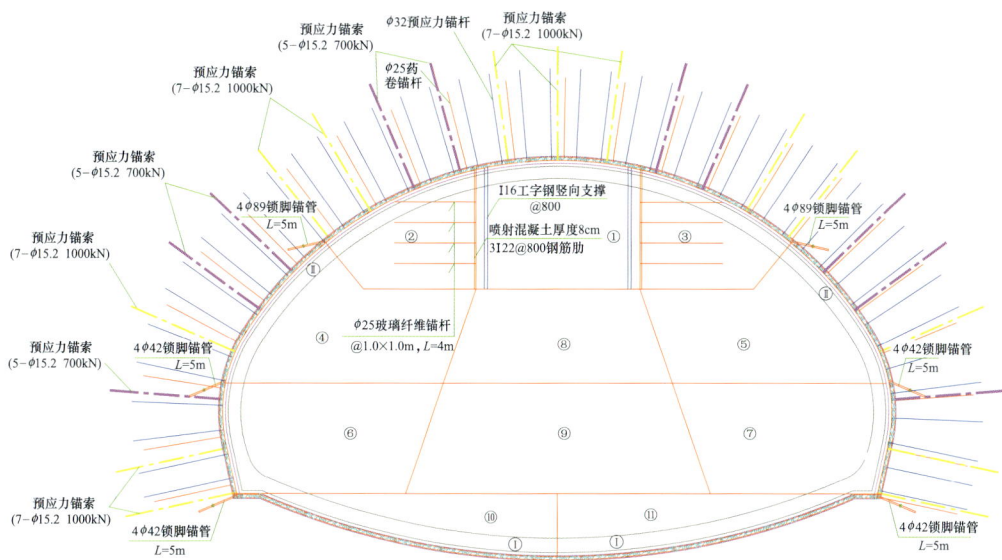

图 7-17　大跨段隧道施工步序

为了确定大跨段隧道各个分步开挖变形量的占比关系，采用数值模拟的方法计算大跨段隧道分步开挖引起的变形量，从而得到每个分步开挖引起的变形量与总变形量之比。计算结果如图 7-18 所示。

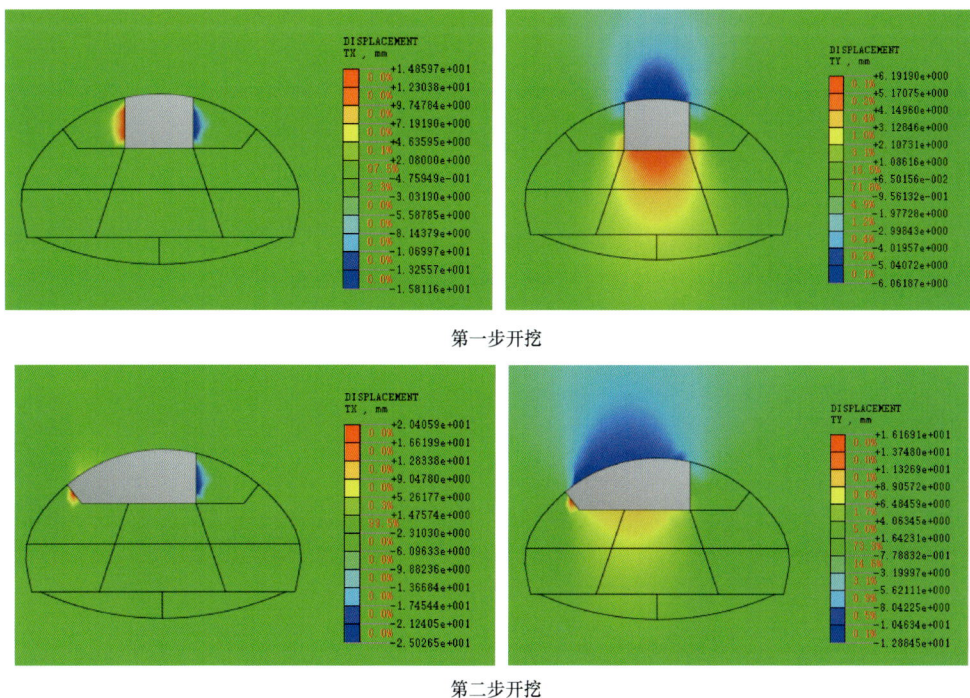

第一步开挖

第二步开挖

图 7-18　DK68＋285～DK68＋300 段 V 级围岩各分步开挖引起的变形（一）

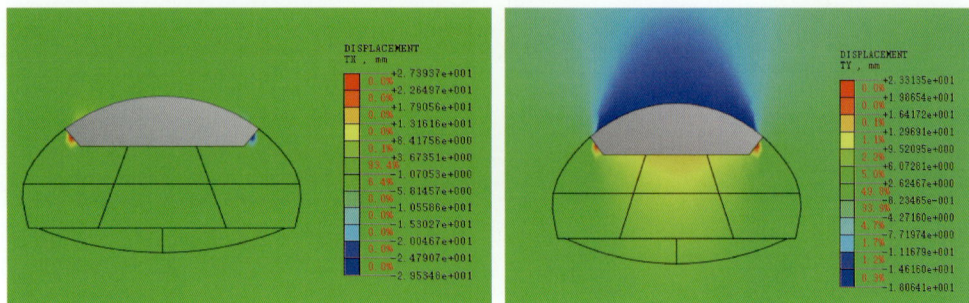

第三步开挖

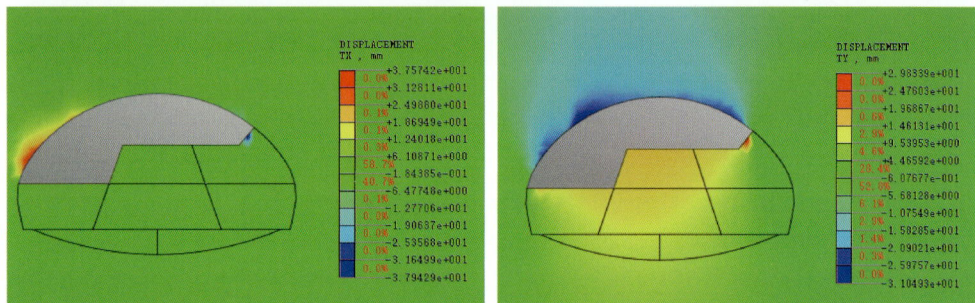

第四步开挖

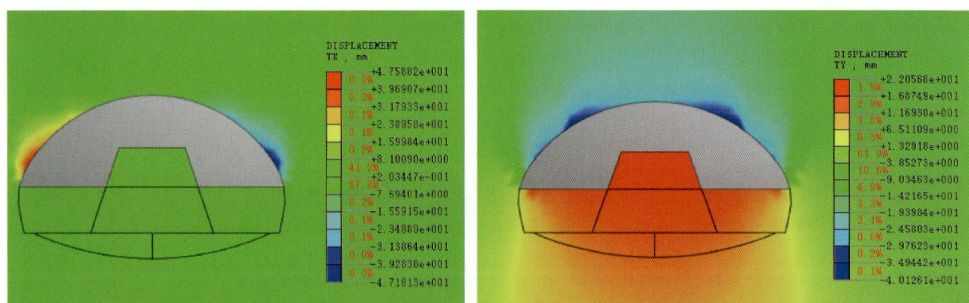

第五步开挖

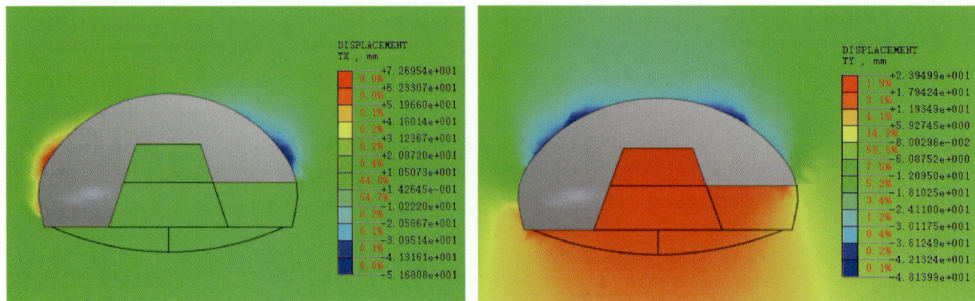

第六步开挖

图 7-18　DK68＋285～DK68＋300 段 V 级围岩各分步开挖引起的变形（二）

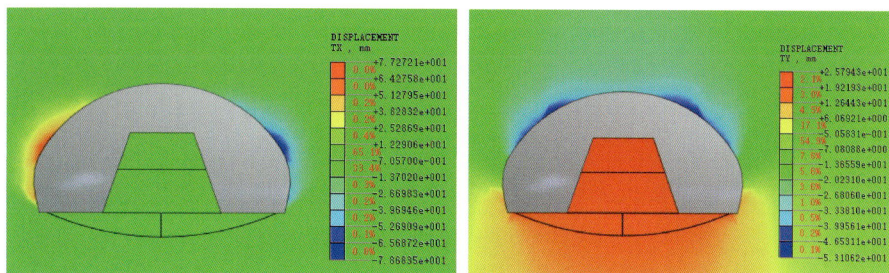
第七步开挖

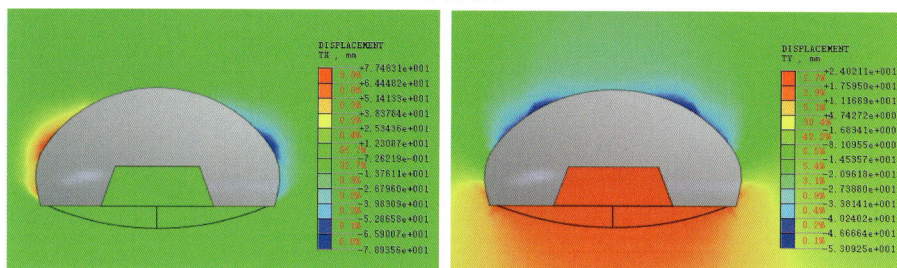
第八步开挖

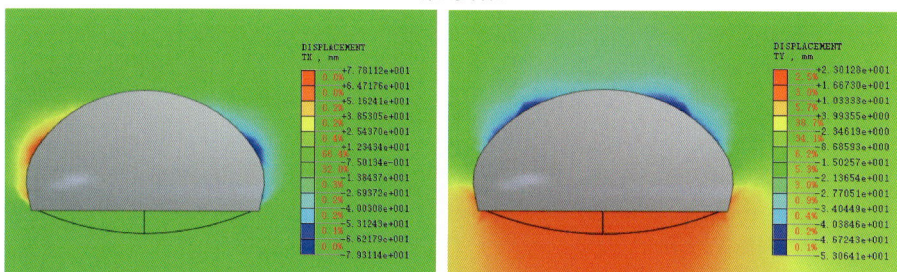
第九步开挖

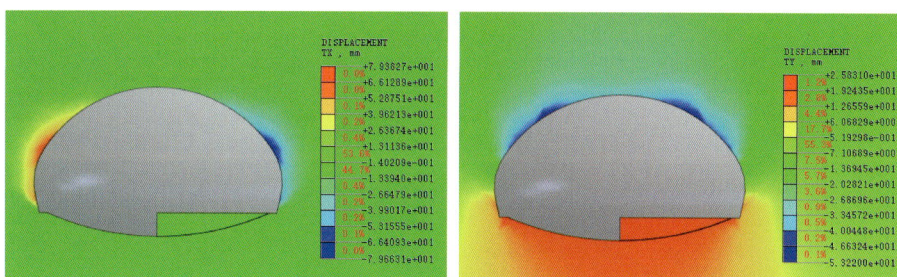
第十步开挖

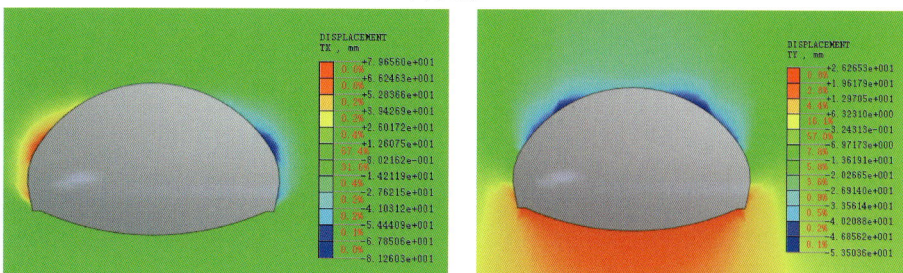
第十一步开挖

图 7-18 DK68＋285～DK68＋300 段Ⅴ级围岩各分步开挖引起的变形（三）

根据各分步开挖引起的拱顶累计变形占比曲线（图 7-19、图 7-20），可以将大跨 11 步开挖分为"成跨阶段""落底阶段"和"洞内施工"3 个阶段：

（1）成跨阶段

第 1～5 步，包括上台阶左、中、右导洞开挖，以及中台阶左、右侧洞的开挖。成跨阶段隧道跨度在不断增大，因此开挖引起的沉降变形占比较大，Ⅲ级围岩成跨阶段变形占比达到总变形的 97％，Ⅳ级围岩达到 95％，Ⅴ级围岩达到 79％。

（2）落底阶段

第 6～7 步，包括下台阶左、右侧洞的开挖。落底阶段隧道跨度没有增大，但隧道高度逐渐增大。与成跨阶段相比，落底阶段拱顶沉降曲线明显变缓，占比明显变小。Ⅲ级围岩落底阶段变形占比达到总变形的 5％，Ⅳ级围岩达到 7％，Ⅴ级围岩达到 21％。

（3）洞内施工

第 8～11 步，包括中台阶核心土、下台阶核心土、左、右侧仰拱开挖，洞内施工阶段隧道跨度和高度基本不变，因此本阶段沉降变形占比趋近于零，甚至由于开挖卸载的作用，隧道会出现向上的隆起变形。

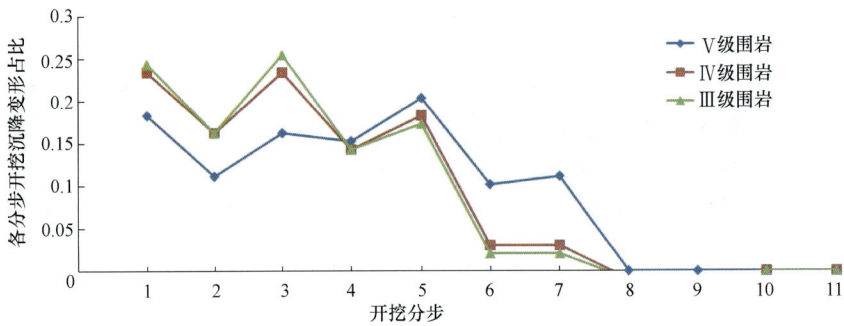

图 7-19　各开挖分步沉降变形占比

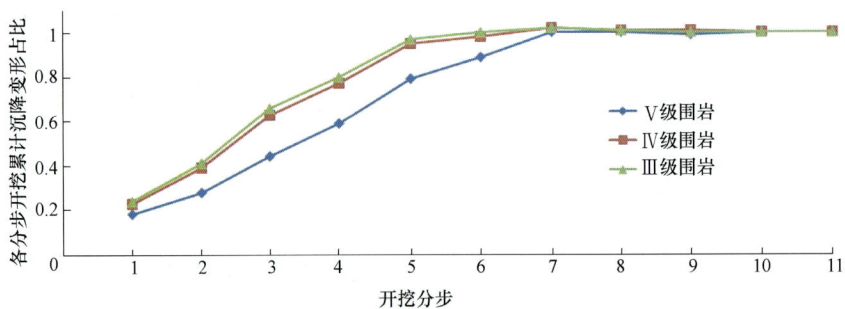

图 7-20　各开挖分布累计沉降变形占比

根据以上变形规律，大跨度隧道各分步变形占比可采用以下公式计算：

$$P_i = \begin{cases} 0.95/n_1 & \text{成跨阶段} \\ 0.05/n_2 & \text{落底阶段} \\ 0 & \text{洞内施工} \end{cases} \quad (7\text{-}35)$$

式中：P_i 为各分步拱顶沉降变形占比；n_1 为成跨阶段开挖分步的总步数；n_2 为落底阶

段开挖分步的总步数。

根据数值模拟计算结果，考虑到锚杆锚索对围岩的加固作用，确定沉降变形控制标准各分步占比见表7-9。

八达岭大跨段隧道变形控制标准各分步占比　　　　　表 7-9

开挖分步	1	2	3	4	5	6	7	8	9	10	11
分步占比	0.25	0.16	0.25	0.13	0.16	0.02	0.02	0	0	0.005	0.005
累计占比	0.25	0.41	0.66	0.79	0.95	0.97	0.99	0.99	0.99	0.995	1

根据各步序占比，结合总变形控制标准（表7-10），可制定八达岭地下车站大跨段隧道各步序拱顶下沉控制标准，见表7-11。

数值模拟计算结果与制定的控制标准对比表　　　　　表 7-10

	开挖分步	1	2	3	4	5	6	7	8	9	10	11
各步占比	Ⅴ级围岩	0.18	0.11	0.16	0.15	0.2	0.1	0.11	0	0	0	0
	Ⅳ级围岩	0.23	0.16	0.23	0.14	0.18	0.03	0.03	−0.01	−0.01	0	0
	Ⅲ级围岩	0.24	0.16	0.25	0.14	0.17	0.02	0.02	−0.01	−0.01	0	0
	控制标准	0.25	0.16	0.25	0.13	0.16	0.02	0.02	0	0	0.005	0.005
累计占比	Ⅴ级围岩	0.18	0.28	0.44	0.59	0.79	0.89	1	1	0.99	1	1
	Ⅳ级围岩	0.23	0.39	0.63	0.77	0.95	0.98	1.02	1.01	1.01	1	1
	Ⅲ级围岩	0.24	0.41	0.66	0.8	0.97	1	1.02	1.01	1	1	1
	控制标准	0.25	0.41	0.66	0.79	0.95	0.97	0.99	0.99	0.99	0.995	1

过渡段监测断面各施工步序变形控制标准（mm）　　　　　表 7-11

编号	监测断面位置	围岩等级	跨度(m)	高度(m)	拱顶总沉降(mm)	各施工步序拱顶沉降										
						第1步	第2步	第3步	第4步	第5步	第6步	第7步	第8步	第9步	第10步	第11步
各步序变形占比						0.25	0.16	0.25	0.13	0.16	0.02	0.02	0	0	0.005	0.005
各步序累计变形占比						0.25	0.41	0.66	0.79	0.95	0.97	0.99	0.99	0.99	0.995	1
1	DK68+295	Ⅴ	32.73	19.50	180	45.0	73.8	118.8	142.2	171.0	174.6	178.2	178.2	178.2	179.1	180.0
2	DK68+315	Ⅳ	31.08	18.83	90	22.	36.9	59.4	71.1	85.5	87.3	89.1	89.1	89.1	89.6	90.0
3	DK68+345	Ⅳ	27.73	17.51	90	22.5	36.9	59.4	71.1	85.5	87.3	89.1	89.1	89.1	89.6	90.0

编号	监测断面位置	围岩等级	跨度（m）	高度（m）	拱顶总沉降（mm）	各施工步序拱顶沉降										
						第1步	第2步	第3步	第4步	第5步	第6步	第7步	第8步	第9步	第10步	第11步
4	DK68+384	Ⅲ	24.39	16.14	30	7.5	12.3	19.8	23.7	28.5	29.1	29.7	29.7	29.7	29.9	30.0
5	DK68+426	Ⅲ	19.30	14.07	30	7.5	12.3	19.8	23.7	28.5	29.1	29.7	29.7	29.7	29.9	30.0
6	DK67+800	Ⅳ	32.73	19.32	90	22.5	36.9	59.4	71.1	85.5	87.3	89.1	89.1	89.1	89.6	90.0
7	DK67+775	Ⅲ	29.95	18.36	40	10.0	16.4	26.4	31.6	38.0	38.8	39.6	39.6	39.6	39.8	40.0
8	DK67+730	Ⅱ	26.22	16.79	30	7.5	12.3	19.8	23.7	28.5	29.1	29.7	29.7	29.7	29.9	30.0
9	DK67+675	Ⅱ	20.02	14.30	20	5.0	8.2	13.2	15.8	19.0	19.4	19.8	19.8	19.8	19.9	20.0

7.2.4　变形控制标准的分级管理方法

为了加强超大跨隧道施工中的过程控制，建立变形控制标准的分级管理机制，对变形控制标准进行分级管理分级控制，见表7-12。

变形控制标准的分级管理办法　　　　　　　　　　表 7-12

预警等级	分级标准	应对措施
Ⅱ级预警（黄色预警）	变形达到控制标准的1/3	加强监测，提高监测频率，检测锚索、预应力锚杆的张拉值
Ⅰ级预警（橙色预警）	变形达到控制标准的2/3	停止开挖，分析原因，对预应力锚索、锚杆进行补偿张拉
临界值（红色预警）	变形达到控制标准	停止开挖，分析原因，增加锚索、锚杆、注浆等支护措施

7.3　本章小结

本章根据隧道围岩极限变形及稳定性要求，提出了特大断面隧道围岩总变形和分步变形的控制标准，建立了变形控制标准分级管理机制，主要得到以下几点认识和成果：

（1）隧道围岩变形是指隧道周边岩土体的变形，而岩土体由于其物质组成的复杂性和不稳定性、物质分布的不均匀性、结构的不连续性以及赋存环境的复杂性，使围岩成为极其复杂的地质体，也使围岩出现了不同的变形机制。围岩的变形机制根据其结构的连续性可分为材料变形和结构变形两大类。

（2）隧道断面尺寸对围岩结构变形的影响直接表现为改变围岩的结构类型，在围岩条件相同的条件下，断面尺寸越大，围岩结构越破碎，主要可以分为整块状结构、层状结构、块状结构，以及碎裂结构隧道；而其对围岩变形的影响，主要表现在对围岩结构变形的作用和对围岩材料变形的影响。

（3）隧道变形控制标准包括围岩变形控制标准和支护结构变形控制标准。通过围岩的极限应变相关计算，可以得到大跨过渡段岩体强度允许的拱顶沉降变形；通过混凝土的极限应变相关计算，可以得到混凝土强度允许的拱顶沉降变形。根据隧道的施工步序制定了变形控制标准的分解标准，同时为了加强施工中的过程控制，建立了变形控制标准的分级管理机制，对变形控制标准进行了分级管理和分级控制。

第8章 ▶▶

超大跨隧道变形监测分析

隧道的安全直接影响下方道路的畅通和通行车辆的安全，对人民的生命财产安全和经济建设有重大影响。一旦发生坍塌将造成难以估量的直接及间接损失。隧道开挖扰动了原岩应力场，在上覆岩体自重作用下，隧道拱顶、两帮、底板产生变形，易发生支护结构变形破坏、隧道塌方、影响隧道安全。随着大型洞室隧道、地铁等隧道工程的兴建，岩体力学、支护技术及围岩量测等得到了迅速发展，其中量测监控已逐步成为隧道工程的先导技术，是安全施工与科学管理不可缺少的重要手段。有些工程已把测试、监控技术工作作为合同文件中必须条款的一部分。只有通过各种手段来量测隧道围岩的实际变化，特别是量测围岩变形随时间的动态，积累相当的量测资料，并配合一定的模型试验，才能建立比较符合实际的数学力学模型，并进一步给出开挖前后围岩随时间的变形及应力变化，定量地解决支护与围岩共同作用下的稳定性问题。

8.1 监测的目的与任务

在隧道开挖的过程中，可以使用各种类型的仪表和工具，对围岩和支护系统的力学行为以及它们之间的力学关系进行量测。这类量测常被称为"现场量测"，亦称"原位观测"。现场量测是监控设计中的重要环节，也是目前国际上流行的新奥法施工中的重要内容。

归结起来，量测的目的与任务是掌握围岩动态和支护结构的工作状态信息，利用量测结果修改设计、指导施工；预见事故险情，以便及时采取措施，防患于未然；积累资料，为以后设计提供类比依据；为确保隧道安全提供可靠信息，为二次衬砌提供合理的支护时机，并为进一步深化理论研究提供原始数据。具体来说，有如下几点：

（1）提供监控设计的依据和信息

建设隧道工程，必须事前查明工程所在地的岩体的产状、性状及物理力学性质，为工程设计提供必要的依据和信息，这就是工程勘察的目的。但隧道工程是埋入地层中的结构物，而地层岩体的变化往往又千差万别，因此仅仅靠事前的露头调查及有限的钻孔来预测其变化，常常不能充分反映岩体的产状和性状。此外，目前工程勘察中分析岩体力学性质的常规方法是用岩样进行室内物理力学试验。而岩块的力学指标与岩体的力学指标有很大不同，因此必须结合工程，进行现场岩体力学性态的测试，或者通过围岩与支护的变位与应力量测反演岩体的力学参数，为工程设计提供可靠依据。当然，现场的变位与应力量测不只是为了提供岩体力学参数，它还能提供地应力大小、围岩的稳定度与支护的安全度等信息，为监控设计和施工提供合理依据和计算参数。

（2）指导施工，预报险情

在新奥法施工过程中，通过现场量测可以判断围岩稳定性，预报施工的安全程度，发现异常情况后可以及时采取措施，因而能保证安全施工。对那些地质条件复杂的地层，如塑性流变岩体、膨胀性岩体、明显偏压地层等，由于不能采用以经验作为设计基准的惯用设计方法，所以施工期间须通过现场测试和监视，以确保施工安全，此外在拟建工程附近有已建工程时，为了查清并控制施工的影响，有必要在施工期间对地表及附近已建工程进行监测，以确保已建工程安全。

近20年来，随着新奥法的推广，在软弱岩体中现场监测更成为工程施工中一个不可缺少的内容。除了预见险情外，它还是指导施工作业、控制施工进程的必要手段。如应根据量测结果来确定二次支护的时间、仰拱的施作与否及其支护时间、隧道工程开挖方案等。这些施工作业原则上都应通过现场量测信息加以确定和调整。

（3）超前预测

我国不少研究单位、高等院校和设计部门的专家学者，在数值分析和理论研究方法上进行了积极探讨，汇集了现场施工与实测的诸多经验，应用有限元法（FEM）、边界元法（BEM）、离散元法（DEM）等开发出了不同类型的数值分析程序，例如，西安矿业学院的刘怀恒教授在1978年开发出"岩石力学平面非线性有限元分析程序NCAP-2D"；同济大学的黄伟、杨林德教授于20世纪80年代初期开发了"锚喷支护地下洞室非线性有限元分析程序"；中国人民解放军总参工程兵第四设计研究所的李世辉于1985年开发出了"典型工程类比隧道力学分析边界元程序BMP-84"，现已升级到BMP2000；同济大学的朱合华教授于1997年推出了"隧道工程施工模拟通用正反分析计算软件"；东北大学的于泳磊、刘连峰开发了3D离散元软件"TRUDEC"。这些理论和数值方法的发展为监测信息的综合利用提供了计算手段。

目前对位移量测的数据可以用指数函数、对数函数及双曲线函数通过回归分析推测出最终变形量与围岩的稳定状态，也可用灰色理论及人工神经网络的方法来预测隧道围岩的最终变形量和围岩的状态。由于目前在现场直接测试岩体力学性质的有关参数和初始应力状态费用较高，比较困难，而且难以反映整个工程范围内的真实情况，所以现在更多的是进行围岩变形的量测，然后用反分析方法来反算岩体的某些参数及原岩应力，再利用正分析对围岩或支护的安全度做出超前预测，并预测隧道围岩最终状态是否稳定。

（4）作为工程运营时的监视手段

通过一些耐久的现场测试设备，可对已运营的工程进行安全监视，这样可对接近危险值的区段或整个工程及时地进行补强、改建，或采取其他措施，以保证工程安全运营，这是一个在更大范围内受到重视和被采用的现场测试内容。例如，我国一些矿山井巷中利用测杆或滑尺来测顶板的相对下沉，当顶板相对位移达到危险值时，电路系统立即自动报警。

（5）理论研究及校核理论，并为工程类比提供依据

由于隧道工程支护系统工作环境的不同和围岩状况的复杂多变及理论上的不完善，目前还找不到一种计算模型能全面、准确地表达各种情况下围岩状况及其与支护系统的相互关系和支护系统的工作条件，通过力学计算来设计也是困难的。以前隧道工程的设计完全依赖于经验，但随着理论分析手段的迅速发展，其分析结果越来越被人们所重视，因而对

隧道工程理论问题的物理方面—模型及参数，也提出了更高的要求，理论研究结果须经实测数据检验。因此，系统地组织现场测试，研究岩体和结构的力学形态，对于发展隧道工程理论具有重要意义。

8.2　隧道监测技术主要内容

现场监测是监控设计中的重要环节，也是目前国际上流行的新奥法施工中的重要内容。隧道施工监测主要内容有：

（1）洞内、外观察；

（2）拱顶下沉与周边位移量测；

（3）支护结构内力量测；

（4）接触压力量测；

（5）爆破振动监测；

（6）孔隙水压与水量监控量测。

8.2.1　洞内、外观察

1. 洞内观察

洞内观察可分为开挖工作面（掌子面）观察和已施工地段观察两部分。开挖工作面观察应在每次开挖后进行，及时绘制开挖工作面地质素描图、数码成像；已施工段观察主要是针对超前支护和初期支护完成后，衬砌变形、开裂等情况进行观察记录。

（1）掌子面观察

应在每次隧道爆破清渣后及时进行。主要应了解开挖工作面的工程地质和水文地质条件，其包括如下一些内容：

1）岩质种类和分布状态，地质界面位置的状态。

2）岩性特征：岩石的颜色、成分、结构、构造。

3）地层时代归属及产状。

4）节理性质、组数、间距、规模，节理裂隙的发育程度和方向性，断面状态特征，充填物的类型和产状等。

5）断层的性质、产状、破碎带宽度、特征。

6）地下水类型，涌水量大小，涌水位置、压力，湿度等。

7）开挖工作面的稳定状态，顶板及侧壁有无剥落现象。

将观测到的有关情况和现象，详细记录并绘制隧道开挖工作面素描剖面图。剖面图的间距应根据岩性、构造、水文地质条件不同而异。一般情况下Ⅳ级围岩剖面素描图间距为5～10m、Ⅴ级围岩剖面素描图间距为10～15m、Ⅵ级围岩剖面素描图间距为15～25m、Ⅲ级围岩剖面素描图间距为40～50m、Ⅱ级围岩剖面素描图间距为50～80m、Ⅰ级围岩剖面素描图间距为80～120m。

（2）已支护结构观察

应每天不间断地进行，如果发现异常情况，要详细记录发现时间、距开挖工作面的距离、附近测点的各项量测数据，同时应增加观察频率。其包括如下一些内容：

1）初期支护完成后对喷层表面裂缝状况的描述和记录。

2）有无锚杆被拉脱或垫板陷入围岩内部的现象。

3）喷射混凝土是否产生裂隙或剥离，要特别注意喷射混凝土是否发生剪切破坏。

4）钢拱架有无压屈现象。

5）拱架落底是否及时，拱架脚部基础是否稳定、坚实。

6）拱架搭接是否紧密、及时。

7）隧道下部路基或路面是否有底鼓现象。

8）喷射混凝土表面、二次衬砌表面有无渗漏水现象。

9）二次衬砌是否及时跟进，软弱围岩段仰拱是否及时设置。

10）二次衬砌表面有无裂纹产生，需特别注意有无纵向裂缝或斜裂缝的产生。

（3）连拱隧道

连拱隧道应重视中导洞的地质素描工作，其掌子面素描记录可作为左右两洞地质预报内容的基础组成部分，对评价连拱隧道量测主动开挖的稳定性具有重要作用；小净距隧道先行洞地质素描资料对后进洞稳定性评价具有重要的参考作用。

2. 洞外观察

洞外观察重点是洞口段和洞身浅埋段，记录地表开裂、变形及边仰坡稳定等情况。

8.2.2 拱顶下沉与周边位移量测

隧道围岩周边各点趋向隧道中心的变形称为收敛，拱顶下沉测量是确认围岩的稳定性、判断支护效果、指导施工顺序、预防拱顶崩塌、保证施工质量和安全的最基本资料，周边位移是隧道围岩应力状态变化最直观的反映。量测拱顶下沉和周边位移可为判断隧道空间的稳定性提供可靠的信息，根据变位速度判断隧道围岩的稳定程度为二次衬砌提供合理的支护时机，指导隧道设计与施工。

（1）隧道拱顶下沉及周边收敛监测断面布置

监测断面须尽量靠近开挖工作面。一般测点应距开挖面2m的范围内尽快安设，并应保证爆破后24h内或下一次爆破前测读初次读数。同时量测过程中应注意满足如下要求：

1）测点布设应牢固、稳定。

2）测试数据应准确可靠，每组数据测三次，且三次误差小于0.1mm。

根据围岩级别、开挖方法等按表8-1确定量测断面间距，表8-2为拱顶下沉和周边位移的量测频率，拱顶下沉量测断面间距、量测频率与周边位移量测相同，且两者选同一断面。

不同级别围岩量测断面间距 表8-1

围岩级别	断面间距（m）
V	10
IV	30
III	50

拱顶下沉与周边位移量测频率 表 8-2

量测频率	位移速度(mm/d)	量测断面到开挖面距离
2次/d	>10	<0.5B
1次/d	5～10	0.5B～2B
1次/2d	1～5	2B～5B
1次/7d	<1.0	>5B

注：B 表示隧道开挖宽度。

（2）拱顶下沉测点布置

拱顶下沉测点布置与隧道施工方法有关，如图 8-1 所示。

1）当采用全断面法时，一般只在拱顶中央位置布设 1 个下沉测点。

2）当采用台阶法、CD 或 CRD 法时，在拱顶布设 3 个拱顶下沉测点，两侧测点距中心测点的水平距离约为 2m。

3）当采用侧壁导坑法开挖时，在两侧壁导坑开挖时各补充一个拱顶下沉测点。

4）在特殊地段，根据具体情况，可另增设测点及测线。

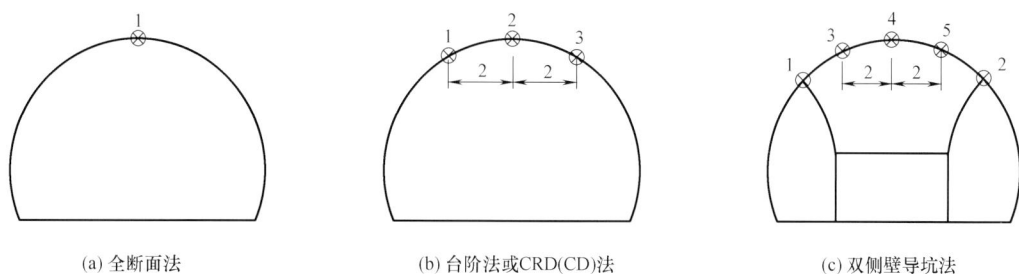

(a) 全断面法   (b) 台阶法或CRD(CD)法   (c) 双侧壁导坑法

图 8-1 测点布置图（单位：m）

（3）周边位移测点及测线布置图

根据隧道施工方法及衬砌断面的不同，对测点及测线布置的要求也不尽一致。各施工方法测点与测线布置的一般布置方式见表 8-3。

周边位移测线数 表 8-3

开挖方法	一般地段	特殊地段
全断面法	一条水平测线	—
台阶法	每台阶一条水平测线	每分部一条水平测线,两条斜测线
分部开挖法	每台阶一条水平测线	上部每分部一条水平测线,两条斜测线,其余分部一条水平测线

1）全断面法开挖。一条水平测线和两条斜测线，断面开挖后测点一次布设完毕，如图 8-2 所示。

2）台阶法开挖。每一台阶各布设一条水平测线和两条斜测线，如图 8-3 所示。

3）CD 法开挖。应在左、右导坑边墙和中隔墙分别布设测点，各导坑每一台阶各布设一条水平测线和两条斜测线，如图 8-4 所示。

4）CRD 法开挖。应在 CRD1 部和 CRD3 部边墙和中隔墙分别布设测点，且均设一条水平测线和两条斜测线，CRD2 部和 CRD4 部均布设一条水平测线，如图 8-5 所示。

8.3 超大断面隧道施工监测工程实例应用与分析

8.3.1 工程概况

新建北京至张家口高速铁路，线路起自北京北站，沿途设八达岭长城、沙城、宣化等车站，终至张家口站（原张家口南站），线路全长 174 km，如图 8-7 所示。京张高速铁路是京—包—兰快速客运通道的重要组成部分，是北京申办 2022 年冬奥会的一项重要交通配套设施，是助力实现京津冀一体化国家战略的一条重要交通动脉。京张高速铁路建成通车后，将实现北京至延庆 30min、至张家口 1h 快速通达的目标。京张高速铁路设计行车速度结合实际情况，遵循因地制宜的原则，采用了 120～350km/h 的全系列标准。

新八达岭隧道是新建京张高速铁路最长的隧道，全长 12.01km。八达岭长城站是设在新八达岭隧道内的极为特殊的地下车站，其位于八达岭景区滚天沟停车场下方，毗邻八达岭长城。

八达岭长城地下车站总长度为 470m，地下建筑面积约 3.6 万 m²。八达岭长城站为三层地下结构，自下而上分别为站台层、进站层和出站层。加上车站两侧救援疏散通道，站台层共有 5 条平行的隧道。车站内修建的各类大小洞室竟多达 78 个，断面形式 88 种，洞室间交叉节点密集，最小水平间距 2.27m，最小竖向间距 4.45m，建筑结构极为复杂，是目前世界上最复杂的地下建筑结构，如图 8-8 所示。

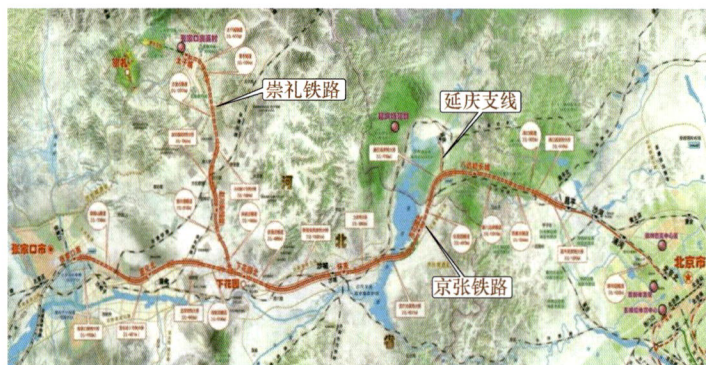

图 8-7　新建京张铁路线路示意图

八达岭地下车站为四线车站，车站内有效长度 470m，起止里程为 DK67＋815～DK68＋285。车站两端通过各 163m 的大跨段与正线连通，起止里程分别为 DK67＋652～DK67＋815、DK68＋285～DK68＋448，如图 8-9 所示。过渡段采用单洞隧道暗挖设计，最大开挖跨度 32.7m，开挖面积 494.4m²，是目前世界上开挖跨度最大、开挖断面面积最大的交通隧道，施工难度大、安全风险高。车站所属区域围岩等级以Ⅲ、Ⅳ级为主，局部为Ⅴ级。在Ⅳ级和Ⅴ级稳定性较差的围岩中修建如此超大断面、空间分布纵横交错的复杂隧道工程，对其支护结构体系设计、施工方法和工艺、施工机械设备、施工组织和施工安全，都形成了前所未有的巨大挑战。

图 8-8　八达岭长城站透视图

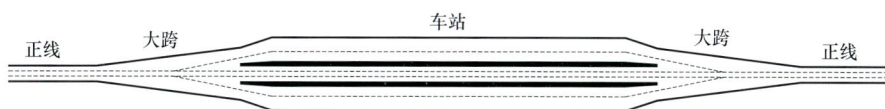

图 8-9　八达岭长城站线路形式

8.3.2　隧道区地质条件

车站范围主要发育花岗岩杂岩，属于八达岭中型岩株，分布于岔道村—青龙桥地区，岩体出露面积约 $25km^2$。岩体北侧分别与髫髻山组和东岭台组火山岩接触，东侧主要与鹰窝梁流纹斑岩、上花园石英闪长岩接触，南侧与西侧分别与东老峪花岗岩、四桥子花岗岩和中生代火山岩相接触。八达岭花岗杂岩为弱风化层岩质，一般较坚硬，岩石饱和抗压强度在 39～60MPa 之间（表 8-4），属硬质岩类。

表 8-4

岩石室内试验数据

岩性		单轴抗压强度（MPa）	弹性模量（GPa）	泊松比	天然密度（g/cm³）
弱风化斑状二长花岗岩、花岗岩	天然	60	26	0.24	2.63
	饱和	39	22	0.267	—

岩体形态大致呈不规则的等轴状，北接触面产状大致为向北倾斜，倾角 50°，东北部岩体接触面产状为 60°∠54°，东部与上花园岩体接触面产状倾向北东东，倾角 78°。南部与东老峪花岗岩接触面产状为 190°∠83°，西南部与火山岩接触面产状为 360°∠67°。综上所述，岩体南接触面陡直，北接触面向围岩呈 50°～60°倾斜，东接触面向东倾斜，呈一略微由北向南上侵的中型岩株。

8.4　围岩及支护结构变形监测

8.4.1　变形监测断面布置

大跨过渡段每 5m 设置一个监测断面，各个监测断面开挖跨度、高度和围岩情况参见表 8-5。

编号	里程范围	长度(m)	围岩等级	跨度(m)	高度(m)	备注
张家口端						
1	DK68+285～DK68+300	15	V	32.73	19.50	开挖后Ⅲ级变更Ⅳ级
2	DK68+300～DK68+330	30	Ⅳ	31.08	18.83	
3	DK68+330～DK68+360	30	Ⅳ	27.73	17.51	
4	DK68+360～DK68+372	12	Ⅳ	24.39	16.14	
5	DK68+372～DK68+404	32	Ⅲ	24.39	16.14	
6	DK68+404～DK68+448	44	Ⅲ	19.30	14.07	
北京端						
1	DK67+652～DK67+663.2	11.2	Ⅲ	20.02	14.30	开挖后Ⅱ级变更Ⅲ级 开挖后Ⅱ级变更Ⅳ级 开挖后Ⅱ级变更Ⅲ级 开挖后Ⅱ级变更Ⅲ级
2	DK67+663.2～DK67+680	16.8	Ⅳ	20.02	14.30	
3	DK67+680～DK67+706	26	Ⅲ	20.02	14.30	
4	DK67+706～DK67+735	29	Ⅲ	26.22	16.79	
5	DK67+735～DK67+760	25	Ⅱ	26.22	16.79	
6	DK67+760～DK67+790	30	Ⅲ	29.95	18.36	
7	DK67+790～DK67+815	25	Ⅳ	32.73	19.32	

大跨段实际开挖后围岩情况一览表 表8-5

8.4.2 变形监测数据分析

各监测断面实测变形如图8-10所示。监测结果表明，大跨段最大变形为19mm，各个施工步序的变形均小于变形控制标准，表明大段过渡段支护措施安全可靠，能够满足隧道稳定性的要求，对Ⅲ、Ⅳ级围岩可以进行支护措施的优化。因此对小里程段大跨过渡段

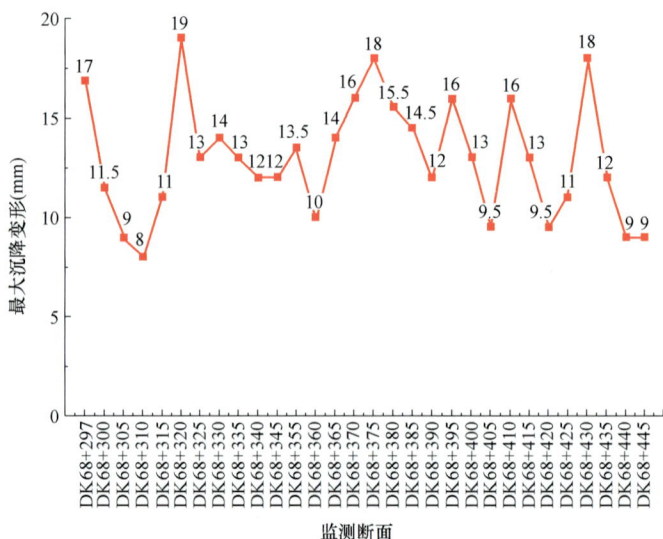

图8-10 各监测断面最大沉降变形

的锚索进行了优化，具体优化参数如下：取消 20m 和 26m 跨度的Ⅲ级围岩段锚索；32m 跨度的Ⅲ级围岩锚索纵向间距由 4.8m 调整到 7.2m；Ⅳ级围岩的锚索纵向间距由 2.4m 调整到 3.6m。

8.5 小净距段围岩及支护结构监测分析

8.5.1 监测断面位置和内容

新京张高铁长城站站台层采用三洞分离小净距结构方案，站台层平面布置如图 8-11 所示。区段里程为 DK67＋851～DK68＋249，埋深最大为 102m，Ⅴ级围岩区段，开挖面积分别为 162m²、144m²、162m²，中岩柱厚度仅为 6m，是典型的深埋超大断面小净距洞室群，小净距段地质条件及类型列于表 8-6，主要为Ⅲ、Ⅴ围岩，节理密集，岩石破碎。小净距段采用台阶法施工，隧道横断面及支护结构设计如图 8-12 所示，施工顺序依次为左洞-右洞-中洞，施工顺序如图 8-13 所示。小净距段三洞的监测仪器布置如图 8-14 所示，监测项目见表 8-7，包括拱顶下沉、水平收敛、围岩-初期支护接触压力、初期支护-二次衬砌接触压力、初期支护钢架应力、初期支护应力、二次衬砌应力、锚杆应力等。

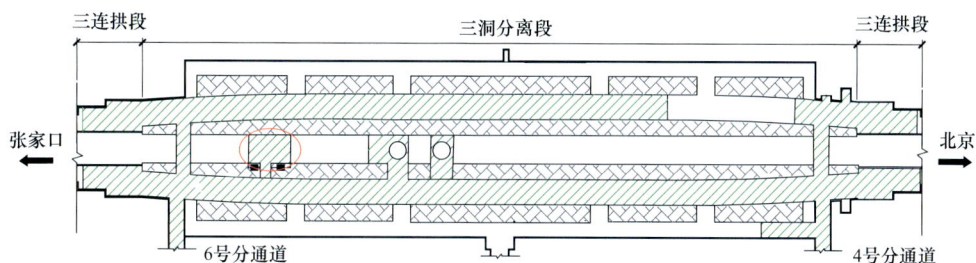

图 8-11 站台层平面布置图

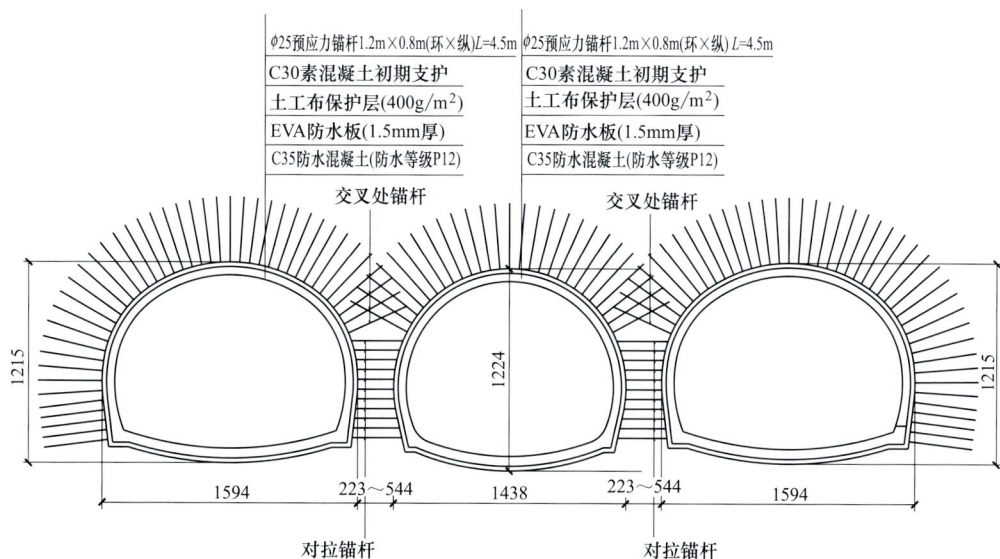

图 8-12 小净距段标准段Ⅴ级围岩加强衬砌断面图（单位：cm）

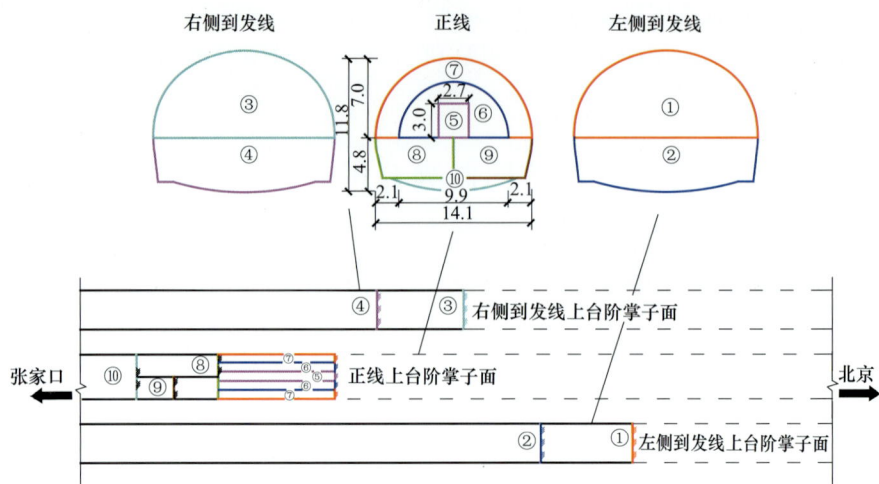

图 8-13　小净距段三洞分离标准段施工顺序平面示意图（单位：m）

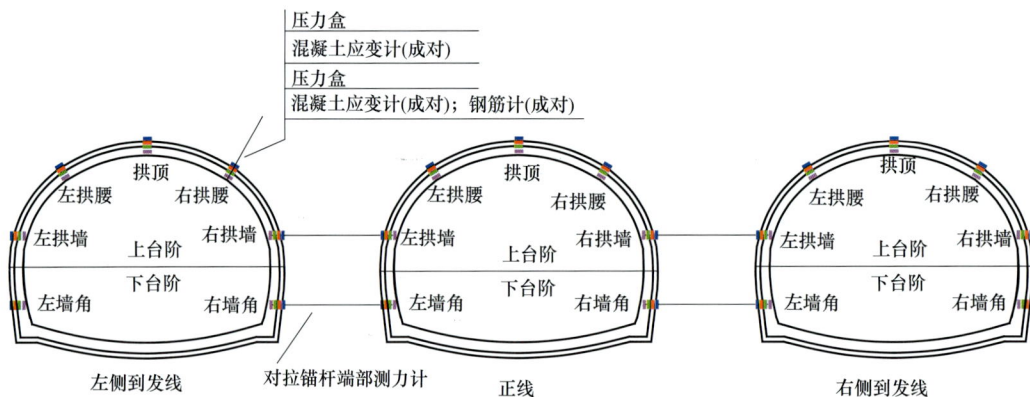

图 8-14　监测仪器布置图

<table>
<thead>
<tr><th colspan="10" style="text-align:center">小净距段地质条件及类型　　　　　　　　　　表 8-6</th></tr>
</thead>
</table>

编号	里程范围	长度	围岩等级	跨度（m）	高度（m）	特殊地质情况	衬砌类型	辅助措施	工法
1	DK68+200～DK68+249	49	V	15.94/14.38/15.94	12.15/12.24/12.15	穿越断层破碎带，岩脉	V级加强复合式衬砌	超前小导管＋超前预注浆	台阶法
2	DK68+000～DK68+200	200	Ⅲ	15.68/14.08/15.68	11.74/11.81/11.74		Ⅲ级加强复合式衬砌	局部径向注浆	台阶法
3	DK67+900～DK68+000	100	V	15.94/14.38/15.94	12.15/12.24/12.15	穿越节理密集区，下穿滚天沟停车场	V级加强复合式衬砌	超前预注浆＋超前管棚＋超前导洞释水	台阶法
4	DK67+851～DK67+900	49	Ⅲ	15.68/14.08/15.68	11.74/11.81/11.74		Ⅲ级加强复合式衬砌	局部径向注浆	台阶法

小净距段监测项目 表 8-7

断面类型	编号	断面里程	围岩等级	监测项目							
				拱顶下沉	水平收敛	围岩-初期支护接触压力	初期支护-二次衬砌接触压力	初期支护钢架应力	初期支护应力	二次衬砌应力	锚杆应力
三洞分离	1	DK68+220	V	√	√	√	√	√	√	√	√
	2	DK68+050	Ⅲ	√	√	√					√
小净距段	3	DK67+980	V	√	√	√					
	4	DK67+950	V	√	√	√					

8.5.2 监测数据及分析

以下为监测数据，规定接触压力受压为正、受拉为负，钢筋计和混凝土应变仪受拉为正、受压为负。

1. 围岩-初期支护接触压力监测

DK68+220 断面的围岩-初期支护接触压力如图 8-15～图 8-17 所示。

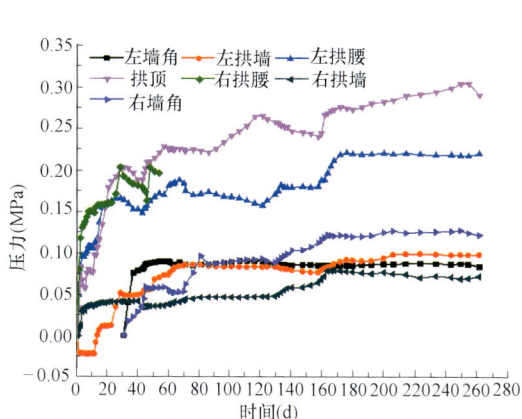

图 8-15 左洞 DK68+220 断面

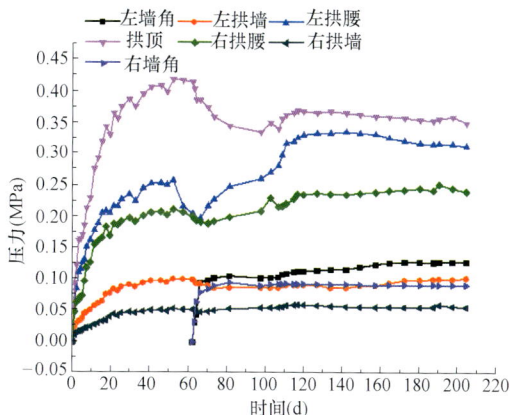

图 8-16 右洞 DK68+220 断面

（1）整体上，上台阶开挖后，各测点围岩-初期支护接触压力基本经历了快速增长、缓慢增长、趋于稳定的变化过程。在开挖结束的两周内，围岩压力的增长值占终值的50%～70%。下台阶开挖后，上台阶拱部测点围岩压力会出现先瞬时减小、再不断增大的变化趋势，说明下台阶开挖破除了上台阶初期支护的下部支承，一定程度上降低了围岩、初期支护之间接触的紧密程度，从而使接触压力出现下降趋势，而边墙初期支护接着施作后，伴随着后期围岩应力的释放，上部测点围岩压力不断增大，围岩应力进一步释放，因此，隧道施工过程中应尽量缩短上台阶初期支护的悬空时间，缩短仰拱施工的一次开挖长度以及时封闭初期支护。随着隧道开挖结束，围岩变形稳定，围岩-初期支护接触压力重分布后，各点量测值也基本达到稳定。

（2）总体来看，围岩压力沿洞周分布表现出明显的离散性，但除个别测点应力集中外

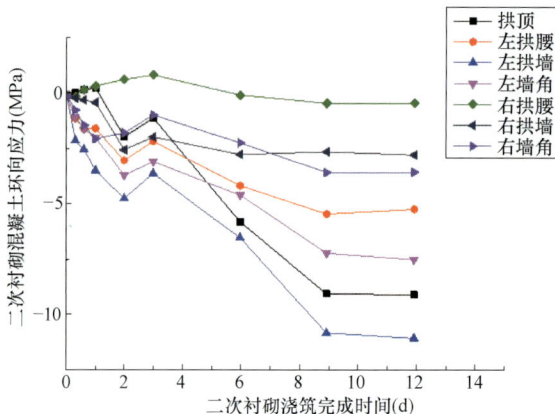

图 8-27　右洞 DK68＋220 二次衬砌混凝土环
向应力时程曲线（Ⅴ级围岩）

8.6　大跨过渡段支护结构监测分析

当前阶段，主要针对大跨过渡段进行监测，主要对锚杆及锚索轴力，初期支护、围岩间的接触压力，初期支护、二次衬砌间的接触压力，二次衬砌表面应变，围岩应力，以及围岩深部位移、支护结构的变形等进行现场监测分析，研究隧道空间位移与施工工法及施工工序的对应关系，反映各支护措施（超前支护、初期支护、二次衬砌）的作用。选取合适的控制指标来评价围岩稳定性水平，进而制定相应的控制标准实现对隧道结构体系安全性的控制。

8.6.1　监测断面位置和内容

新八达岭隧道大跨过渡段，总长度 326m，单端 163m，大里程端里程：DK68＋285～DK68＋448，测点位置如图 8-28 所示，监测断面位置、尺寸及监测项目见表 8-8、表 8-9。

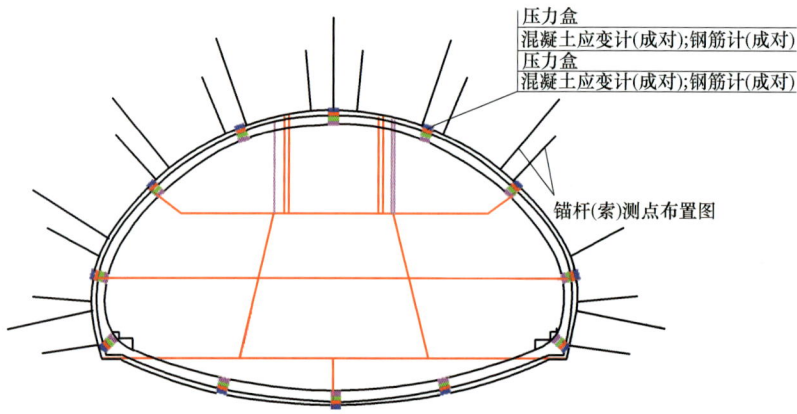

图 8-28　大跨过渡段测点布置示意图

过渡段监测断面选择　　　　　　　表 8-8

编号	里程范围	长度（m）	围岩等级	跨度（m）	高度（m）	监测断面位置
1	DK68＋285～DK68＋300	15	V	32.73	19.50	DK68＋295
2	DK68＋300～DK68＋330	30	Ⅳ	31.08	18.83	DK68＋315
3	DK68＋330～DK68＋360	30	Ⅳ	27.73	17.51	DK68＋345
4	DK68＋360～DK68＋404	44	Ⅲ	24.39	16.14	DK68＋384

监测项目　　　　　　　表 8-9

断面类型	编号	断面里程	围岩等级	开挖跨度（m）	初期支护-围岩接触压力	初期支护-二次衬砌接触压力	初期支护钢架应力	二次衬砌钢筋应力	锚杆端部轴力	锚杆全长轴力	锚索拉力	围岩深部位移	围岩深部应力	二次衬砌表面应变
大跨段	10	DK68＋295	V	32.73	√	√	√	√			√	√	√	√
	11	DK68＋315	Ⅳ	31.08				√		√	√			
	12	DK68＋345	Ⅳ	27.73					√		√			
	13	DK68＋384	Ⅲ	24.39							√	√		
	14	DK68＋426	Ⅲ	19.3										

8.6.2　监测数据及分析

以下为截至目前的监测数据。其中，左右方位的判断由北京（小里程）到张家口（大里程）方向确定。规定锚杆锚索轴力以拉为正，围岩应力以压为正，接触压力受压为正、受拉为负，钢筋计和混凝土环向应力以受压为正。

（1）预应力锚索监测

为了解预应力锚索实际工作状态，掌握各锚索拉力大小及变化，以调整锚索的设计参数，有必要对锚索进行内力量测。锚索内力量测应采用锚索测力计，如图 8-29 所示。

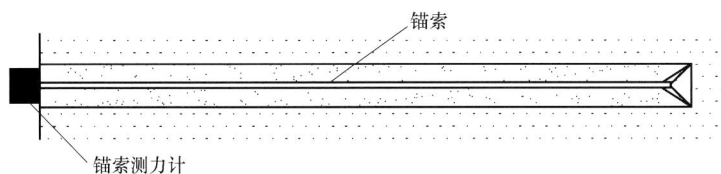

图 8-29　锚索测力计示意图

预应力锚索的轴力监测结果如图 8-30～图 8-32 所示。图 8-30 是 DK68＋384 断面拱顶处预应力锚索轴力监测结果，锚索张拉后 23d 内预应力处于快速损失阶段，预应力稳定到 695kN，此时预应力损失为 3.60％。之后，随着后续开挖步的进行，锚索轴力出现波动且逐步稳定在 693kN 左右。

损失较小，之后随着后续开挖步的施工，预应力呈现出缓慢损失状态，直至稳定于114kN。左、右拱腰和左右拱墙处预应力锚杆轴力也表现出相似的规律，锚杆轴力分别稳定于107.5kN、102.6kN、107.9kN、100.7kN。各锚杆总体预应力损失在3.2%～6.3%之间，这表明该断面处围岩稳定性较好，锚杆支护可靠（图8-34）。

图8-35～图8-37为大跨DK68＋315断面，拱顶和左、右拱腰锚杆全长轴力监测结果，由图可知，拱顶处不同深度的测点表现出类似的预应力损失规律：快速损失→缓慢损失→稳定，但是在4、5步开挖后，锚杆轴力出现明显的上升趋势，初期支护安设后，施工方对4、5步进行了回填，锚杆轴力发生调整，之后随着对回填土的开挖，锚杆轴力再次调整。在这一过程中，锚杆轴力沿全长并非均匀变化，这是由于岩体节理分布的随机性导致的。岩体并非均质的各向同性材料，而是由节理裂隙分割成的大小不一的岩块组成，当围岩变形时，各节理面之间的岩块变形并不一致，这导致了岩体中各节理面之间的锚杆段受力不同。尽管如此，在围岩变形过程中，各测点的锚杆轴力没有发生大的突变，这表明，锚杆杆体并无剪切破坏或拉断，围岩变形相对较小，即围岩稳定。

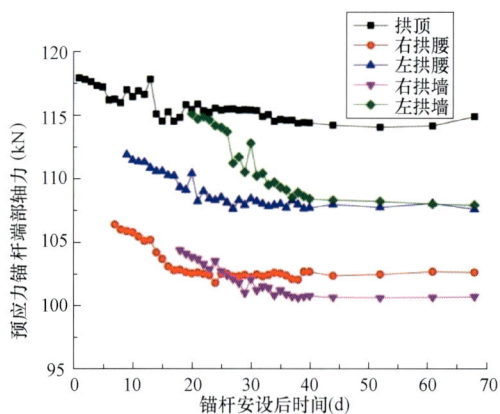

图8-34 大跨DK68＋345断面锚杆端部轴力监测

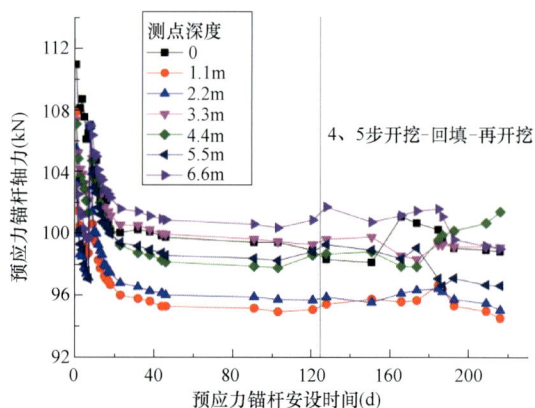

图8-35 大跨DK68＋315拱顶锚杆全长轴力监测

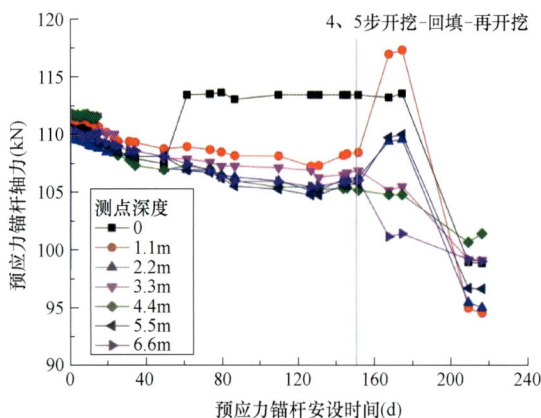

图8-36 大跨DK68＋315右拱腰锚杆全长轴力监测

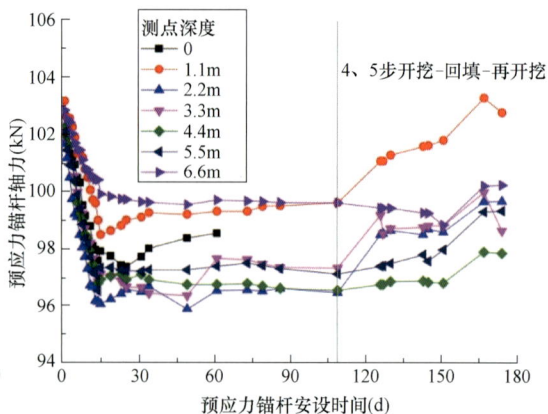

图8-37 大跨DK68＋315左拱腰锚杆全长轴力监测

由图可知，右拱腰锚杆出现持续性的预应力损失直至稳定。当锚杆轴力稳定后，且在下部围岩开挖之前，锚杆轴力随着锚杆段深度的增加而减小，根据锚杆和围岩的变形协调性和力与变形的关系可知，这表明此时浅部围岩的变形要大于深部围岩的变形。随着 4、5 步开挖→回填→再开挖，右拱腰围岩受到扰动，锚杆轴力也表现出相应的调整。这两幅图的规律较为相似，区别在于，其锚杆轴力在下部开挖后上升较快，这表明，左拱腰的围岩变形较大，锚杆利用深部围岩提供的锚固力调动围岩承载能力，限制了围岩变形。

（3）初期支护监测

通过监测初期支护混凝土应力以及钢架应力的变化情况来计算支护结构内力的分布，可以直观地分析出衬砌的薄弱位置，并且指导施工并保障施工期隧道的安全。目前，对大跨过渡段 DK68＋295 断面初期支护进行监测、包括钢拱架应力监测、初期支护-围岩接触压力监测、混凝土环向应力监测，监测结果如图 8-38～图 8-42 所示。

图 8-38 和图 8-39 为大跨 DK68＋295 断面初期支护-围岩接触压力监测结果，该断面处围岩分级为Ⅴ级，通过监测结果可见，拱部围岩压力整体高于仰拱处，拱部围岩压力最大值出现在右拱腰处达到 0.105MPa，仰拱处围岩压力最大值出现在右拱脚处，为 0.065MPa。

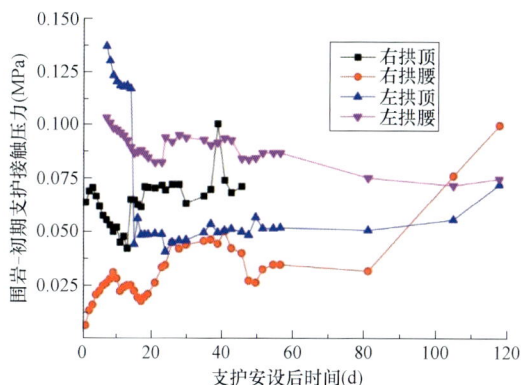

图 8-38　大跨 DK68＋295 断面拱部初期
支护-围岩接触压力监测

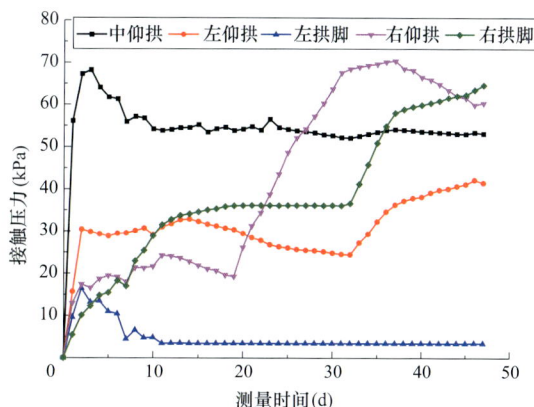

图 8-39　大跨 DK68＋295 断面仰拱初期
支护-围岩接触压力监测

图 8-40 和图 8-41 为大跨 DK68＋295 断面钢拱架应力监测结果，如图所示，除左拱腰

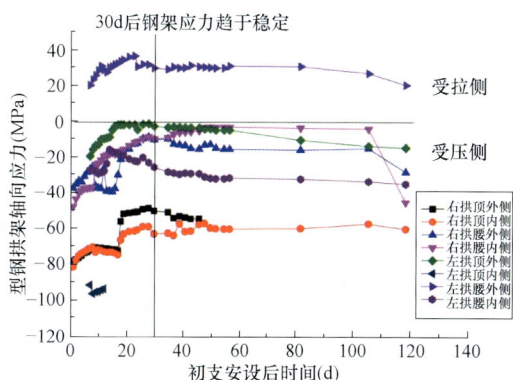

图 8-40　大跨 DK68＋295 断面拱部钢拱架应力监测　图 8-41　大跨 DK68＋295 断面仰拱钢拱架应力监测

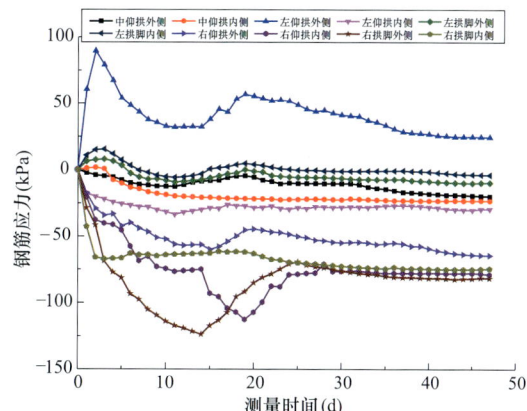

钢拱架外侧受拉外，其余测点均处于受压状态。随着初期支护混凝土的硬化，混凝土承担围岩荷载的能力逐步增强，钢拱架压应力不断减小，初期支护施作 30d 后，钢架应力基本稳定。

图 8-42 为大跨 DK68＋295 断面初期支护混凝土环形应力监测结果，左拱腰测点由于锚索施工已损坏。右拱腰测点结果在支护后，环向压应力在增大至 8.4MPa 后逐渐减小并稳定在 4.5MPa。

（4）二次衬砌监测

对八达岭的二次衬砌的监测包括 DK68＋315 断面以及 DK68＋295 断面，

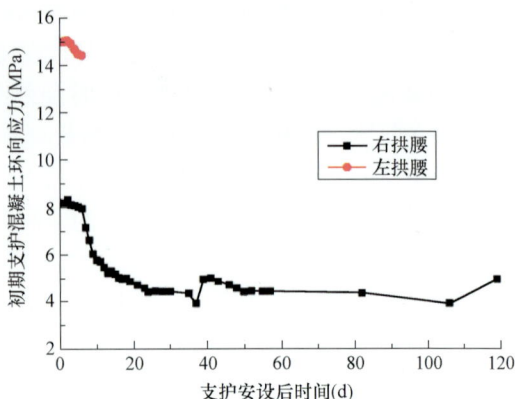

图 8-42　大跨 DK68＋295 断面初期支护混凝土环形应力监测

监测内容包括初期支期护-二次衬砌接触压力、二次衬砌钢筋应力两个部分以及 DK68＋295 断面仰拱二次衬砌混凝土应力。在监测初期支护-二次衬砌接触压力时，压力盒布置在喷射混凝土与土工布之间；在监测二次衬砌钢筋应力时，每个测点处也布置了一对钢筋计，分别布置在同一榀内外相对的环向主筋上。其中，定义靠近围岩一侧为外侧，远离围岩的一侧为内侧。监测结果如图 8-43～图 8-46 所示。

通过对比图 8-43 和图 8-44，可见在仰拱二次衬砌浇筑初期 3d 内，接触压力迅速增加，由于 DK68＋295 围岩较差，最终接触压力值较大。

通过对比图 8-45 和图 8-46，可见二次衬砌仰拱内外主筋的应力大多为负值，但 DK68＋295 断面的右拱脚内侧测点钢筋出现受拉。如图 8-47 所示，DK68＋295 断面仰拱二次衬砌混凝土均受压，且浇筑初期 3d 内应力增长速率较大，发展趋势与初期支护-二次衬砌接触压力类似。

（5）围岩应力监测

进行岩体应力测量，得到围岩随着各个施工步序施作的应力变化及分布情况，可以分析隧道开挖对围岩应力的影响规律。测点布设于 DK68＋384 处，如图 8-48 所示，此时开挖断面为 DK68＋380，开始监测时距离开挖面 4m，2 部开挖先于 3 部开挖进行。

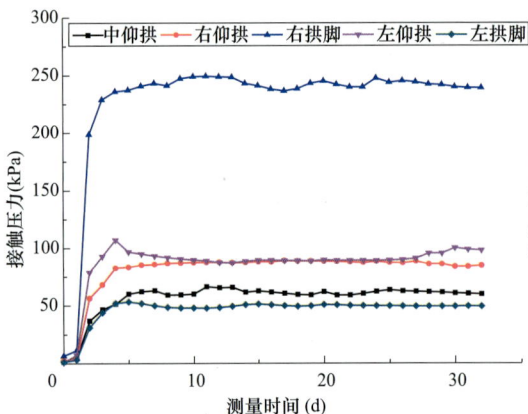

图 8-43　大跨 DK68＋315 断面仰拱初期支护-二次衬砌接触压力监测

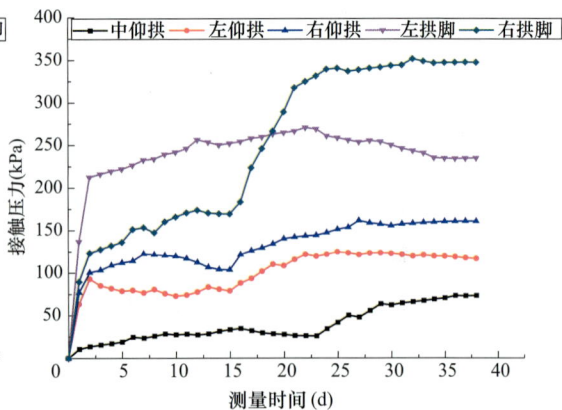

图 8-44　大跨 DK68＋295 断面仰拱初期支护-二次衬砌接触压力监测

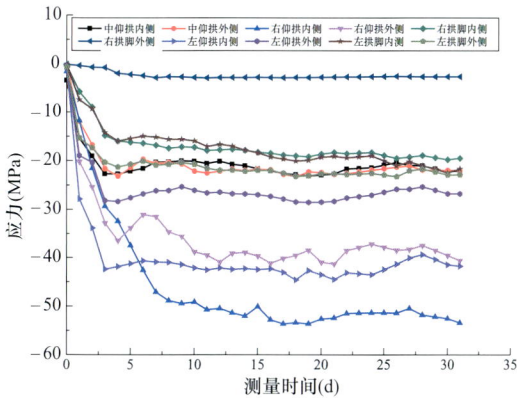

图 8-45　大跨 DK68＋315 断面仰拱二次
衬砌钢筋应力监测

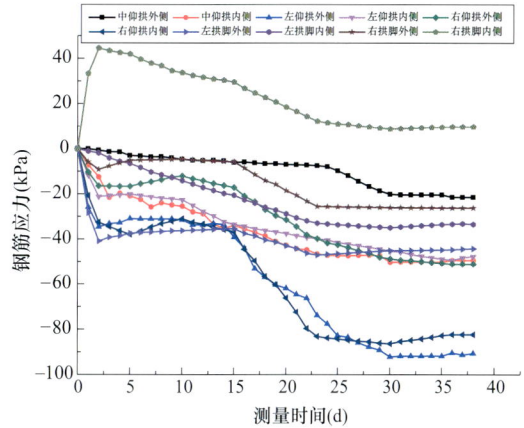

图 8-46　大跨 DK68＋295 断面仰拱二
次衬砌钢筋应力监测

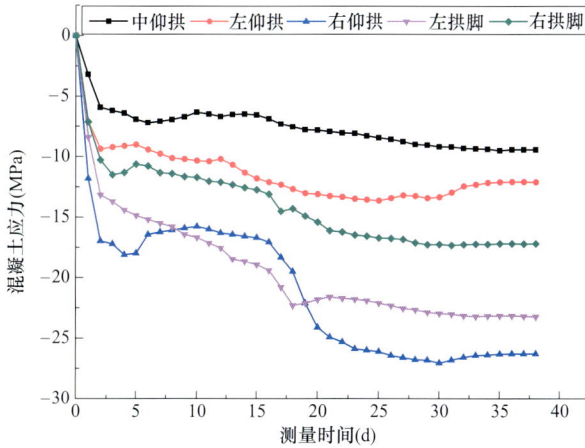

图 8-47　大跨 DK68＋295 断面仰拱二次衬砌混凝土应力监测

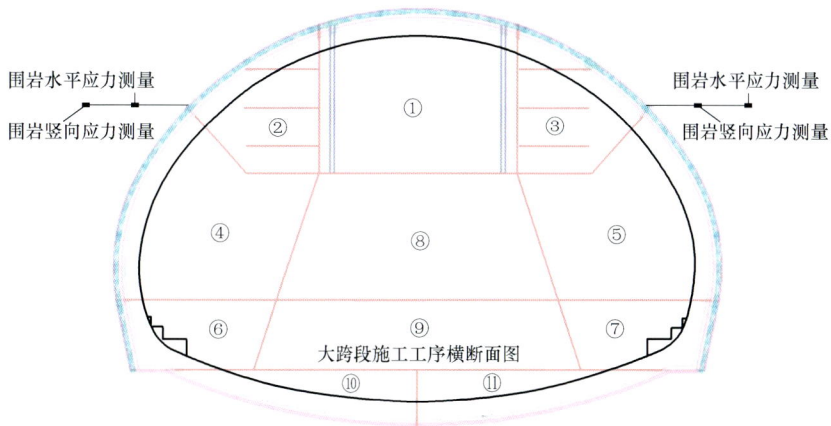

图 8-48　岩石应力计布置图

第 9 章 ▶▶

结论与建议

随着经济和社会的发展，大跨度、超大跨隧道的修建逐年增加，但面对超大跨隧道的建造，现行的规范无法满足要求，也没有可供直接借鉴的成熟经验。因此，发展新的隧道设计理论与施工方法，研究施工过程中的控制标准和管理技术是突破超大跨隧道安全、快速、经济建造瓶颈的有效途径。本书以实际超大跨隧道工程为依托，通过案例调研、理论分析、数值模拟、现场测试等多种方法，对超大跨隧道设计理论和施工方法展开系统深入的研究，得出的主要结论总结如下：

（1）详细介绍超大跨隧道开挖方法和支护技术现状，统计国内外超大跨隧道工程，重点分析其开挖方法和支护形式，获得了支护方案的比选方法和开挖工法的适用性。

超大跨隧道常用的开挖工法包括由新奥法派生出的台阶法、双侧壁导坑法、中隔壁法（CD 法）、交叉中隔壁法（CRD 法）以及超大断面盾构法。超大跨隧道开挖工法的选择一般依据工程地质条件，以实际案例介绍了各开挖方法的选择、具体实施步骤及其优势。支护结构的作用是承担围岩荷载，抵抗隧道变形，提供安全的地下空间，将隧道支护结构分为超前支护、初期支护和二次衬砌，阐述了各类支护形式的作用以及在超大跨隧道工程中的应用现状。搜集了 28 个国外超大跨隧道工程和 49 个国内案例，主要从地质条件、开挖尺寸、开挖工法以及支护形式等方面进行统计分析，在此基础上对初期支护方案的比选进行了具体的介绍，并总结归纳了全断面法、台阶法、单侧壁导坑法、双侧壁导坑法、CD 工法、CRD 工法、中导坑加侧壁导坑法等开挖工法在隧道特征和工程地质条件上的适用性。

（2）分析围岩变形影响因素及变形规律，建立了基于有限元强度折减法和隧道断面面积法的超大跨隧道围岩失稳判据。

将隧道围岩变形的影响因素分为客观因素和主观因素两类，客观因素主要为围岩自身条件，客观因素包括隧道尺寸、隧道埋深、初期支护施作、开挖工法与开挖顺序。这些因素对超大跨隧道的影响更为敏感，尤其是围岩条件，将决定着施工方法和支护形式的选择。此外围岩变形往往是由多个因素共同影响，在工程分析中应确定主控因素，同时考虑其他因素的影响，如地质条件较好的隧道即使跨度大，围岩变形也可能较小。根据京张铁路八达岭长城站、岩头山隧道、浆水泉隧道等工程的围岩变形分析，总结了以围岩条件为基础、以埋深为基础、以开挖顺序为基础、以开挖工法为基础的围岩变形规律。其中开挖顺序和开挖工法应考虑设计值和实际施工的误差，并对设计和施工进行创新优化，以更好地控制围岩变形。在围岩条件较差处修建超大跨隧道时，由于其大跨、大断面、小扁平率等特点，围岩极易发生变形或失稳，需要对每一个开挖分布加强监测，慎重下一阶段的岩土体开挖，当变形有明显增大时应及时加强支护或优化支护措施。

采用 TK-FGIS 系统和传统地质调查手段对京张铁路八达岭长城站超大跨隧道开展了稳定性分析，在开挖前获得了隧道围岩状态和施工风险，在施工过程中根据实际揭露的围岩情况和监测数据进行施工参数的动态调整。针对超大跨隧道，基于有限强度折减法和隧道断面面积判别法建立了两种隧道围岩稳定性判据，并对这两种判据的特点和应用流程做了具体的说明。有限元强度折减法以洞周的突变位移为主，以塑性区的贯通和有限元数据收敛为辅，克服了位移值在选择上的主观性与不精确性，且稳定性分析是动态全过程的，与实际施工相对应，但该方法是通过有限元模拟确定折减系数，当工程地质及水文地质资料不准确时存在较大的误差。隧道断面面积判别法理论基础成熟、计算简便，且结果具有较高的可靠度，但在超大跨隧道及开挖分步较多的工程上应用的准确率还有待实践的进一步验证。

（3）研究隧道围岩自承载力理论，提出一种超大跨隧道承载拱的计算方法，并在此基础上建立了超大跨隧道的支护结构设计方法。

探讨围岩压力与支护时机和支护形式间的关系，明确了围岩自承载力在超大跨隧道中所起的作用。针对自承载力理论的核心——承载拱效应，分析了围岩等级、围岩物理力学性能等围岩条件以及隧道的埋深、隧道跨度、隧道施工方法等工程自身特征对承载拱效应的影响，其中最主要的影响因素是围岩等级和隧道跨度。在工程设计中，承载拱的计算是充分利用围岩自承载力的关键技术之一，包括承载拱形状的确定、围岩所受拱轴力的计算、承载拱的确定三个内容。假设隧道围岩承载拱断面为三铰拱，建立了一种超大跨隧道承载拱的计算方法，并详细介绍了该方法在京张高铁八达岭地下车站超大跨过渡段承载拱计算中的应用。

基于围岩自承载力理论的研究成果，建立了由锚杆、锚索、喷射混凝土和二次衬砌等组成的超大跨隧道的支护结构体系。分别对预应力锚杆、预应力锚索、超前注浆、喷射混凝土、二次衬砌的具体设计方法做了说明，并分析了预应力锚杆、预应力锚索和喷射混凝土组成的初期支护在不同工况下的共同作用效果，最后确定了京张高铁八达岭地下车站超大跨段隧道支护参数。以八达岭地下车站超大跨段隧道为例，采用有限元法分析了素混凝土、格栅钢架混凝土和型钢钢架混凝土三种初期支护结构的结构极限承载力，获得了破坏演化过程和薄弱位置。同时对素混凝土和钢筋混凝土两种衬砌进行设计，并根据其受力特征及安全性分析得到支护参数优化建议。此外，针对超大跨变截面施工的难点，通过理论研究和数值分析，研发了一种台车骨架立柱为横向可移动结构的衬砌台车，实现了超大跨隧道变截面的安全、经济、快速施工。

（4）归纳总结超大跨隧道施工工法，具体介绍了实际工程中所采用的施工方法，重点针对京张高铁新八达岭隧道，确定了超大跨隧道合理的开挖方法。

对隧道开挖工法及其适用范围进行了归纳总结，其中，适合中大型断面的开挖工法主要有 CD 法、CRD 法、双侧壁导坑法。采用数值方法模拟京张高铁八达岭超大跨隧道预留核心土法、预留中柱法、三步七台阶开挖法三种开挖方法，根据开挖过程中的围岩位移、围岩应力、衬砌应力、围岩稳定性等参数的综合分析，最终确定采用预留核心土法进行开挖，该方法在控制围岩稳定和结构安全方面均有较好的表现，可以保证超大跨隧道的安全施工。此外介绍了其他超大跨隧道所采用的施工方法，如赣龙铁路新考塘隧道首次采用 DWEA 工法，贵安七星数据中心项目隧道采用的 CD 法与 CRD 法，以及上 CD 法下台